厦门大学百年校庆系列出版物 · 编委会

厦门大学百年校庆系列出版物

百年院系史系列

厦门大学
公共卫生学院院史

顾　问　滕伯刚

主　编　夏宁邵　张　琥

厦门大学出版社
XIAMEN UNIVERSITY PRESS
国家一级出版社
全国百佳图书出版单位

图书在版编目(CIP)数据

厦门大学公共卫生学院院史/夏宁邵,张琥主编.—厦门:厦门大学出版社,2021.3
(百年院系史系列)
ISBN 978-7-5615-8106-3

Ⅰ.①厦… Ⅱ.①夏… ②张… Ⅲ.①厦门大学公共卫生学院—院史
Ⅳ.①G649.285.73

中国版本图书馆 CIP 数据核字(2021)第 045370 号

出 版 人 郑文礼
责任编辑 陈进才 黄雅君
封面设计 李嘉彬
技术编辑 许克华

出版发行 厦门大学出版社
社　　址 厦门市软件园二期望海路 39 号
邮政编码 361008
总　　机 0592-2181111 0592-2181406(传真)
营销中心 0592-2184458 0592-2181365
网　　址 http://www.xmupress.com
邮　　箱 xmup@xmupress.com
印　　刷 厦门集大印刷厂

开本 720 mm×1 000 mm 1/16
印张 20.75
插页 2
字数 360 千字
版次 2021 年 3 月第 1 版
印次 2021 年 3 月第 1 次印刷
定价 68.00 元

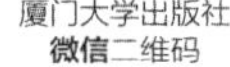
厦门大学出版社
微信二维码

厦门大学出版社
微博二维码

本书编委会

总　序

厦门大学　党委书记　张　彦
　　　　　校　　长　张　荣

2021年4月6日，厦门大学百年华诞。百载风雨，十秩辉煌，这是厦门大学发展的里程碑，继往开来的新起点。全校师生员工和海内外校友满怀深情地期盼这一荣耀时刻的到来。

为迎接百年校庆，学校在三年前就启动了“百年校庆系列出版工程”的筹备工作，专门成立“厦门大学百年校庆系列出版物编委会”，加强领导，统一部署。各院系、部门通力合作，众多专家学者和相关单位的工作人员全身心地参与到这项工作之中。同志们满怀高度的责任感和紧迫感，以“提升质量，确保进度，打造精品”为目标，争分夺秒，全力以赴，使这项出版工程得以快速顺利地进行。在这个重要的历史时刻，总结厦大百年奋斗历史，阐扬百年厦大“四种精神”，抒写厦大为伟大祖国所做出的突出贡献，激发厦大人的自豪感和使命感，无疑是献给百岁厦大最好的生日礼物。

“百年校庆系列出版工程”包括组织编撰百年校史、百年组织机构史、百年院系史、百年精神文化、百年学术论著选刊、校史资料与学生名录……有多个系列近150种图书将与广大读者见面。从图书规模、涉及领域、参编人员等角度看，此项出版工程极为浩大。这些出版物的问世，将为学校留下大量珍贵的历史资料，为学校深入开展校史教育提供丰富生动的素材，也将为弘扬厦门大学“自强不息，止于至善”校训精神注入时代的新鲜血液，帮助人们透过“中国最美大学校园”

的山海空间和历史回响，更加清晰地理解厦门大学在中国发展进程中发挥的独特作用、扮演的重要角色，领略“南方之强”的文化与精神魅力。

百年校庆系列出版物将多方呈现百年厦大的精彩历史画卷。这些凝聚全校师生员工心血的出版物，让我们感受到厦大人弦歌不辍的精神风貌。图文并茂的《厦门大学百年校史》，穿越历史长廊，带领我们聆听厦大不平凡百年岁月的历史足音。《为吾国放一异彩——厦门大学与伟大祖国》浓墨重彩地记述厦门大学与全国34个省级行政区以及福建省九市一区一县血浓于水的校地情缘，从中可以读出厦门大学在中华民族伟大复兴征程中留下的深深烙印。参与面最广的“厦门大学百年院系史系列”、《厦门大学百年组织机构史》，共有30多个学院和直属单位参与编写，通过对厦门大学各学院和组织机构发展脉络、演变轨迹的细致梳理，深入介绍厦门大学的党建工作、学科建设、人才培养、组织管理、社会服务等方面的发展历程，展示办学成就，彰显办学特色。《厦门大学校史资料选编（1992—2017）》和《南强之星——厦门大学学生名录（2010—2019）》，连同已经出版的同类史料，将较完整、翔实地展现学校发展轨迹，记录下每位厦大学子的荣耀。“厦门大学百年精神文化系列”涵盖人物传记和校园风采两大主题，其中《陈嘉庚传》在搜集大量史料的基础上，以时代精神和崭新视角，生动展现了校主陈嘉庚先生的丰功伟绩。此次推出《林文庆传》《萨本栋传》《汪德耀传》《王亚南传》四部厦门大学老校长传记，是对他们为厦大发展所做出的突出贡献的深切缅怀。厦大校友、红军会计制度创始人、中国共产党金融事业奠基人之一高捷成的传记《我的祖父高捷成》，则是首次全面地介绍这位为中国人民解放事业做出杰出贡献的烈士的事迹。新版《陈景润传》，把这位“最美奋斗者”、“感动中国人物”、令厦大人骄傲的杰出校友、世界著名数学家不平凡的人生再次展现在我们眼前。抒写校园风采的《厦门大学百年建筑》、《厦门大学餐饮百年》、《建南大舞台》、《芙蓉园里尽芳菲》、《我的厦大老师》（百年华诞纪念专辑）、《创新创业厦大人2》、

《志愿之光》、《让建南钟声传响大山深处》、《我的厦大范儿》以及潘维廉的《我在厦大三十年》等，都从不同的角度，引领我们去品读厦门大学的真正内涵，感受厦门大学浓郁的人文精神和科学精神。

此次出版的"厦门大学百年学术论著选刊"，由专家学者精选，重刊一批厦大已故著名学者在校工作期间完成的、具有重要价值的学术论著（包括讲义、未刊印的论著稿本等），目的在于反映和宣传厦门大学百年来的学术成就和贡献，挖掘百年来厦门大学丰厚的历史积淀和传统资源，展示厦门大学的学术底蕴，重建"厦大学派"，为学校"双一流"建设提供学术传统的支撑。学校将把这项工作列入长期规划，在百年校庆时出版第一辑共40种，今后还将陆续出版。

"自强！自强！学海何洋洋！"100年前，陈嘉庚先生于民族危难之际，抱着"教育为立国之本，兴学乃国民天职"的信念，创办了厦门大学这所中国历史上第一所由华侨独资建设的大学。100年来，厦大人秉承"研究高深学术，养成专门人才，阐扬世界文化"的办学宗旨，在实现中华民族伟大复兴的征程上书写自己的精彩篇章。我们相信，当百年校庆的欢庆浪潮归于平静时，这些出版物将会是一串串熠熠生辉的耀眼珍珠，成为记录厦门大学百年奋斗之旅的永恒坐标，成为流淌在人们心中的美好记忆，并将不断激励我们不忘初心继承传统，牢记使命乘风破浪，向着中国特色世界一流大学目标奋勇前行！

张彦　张荣

2020年12月

厦门大学百年院系发展概述

朱水涌

100年在历史长河中只是短暂的一瞬，但对于一所中国现代大学以及这所大学的学院科系来说，则意味着经历过极不平凡的历程。百年学府沧桑、十秩院系辉煌，为迎接厦门大学建校百年华诞，学校决定编撰出版“厦门大学百年院系史”系列，梳理淬炼院系的建设发展历程，以史为鉴，彰往考来，将院系的昨天、今天与明天联系在一起，发扬踔厉，这是一件极富建设意义与厦大特色的历史性工程。

一

20世纪初的中国，正如校主陈嘉庚所言：“吾国今处在列强肘腋之下，成败存亡千钧一发。”就在这千钧一发之际，为救国而创办大学成为一道时代的特别风景。马相伯因“慨自清廷外交凌智”而创办震旦学院（复旦前身）[①]，南开大学的创办者因国家的“贫弱”是因为“教育未能发展”而创立南开[②]，唐文治执掌交通大学砥砺第一等人才，目的就是“宏济艰难，救我中国”[③]。厦门大学校主陈嘉庚则在《筹办厦门大学演讲词》中直截了当地指出：“今日国势危如累卵，所赖以维持者，惟此方兴之教育与未死之民心耳。”出自民族救亡而诞生的中国现代大学，在她向欧美学习现代大学的办学时，一开始便融入了民族救

① 《复旦大学百年志》编纂委员会：《复旦大学百年志（1905—2005）》，复旦大学出版社2005年版，第9页。

② 《南开大学校史资料选》，南开大学出版社1989年版，第12页。

③ 唐文治：《上海交通大学第三十届毕业典礼训词》，载《茹经堂文集》三编卷一。

亡图存的历史内涵和办学志向，民族振兴的需求与国家最需要的人才，成了中国现代大学初创时学科与专业设置的重要出发点，呈现出中国现代大学鲜明的中国特色。这里，当年的创办者与一校之长的救国思想与办学理念产生了重要作用。

厦门大学创校时期选择的教学体制沿用了近代英国大学学制，但在科系组成与学科设置上却没有完全按英国大学的体制与模式，与民国时期的各大学一样，当时并没有很强的专业观念，而依照时代与国家的急需人才设立科系。厦大建校初期，科系成型时的学科最初形态是文科设 8 个系，理科设 6 个系，工科归理科，其中的教育、工、商、新闻，都是那个危机时代国家急需人才的学科。

1930 年 2 月，在通过国民政府大学院立案后两年，厦门大学遵照国民政府教育部令，将“科”改为学院，设 5 个学院 21 个学系。至此，经过近 10 年的建设，厦门大学具备了较为完备的院系体制，开始以院系这样一种与世界接轨的基本单元建构教学科研体制，开展“研究高深学术，培养专门人才，阐扬世界文化”，厦大的多学科性业已形成。

1929 年，世界经济危机爆发，陈嘉庚公司每况愈下，1934 年 1 月公司被迫收盘。这期间虽然有厦大教职员的半年捐薪活动，有陈嘉庚的“出卖大厦办厦大”惊世壮举，厦门大学的办学经费还是难以为继。在此情况下，厦大及时调整院系结构，以系科合并的方式突围经济上的窘迫，推进学科的艰辛运转。至私立时期的最后几年，全校 5 个学院压缩成文学、理学、法商 3 个学院，21 个系经合并与撤销浓缩为 9 个学系。尽管这种合并是无奈之举，从数字上看办学规模是缩小了，但这次的学科浓缩却无意中为学科的整合、为打破欧美当年系科划分过细的弊端打下了基础。

建校时期厦门大学的院系建设与学科发展，按国民政府大学院调查专家的看法，在全国高校中有“方之他处，有过无不及”[①]的优势。这一时期，林文庆主持制定的《厦门大学校旨》(以下简称《校旨》)明确指出：“本大学之主要目的，在博集东西各国之学术及其精神，以研究一切现象之底蕴与功用，同时并阐发中国固有学艺之美质，使之融会贯通，成为一种最新最完善之文化。”《校旨》从大学文化的建构出发，鲜明地提出厦门大学办学的理念与目标。与这个理念和目标相联系，厦大初期的院系与学科、专业的建设，有如下几个特点：

---

① 《厦门大学十周年纪念刊》(1931 年 4 月)，载《厦门大学校史》第 1 卷，厦门大学出版社 1987 年版，第 94 页。

其一是注重“功用”,“切于实用”,培养国家、民族稀缺人才。《校旨》提出教学“以切于实用,造就应用科学人才为前提”。建校初期,教育学占有举足轻重的位置,原因如《校旨》所言:“我国目下师资及教育专门人才甚为缺乏,故对于教育系特加注意,以期养成良好师资及教育界领袖,因以提高一般教育之程度。”[①]陈嘉庚的信念是“国家之富强,全在乎国民,国民之发展,全在乎教育”[②],他办厦门大学一个重要的担当就是要纠正当年教育的“偏估”与“颓风”,解决中国教育缺乏新知识新思想师资的问题,以免“国粹日稀,精神日减,必至无救药之惨痛”。厦大商学与工学的较早创设与运行,也都体现了这样一种办学理念。这个特点,奠定了厦门大学从国家需要建设专业发展学科的厚重底色。

其二是博集东西精神、阐发中国学艺之美质、“研究高深学术”的学科特色。厦大成立时,《厦门大学组织大纲》明确表明厦大的三大任务之一是研究高深学术。林文庆在《校旨》中具体指出要建设科学研究机关,厦大要“成为我国南部之科学中心点”[③];院系体制形成后,厦大各学院在其“学院学则”的第一条“宗旨”中都一致性地提出“以培养专门人才,研究高深学术为宗旨”[④],这表明厦大建校初期就具备浓厚的学科建设意识。而且,在西学东渐、中西文化激烈论争与冲突的情势下,厦大独到地提出“阐发中国固有学艺之美质”和“首重国文”的主张,这也就形成了厦门大学学科建设中注重本土资源与文化精神的中国特色。文科的国学研究与理科的生物学研究是这方面的范例。1926年创建的国学研究院被认为是“大有北大南移之势”,是当年全国国学研究的中心之一。其影响不仅在于大师云集、研究规划与实际成果,更重要的是厦大国学研究体现了五四时期“重估价值”的精神,它的学科新范畴,研究问题的新方法、新史料和新观点,代表了五四之后国学研究的新趋势。植物系与动物系同样引起全国乃至世界的关注,尤其是结合本土地理优势的海洋生物研究更是锋芒毕露。1923年厦大美籍教授莱德的论文《厦门大学附近之文昌鱼渔业》在国际顶尖科学期刊 *Science* 上发表,成为中国高校最早在 *Science* 上发表的研究成果之一,引起国际学术界瞩目。鉴于海洋生物学科的成果,中央研究院及太平洋科学学会,特别委托厦门大学建立海洋生物研究室。与此同时,

---

① 《厦门大学校史》第1卷,第26页。

② 陈嘉庚:《筹办厦门大学演讲词》,载《新国民日报》1920年11月30日。

③ 《林文庆校长报告》,载《厦门大学民国十年度报告书》,1922年。

④ 《厦门大学一览》(1935—1938年度),载《厦大校史资料》第1辑,厦门大学出版社1987年版,第66页。

厦大的动植物标本的数量与丰富多样在全国领先。

其三是开放性的院系学科构成与人才培养学制。在中国高等教育滥觞时期，中国的大学虽然学的是西方体制，但中国文化原本就缺乏精确细致的分类，对事物不那么条分缕析，而且大学刚刚兴起，很多学科、专业更是因国家需要而设置而存在，大学的一切都在尝试与践行当中，这也就带来了中国现代大学院系学科设置上的开放性。厦大私立时期四次较大的院系变动与学科设置，就可以清楚地看到这个现象。院系设置与专业、学科结构的不断变动，实际上对打破学科体制的僵化是有驱动力的，它为以后厦大百年发展中院系所面临的不断调整、不断改革奠定基础。

在人才培养上，厦门大学"虽为厦门大学，实为世界之大学"①，一开始就招收大量的东南亚华侨子女和朝鲜国学生，颇具开放性。这所地处东南沿海一隅的大学却坚持要"使本校之学生虽足不出国外，而其所受之教育，能与世界各大学相颉颃"②，除不惜重金聘任国内外特别是世界名牌大学经历的名师学者外，在教学体制上，厦门大学沿用英国近代大学学制，本科修业 4 年，以修满 150 学分(绩点)并通过毕业论文及有关实验为毕业，各院各系实行课程交叉的修课计划，注重了知识结构的多元化。打破课程的专业界限，这样一种强调博集东西学术，打通院系界限学科界限的修学制度，实际上更吻合现代大学的人才培养规律。

厦门大学建校初期 16 年间，其"切于实用"的人才培养方针，"研究高深学术"的学科特色，院系学科结构与教学体制的开放性，不仅是时代的产物，也是百年厦门大学的宝贵珍藏，在百年厦大的院系建设发展中体现了一所名校的潜在发展实力，不仅为厦大创建"世界之大学"目标打下了坚实的基础，而且在学科的发展上为一流学科的发展奠定了先天优势。

二

1937 年 7 月 1 日，私立厦门大学正式改为国立厦门大学。7 月 6 日，国民政府行政院任命清华大学萨本栋教授出任厦门大学校长。7 月 7 日，抗战全面爆发。12 月，日寇兵临厦门，厦门大学内迁山城长汀，坚持在烽火硝烟中办

---

① 《林文庆先生在中华俱乐部之演说词》，载《南洋商报》1925 年 2 月 2 日。

② 《林文庆校长报告》，载《厦门大学民国十年度报告书》，1922 年。

学，“单独担负铁路线（粤汉铁路）以东国立最高学府的全付责任”[①]，成为加尔各答以东最逼近战场的学府，肩起中国高等教育的东南半壁江山。由此开始到 1949 年新中国成立，这是厦门大学的国立时期。

抗战时期，在极其艰难困苦的条件下，萨本栋校长抱着“在艰危中”“不负嘉庚先生毁家兴学及政府将厦大收归国立之至意”的意志[②]，以自己的未雨绸缪和身体力行，推进拓展厦门大学的院系与学科建设，赢得了战争中“国魂所托的事业”[③]的重大发展。

作为坚守在战区的最高国立学府，在战争中自觉担负起为战后的祖国建设培养与储备人才的使命，这成了厦大院系与学科建设的出发点与目的地。萨本栋说：“吾人应知此次战争，关系数千年固有文化之持续，将来永固国基之奠定者至巨。”[④]置身残酷的战争中，厦大想的是战后建设所需的大量“永固国基”的人才。据当年的新闻媒体报道，厦大筹备设立水产研究室，是为了“战后东南沿海水产研究之总枢”[⑤]；增设外国文学系与法律系司法组，“以应目前全面反攻及将来建国之需要”[⑥]。

这种穿透硝烟的未雨绸缪，更体现在厦门大学工科院系的创设与发展上。厦大工科开始于 1922 年，在 1930 年科改系后，工科已悄然消失。萨本栋来自清华大学，自己又是著名的电机专家，他对工科建设既熟悉又有主见，从战后建国的急需出发，工科人才显然要比其他学科人才需求更迫切、需求量更大，萨本栋决定补齐厦大学科上的工科短板。

1938 年 7 月，厦大创设土木工程系，到 1941 年秋季，萨本栋校长就很自豪地说：“现在土木系设备，固尚未达到我们理想的境地，但教师则已充实到可以与国内任何大学相颉颃。”[⑦]这个科系，为战后中国大规模的基础设施建设培养了大批人才。1940 年秋季，在土木工程大力扩展的同时，萨本栋又创设机电工程系。机电工程系创立后，理学院扩充为理工学院。1944 年 4 月，创建航空工程系，厦大成为全国最早开办航空专业本科教育的少数高校之一，培

---

① 《萨本栋开学词》，载《厦大通讯》第 3 卷第 10 期，1941 年 10 月 25 日。

② 萨本栋：《勖勉同学词》，载《唯力》旬刊第 3 期，1938 年 4 月 3 日。

③ 萨本栋：《勖勉同学词》，载《唯力》旬刊第 3 期，1938 年 4 月 3 日。

④ 萨本栋：《“七七”二周年纪念与节约运动》，载《唯力》第 2 卷第 7/8 期合刊，1938 年 7 月 7 日。

⑤ 《母校设立水产研究室》，载《厦大通讯》第 6 卷第 1 期，1944 年 3 月 31 日，

⑥ 《厦大增设外语、司法等系组》，载南平《东南日报》1945 年 8 月 4 日。

⑦ 《萨本栋开学词》，载《厦大通讯》第 3 卷第 10 期，1941 年 10 月 5 日。

养出像中国工程院院士张启先这样一批优秀的中国早期航天航空专家。

1945 年 12 月厦大复员厦门，汪德耀已接掌厦大。这期间院系与科建设的最大事件是 1946 年夏季海洋学系与中国海洋研究所的创办。海洋学科创立于天时地利人和之中：抗战胜利后海洋与海权重要性凸显，复员厦门后的东南沿海地理环境优势，校主陈嘉庚"力挽海权，培育专才"的誓言与著名海洋学家唐世凤博士的加盟，共同促成了中国第一个海洋学系诞生，同时，厦大与中英文教育基金会合办的中国第一个海洋研究所也在厦大成立，厦大的海洋观测站也获准设立。由此，厦门大学在全国率先开始了"谋中国海洋科学事业之发展""研究与教育并重"的造就培养海洋人才的行动。

国立时期文科的发展以复办法学为主要标志。厦大的法学，最早创立于 1926 年 6 月，1937 年改归国立后，法律系奉命撤销，法学学科停办。到 1940 年，由于国民政府教育部不同意建立福建大学，并将已经开学的福建大学法学院并入厦门大学，这样，战火中的厦大法学学科就在接收福建大学法学院的契机中复办起来。

在人才培养理念与培养模式上，萨本栋取的是美国芝加哥大学的通识教育思想和从清华带过来的通识教育理念，遵循梅贻琦的"通识为本，专识为末"[①]教育思想制定校制、设置课程，实行强化通识基础与打通学科界限的修学制度，实施教授全力上课制度。他要求即使在战争中，也要坚持"未到'最后一课'的时候，应加紧研究学术与培养技能"[②]，他提出，"现在不是个推诿责任的时代"，"需一身肩负二人之重任，一日急二日之操作"[③]，以不辜负陈嘉庚先生的期待，不辜负国家事业所托。比如新成立的机电工程系系主任李家炘教授，据统计最高一学期每周上课达 81 课时，每周最高达 1725 人时。这时期的厦大学生则"把战区当课堂，把笔杆当枪杆"，越是艰难越是坚韧学习。在 1940 年与 1941 年国民政府教育部举行的两次专科以上学生学业竞赛中，获奖总数与获奖系数的比例评定，均名列全国第一。

从抗战全面爆发到复员厦门，在极其艰危的战争环境与艰苦的复员中，厦门大学的院系建设不仅没有停顿，而且还得以有力扩充，院系规模与学科发展都有历史性的突破，多科性大学已然向综合性大学迈进，也因此开始确立厦门

---

① 梅贻琦：《大学一解》，载《清华学报》第 13 卷第 1 期，1941 年 4 月。

② 萨本栋：《勖勉同学词》，载《唯力》旬刊第 3 期，1938 年 4 月 3 日。

③ 萨本栋：《"七七"二周年纪念与节约运动》，载《唯力》第 2 卷第 7/8 期合刊，1939 年 7 月 7 日。

大学位居全国高等教育前列的位置。更重要的是这一时期积淀下来的办学精神，那种由战争烽火淬炼出来的自强、坚韧与艰危中担当重负的使命感，为厦门大学的发展积累了一份极宝贵的精神财富。

三

1949 年 10 月 1 日，中华人民共和国成立，人民当家做主的时代开始。10 月 17 日，厦门解放，厦门大学迎来了办学史上的新纪元。1949 年 10 月 21 日，中共厦门市委在厦大建立中共厦门大学支部。不久，在原有基础上设立中共厦门大学党组。1950 年 5 月，中华人民共和国政务院任命著名经济学家、曾任厦门大学法学院院长的王亚南为厦门大学校长。

1952 年 6 月，中共福建省委派 15 名党的干部到厦大，7 月，中共福建省委决定程璐任中共厦大临时党委书记，党在学校的领导得以体现与加强；1953 年 1 月，厦门大学成立校务委员会，标志着学校由“校长负责制”开始向“党委领导下的校长负责制”过渡。这一年，符合条件的科系先后成立党支部。1955 年 1 月召开中共厦门大学第一次代表大会，成立中共厦门大学党委会，之后，各系先后建立系党总支，直到 1999 年校院二级管理体制改革时，党总支、党支部为厦门大学各科系的最直接领导，保证科系建设与学科发展的正确方向和健康发展。

新中国成立后，在东西方意识形态冷战的背景下，中国大学放弃对西方欧美的学习，而强调向“苏联老大哥”学习。1952 年，中央提出高等教育“发展专门学院和专科学校，整顿和加强综合大学”的方针，并学习苏联高校模式，进行大规模的院系调整。从 1952 年到 1955 年底，厦门大学在调整中从多学科大学向文理科综合大学转变，被确定为华东四所综合性大学之一。

1952 年 8 月，一年前刚刚由省立并入厦大并改名的厦大农学院奉命与福州大学农学院合并为福建农学院；9 月，厦大海洋系一分为三，厦大航海专修科与集美水产商船专科合并成立福建航海专科学校，之后再分别归入大连海运学院与上海海运学院；海洋系理化组并入山东大学，与山东大学海洋学科建立海洋系，发展为山东海洋学院，即后来的青岛海洋大学；为保存厦大发展海洋学科的力量，厦大成立海洋生物研究室，将海洋生物组的骨干教师与标本留在厦大，聘郑重教授为研究室主任。1953 年 7 月，厦大又奉命将工学院的土木、电机、机械 3 个系及土木专修科调整到浙江大学、南京工学院和华东水利学院，将企业管理并入上海财经学院，法学院归入华东政法学院。1954 年 7

月，厦大教育系调整到福建师范学院；8月俄语专修科部分师生并入南京大学。

在此调整中，厦门大学文理科也有所壮大。1951年私立福建学院的政治、法律、经济归并到厦大。1952年福州大学财经学院的会计、贸易、财金、统计、企业管理5个系并入厦大财经学院，并增加贸易专修科。1953年，福州大学文理两院的中文、外文、历史、数学、物理化学、生物学6个系也奉命并入厦门大学。1955年，厦大奉命停办统计、会计、财金、贸易4个系，改在经济系之下设政治经济学、统计学、会计学、货币与信贷、贸易5个专业。

从历史现场上看，大规模院系调整是新中国改造旧教育制度、建立新教育体制的战略措施，这是中华人民共和国教育史上一个重要事件。这场调整既为厦大文理科综合大学模式打下基础，也一定程度上削弱了厦大综合性大学的实力，厦大一些经营多年而形成厦大特色的院系、学科被调整出去，充实其他高校乃至成为新学校成立的基础。厦大在为国家做出贡献的同时，也造成基础学科与应用学科的相互分离，综合性大学学科交叉渗透的优势也受到一定的损失。

院系调整后，苏联高等教育的专业制度也随之取代了中国大学的院系体制。新中国成立之前的大学一般只设学科不设专业，学科业务范围要比专业宽阔，但专业有利于针对性培养专门人才，培养目标十分专一。为贯彻专业人才培养目的，厦门大学院级建制最后被正式撤销，实行以系为教学单位，系内设若干专业，形成按专业培养人才的办学模式。到1958年，全校设8个系16个专业，并设16个专门化科目。

这一时期，教育部确定厦门大学发展方向为"面向东南亚华侨，面向海洋"，要求各专业各教研组加强与南洋、台湾、海洋及本地特点有关的各种问题研究。王亚南校长对厦大的综合性大学也提出新的目标定位，他说："今天我们所在的学校是个综合性大学，不是工业大学、农业大学，而是综合性大学，不同地方是培养目标不同。工农科培养工农业所需技术人才，师范培养教师，综合性大学主要是培养研究人员，科学研究人员。"他对学生说："你们将来就是要培养成为科学家。"[①]这样的办学方向与文理综合性大学的形成，明确指明科学研究是厦大办学的重要任务，学科建设水平成为办学水平的重要表现。

由此，在那个以专业为主的发展时期，厦门大学依然将研究机构建设与学科建设发展当成院系建设的重要内容。

---

① 王亚南：《怎样做一个大学生》，录自厦门大学校办档案56-11。

王亚南校长抵达厦大后，首先恢复和建立研究机构，成立了经济研究所、化学研究所和南洋研究馆（1963 年升格为教育部部属研究所）、人类博物馆，文科理科各学院普遍成立研究室。这时福建研究院社会科学研究所也奉命归并厦大，充实了厦大文科主要是经济学科的研究实力。

这一时期，经济学科开始成为全国的翘楚学科。从 1946 年王亚南的《中国经济原论》研究被誉为"中国式的《资本论》"开始，厦门大学"以中国人的资格研究政治经济学"的独特学派开始形成。1950 年王亚南执掌厦大后，建立厦大财经学院，创办全国第一个经济研究所，这是当年全国高校最新经济学教学科研建制。院系调整中财经学院被撤销。1958 年 9 月，中国经济问题研究所成立，并创办中国第一家全国性经济学刊物《中国经济问题》。这个时期，经济学各学科研究全面展开，在《资本论》研究、社会主义所有制研究、会计、统计、财政学方面的研究，成绩斐然，为全国瞩目，奠定了经济学迈向一流学科的坚实基础。

化学为厦大理科中最早的学科之一，展示着一流学科的形象。1939 年，傅鹰博士受聘厦门大学并任教务长兼理学院院长，他给厦门大学带来了化学正在从经典的统计热力学深化为理论化学、结构化学的最新发展信息与理论，从而让厦大化学学科及时捕捉到量子化学、量子力学的发展，跟上世界潮流。自此，化学学科的发展呈现云帆济海之势。新中国成立后，催化的研究与应用、海洋化学分析成果显著，电化学研究、物质结构研究、有机物电极、电分析和有机物点解制备也都在学术界崭露头角。1972 年，蔡启瑞教授与唐敖庆、卢嘉锡两教授联袂承担国家重大基础理论研究课题化学模拟生物固氮研究，与国际同步攻关世界理论难题，成果受到国际同行的赞赏。这个时期的厦大化学，已具备国内一流、国际具有重要影响的学科声望。

除此，海洋生物研究，生物系在金定鸭研究及北京鸭与金定鸭的杂交研究，半导体物理、半导体化学、植物生物学以及数学等方面的基础理论研究，都有全国性影响。理科各系与福建省其他单位联办建立的 8 个新的研究所，有效地促进了厦门大学科学研究与地方建设的紧密结合，拓宽了厦门大学科学研究的思路与途径，这也说明了成为文理综合性大学的厦门大学在学科建设上的明显进展。

从 1949 年新中国成立到 1966 年"文化大革命"爆发，厦门大学与全国高校一样，经历过"整风运动"、"教育大革命"和"大跃进"高潮，作为面对两岸对峙炮火中海防前线大学，社会主义的办学方向和党在学校中的领导地位更加明确与坚定，在人才培养与科学研究上探索前进，书写出新中国高等教育的新篇章。1963 年 9 月 12 日，教育部以〔63〕教厅秘字第 178 号文件，将厦门大学定位全国重点大学，“这是国家对厦门大学几十年来办学成就的充分肯定，从教育体制上明确地确立了厦门大学在全国教育事业中的重要地位”①。

1966 年到 1976 年“文化大革命”运动期间，厦门大学与全国高校一样，遭受空前的洗劫。这是中国高等教育发展史上一次挫折和重大教训，经历过这样的风雨，拨乱反正之后，厦门大学的院系与学科建设自有空前的发展。

四

1976 年 10 月 6 日，党中央一举粉碎“四人帮”；1977 年 9 月，全国恢复高考制度，1978 年 2 月，教育部恢复厦门大学为全国重点大学。1981 年 10 月，厦门被国务院确立为中国四个经济特区之一，身处中国经济特区的国家重点大学，厦门大学被历史推向了改革开放的前沿，学校逐渐顺利走向“党委领导下的校长负责制”的领导体制中，院系建设发展进入一个崭新的历史新时期。2000 年之后，按照校院二级管理体制改革，各学院建立学院党委，建立并逐步完善学院党政联席会议制度，厦门大学院系建设得到空前发展。

至 2020 年，改革开放中的厦门大学全校已建有 30 个学院 16 个研究院，展现出门类齐全、学科强劲、专业特色明显、布局合理的整体风貌。依据院系建设与发展的历史，以 1995 年启动“211 工程”为界，整个 42 年的改革开放可分为两个时期：1978 年至 1995 年为恢复与快速发展时期；1995 年之后伴随着国家“211 工程”、“985 工程”、创建“双一流”建设，厦门大学院系建设进入跨越式发展时期。

1978 年春天，当恢复高考制度后的第一届大学生走进厦大时，厦大共设有 10 个系 29 个专业，这些系与专业还只是集中于自然科学与人文社会科学的基础理论学科，基础雄厚，但面对世界新技术革命浪潮的兴起和新时期党与国家工作中心转移到社会主义现代化建设和改革开放上，尤其是经济特区和沿海开放城市、经济开发区的设立，原本的科系已经不能很好地适应新形势的需要，于是，学校大胆突破文理结构框架，调整学科与专业设置，大力充实、改造、复办老专业，增设一批新学科，优先创办一批涉外专业、应用科学和应用技术专业，开展边缘新兴学科研究，迈步向文理渗透、多学科组成的综合性大学

---

① 厦门大学档案馆、厦门大学校史研究室编：《厦门大学校史》第 2 卷（1949—1991），厦门大学出版社 2006 年版，第 142 页。

方向发展。

其一，以“起点要高，起点要新”的要求，创办一批新专业，集中在涉外、经济管理、新兴交叉学科与新技术专业。到1995年，全校已发展到26个系61个专业，突破长期以来保持的文理财经综合性大学格局，形成了包括智能科学、技术科学、人文科学、社会科学、管理科学、教育科学在内的多学科、结构比较合理、内容比较先进的学科体系。

其二，开始恢复学院建制。专业增多后，科、系不断发展，从管理与学科建设出发，开始逐步恢复学院建制。在20世纪80年代初期，先后成立经济学院、政法学院、全国综合性大学的第一个艺术教育学院、技术科学学院，其中技术科学学院的成立既带有复办工科的动机，更是以为国家培养急需的大量科技人才为目标，着重造就工科与理科相结合、交叉的学科的开创性人才。学院作为学校派出机构，具有一定自主权。

其三，以长远的战略眼光，充实、更新老专业。如20世纪70年代复办海洋系。在1952年的院系调整中，厦大将海洋系一分为三，用建立海洋生物研究室的名义战略性留住了海洋生物学科的骨干师资与教学标本，这使得厦大在1962年前后依然成为我国海洋科学的重要基地之一。海洋系虽然不再存在，厦大理科其他系却增设了海洋物理、海洋化学和海洋生物等新的专业、专门化，各系与华东海洋研究所密切配合，共同进行了26项海洋科学研究，成果引起国外学术界注意，《美国科学界对中国科学的看法》一书也提到厦大海洋科学研究的情况。复办后的海洋系，采取少招本科生、多招研究生、重拳科研、提高质量的策略，开展学科建设，并增设海洋水文气象和海洋地质地貌两个专业，为海洋系成为全国一流学科打下了坚实良好的基础。

1995年，厦门大学进入国家“211工程”行列；2001年，被列入国家“985工程”重点建设高校；2017年，入选国家A类“双一流”建设高校。在中国教育从教育大国走向教育强国的历史进程中，厦门大学的院系发展与学科建设，实现了跨越式发展。

1999年3月，全校深化校内管理体制改革，开始实行校院二级管理，学院建制全面铺开，各学院按照学院办大学的发展趋势，遵循“优化结构、强化内涵、扶优促新、鼓励交叉”的原则推动学科与专业建设，从1995年到2020年，全校共设置30个学院16个研究院，新增52个专业，撤销4个专业，调整18个本科专业，最终设置本科专业99个，涵盖文学、哲学、历史学、法学、经济学、管理学、理学、工学、建筑学、医学、艺术学等11个学科门类，以学科为支撑，打造一批定位明确、管理规范、改革成效突出，师资力量雄厚、培养质量一流的院系与专业群；全校有17个国家级特色专业，2个国家级人才培养模式试验区，2个国家级专业综合改革试点，3个专业入选教育部基础学科拔尖学生培养计划，24个专业13个项目入选教育部卓越人才培养计划。

这个时期，也是厦大研究生教育的大发展时期。1986年9月，国务院批准厦大试办研究生院；1996年3月，厦大正式获准设立研究生院；2018年，厦大成为全国首批20所学位授权自主审核单位之一。至2020年，全校共设有32个博士后流动站，36个一级学科博士学位授权点，45个一级学科硕士授权点。研究生院的建设与发展，推动了厦大研究生教育的空前发展，也更紧密地将厦门大学的学科建设与学院建设融为一体。

学科作为高校实施科研、教学活动和集聚人才的最基本的单元，是学校根本性的基础建设，也是院系建设发展的基础与支撑。这个时期，凭借国家"211工程"、"985工程"建设和创建"双一流"的支持，院系以学科为支撑，以学科建设为重心，凸显了学科建设的基础性与关键性。

其一，以学科建设为支撑为龙头，整合组建符合学科发展和拓展创新学科建设的学院，优化学科布局。如整合厦大早期传播和研究马克思主义与当代马克主义教学研究的资源，成立马克思主义学院，设立"985工程"重点学科"马克思主义理论"、"211工程"三期国家重点学科"中国特色社会主义理论与实践"建设项目，与中共福建省委宣传部合作共建"厦门大学中国特色社会主义理论体系研究与培训基地"，加强学科建设，建设国内高水平的马克思主义理论学术创新基地。如整合全校电子工程、电子科学、微电子与集成电路、电磁声等相关学科，组成电子科学与技术学院，入选国家示范性微电子学院；整合软件学院、物理科学与技术学院、计算机与信息工程学院相关资源成立信息学院；将公共事务管理学院的社会学系与人文学院的人类学系组合成社会与人类学院，更准确对应国际学科范式；而像数学科学学院、国际关系学院、台湾研究院、教育研究院、萨本栋微米纳米科学技术学院，则是应对历史与国家的需求，在学校原本的优势或特色学科基础上建立起来的学院。其中数学与应用数学为国家级一流专业、国家一类特色专业、国家理科数学与应用数学基础科学研究和教学人才培养基地，入选国家基础学科拔尖学生培养试验计划；台湾研究院入选国家高端智库试点建设、培育单位。以教育部人文社科重点研究基地会计发展研究中心和国家重点学科工商管理为依托，整合MBA和EMBA、会计系、工商管理系、管理科学系与旅游管理专业组成管理学院，很快使管理学院成为中国最具竞争力的十大商学院之一。工商管理、会计学、财务管理和电子商务4个专业入选国家一流本科专业建设点，在2017年教育部公布的全国第四轮学科评估中，工商管理一级学科获评 A 类学科，经济学与商学进入 ESI 全球前 1%行列。

其二，以大学科理念、通过国家人才培养基地和重点学科的依托带动，推进院系与学科的建设发展。1999 年校院二级管理体制改革伊始，学校就开始推行大学科的学院建制理念，文、史、哲 3 个系 6 个一级学科，以国家文科历史学基础科学研究和教学人才培养基地与国家重点学科中国经济史为带动，组建人文学院，力图打通文史哲，"研究高深学问"和培养人文学科精英人才。以大医科理念，整合生命科学学院、医学院、药学院、公共卫生学院等力量，推进学科交叉融合，构建医、教、研有机融合的医科教育体系。2018 年和中国卫生信息与健康医疗大数据学会共同建立医疗健康大数据国家研究院，汇聚理、工、医及社会科学十几个学院的教师与研究团队，通过自主创新和跨学科合作，产生一批国内外领先的具有良好产业转化价值的一流研究成果，凸显大学科整体的优势。

在大学科建设与学科协同创新中，由厦门大学牵头，与复旦大学、中国社会科学院台湾研究所、福建师范大学共同建设的国家协同创新中心"两岸关系和平发展协同创新中心"，由厦门大学、复旦大学、中国科学技术大学和中科院大连化物所为核心层，组建的国家级协同创新中心"能源材料化学协同创新中心"，都体现出大学科、跨学科与跨越部门、学校的创新优势。2018 年 12 月，国家自然科学基金委依托厦门大学建设"国家天元数学东南中心"，该中心由数学科学学院牵头，联合 5 个省 14 所高校为共建单位，更是以大学科、大组合、大跨越的组织形态呈现出构建一流核心竞争力的重要举措。

其三，发挥优势，打造国内领先、国际一流的高峰学科，是这一时期厦大院系建设与发展水平最基本也是最重要的成果之一。目前厦门大学有理论经济学、应用经济学、工商管理、化学、海洋科学 5 个国家一级重点学科，另有 25 个国家二级重点学科，分布在经济、管理、化学化工、数理、海洋与地球、生态与环境、法学、高等教育、生命科学、人文等学院。另有化学、工程学、农学、社会科学、计算机科学、分子生物学与遗传学、微生物学、药物理与毒理学、地学、物理学、经济学与商学等 18 个学科在 ESI 全球排名前 1%；17 个学科在 QS 世界大学学科排行榜上有名，上榜数居中国大陆高校第 12 位；37 个学科登上软科世界一流学科排行榜，上榜数居中国大陆高校第 8 位。2017 年，化学、海洋科学、生物学、生态学、统计学入选国家"双一流"建设行列。

当我们对厦大 100 年的院系发展做出梳理后，我们会发现，厦大百年院系的历史脚步，实际上是伴随着 100 年来中华民族伟大复兴的风云变幻与中国高等教育的命运嬗变而砥砺行走的，它走的是一条从小到大、从少到多、从大到强的历史发展脉络，一条是院系建设与学科发展紧密融合的道路，一条是国际竞争力和整体实力不断提升的道路。百年院系不断调整不断演化的进程，也就是百年学科不断变革不断创新的历程，这里有成功的喜悦，也有挫折的教训，有起伏的艰辛，也有前进的欢笑，但无论在什么时候、在什么样的空间里，都向着校主陈嘉庚先生提出的“世界之大学”目标前行，都沿着“与世界各大学相颉颃”的意志行进，都朝着“中国特色，世界一流”的憧憬踔厉奋进。

五

“厦门大学百年院系史”系列的编撰出版，是各院系向厦门大学百年华诞献上的一份礼物，她以100年来各个学院、研究院的学科发展、专业建设、院系在时代中变动的脚步为主要内容，呈现不同历史时期南方之强的个性与风采。目的在于总结经验，传承命脉，弘扬自强不息、止于至善精神，激励“双一流”建设，为厦门大学与中国高等教育留下一份珍贵的历史叙述。全校共有35个院系、研究院及厦大出版社参加了这个规模空前的编写工程。每部院系史主要包含以下内容：

一、历史的脚步。这是全书最主要的叙述，它通过对院系的历史梳理，描述出在各个历史时期的发展脉络与特征，客观呈现各学院发展进程中的主要事件，重点叙述以学科建设、人才培养为重心的发展变化、主要特点和成就，以及行政管理、社会服务上的变更发展。

二、党政管理。叙述院系党的建设情况，行政机构的变更，历任党、政领导等。

三、学科发展。叙述院系学科建设发展的轨迹与特色、地位与成绩，包括博士授权点、硕士授权点介绍及其人才培养特色，研究基地、研究所、中心介绍及其工作特色，重点实验室介绍及其工作成就，对外交流成果等。

四、教学成果。阐述院系在人才培养与教学教育中的发展嬗变，包括专业设置、课程体系、精品课程与教改项目、教学成果奖、特色专业与创新试验区、教学团队、教材建设、人才培养基地、创新创业教育等内容。

五、学术成就。配合学科建设的发展，叙述学术上的做法与成就，包括获奖学术成果、主要著作与论文、主要研究课题。

六、附录：院系大事记。

这是一项具有长远意义且严肃的工作，学校要求各院系在编撰中坚持正确的政治导向，突出与中国共产党同龄的厦门大学教育救国、教育兴国、教育强国的历史步点；重点叙述与提炼各学科、各专业及人才培养的发展与成就，彰显学术大师和著名校友的贡献；历史须客观叙述，要求准确无误有根有据，尽可能追根溯源，填补漏缺，还原历史，强调学术传承。但历史的写作须经千锤百炼，百年院系历史的叙述需要长期的淬炼，今天打开的这个脚步，难免深浅不一，难免有疏漏之处，还有许多需要打磨甚至勘正的地方，还请各位读者批评指正。

全校的百年院系史系列编撰工作在2019年的春天启动，历时两年的时间，在厦门大学百年华诞到来之际，终于与厦大人、与各方读者见面了。当各院系的撰写者在各自的历史隧道中搜寻攫微、考辨记载而写出自己的院系历史的时候，实际上是在对一个学科、一个院系的过去与今天的研究梳理，也是与明天的一个重要联系与启示。相信经过这次院系史的研究编写，各学院各学科将会以史为鉴，以更宏伟的规划更准确的定位更实在的工作，在党的坚强领导下，向着“中国特色，世界一流”的建设方向，奋力推进厦门大学院系建设与学科发展。

2021年3月12日

目录

content

第一章 历史的脚步

第四章 学术成就

第一章
历史的脚步

厦门大学公共卫生学院正式成立于 2011 年 5 月 20 日，是以国家传染病诊断试剂与疫苗工程技术研究中心和厦大医学院原预防医学系为基础组建的。十年风雨兼程，十年春华秋实。敢于担当、勇于拼搏的厦大公卫人，历经十年艰苦创业，将成立时的弱小学院，发展成如今富有办学活力和发展前景的创新学院。

学院现有专任教师 49 名，其中教授 17 名、副教授 19 名，具有博士学位的占 93.84%，国家杰出青年科学基金获得者 2 名、国家高层次人才特殊支持计划入选者 3 名、国家高层次（青年）人才 2 名、国家百千万人才工程入选者 2 名、国家优秀青年科学基金获得者 2 名、教育部“新（跨）世纪优秀人才培养计划”入选者 4 名、科技部“创新人才推进计划”中青年科技创新领军人才 2 名、中国科学院“百人计划”学者 1 名、福建省“百人计划”学者 4 名、福建省特殊支持计划“双百计划”科技创新领军人才 3 名、“闽江学者”特聘教授 2 名、福建省杰出青年科学基金获得者 5 名，以及科技部创新团队、教育部创新团队各 1 个等。

学院坚持现场学科与实验学科相结合、相促进的特色发展模式，各项事业不断发展，办学规模稳步增长。现有预防医学系、实验医学系、实验教学中心、公共卫生硕士（master of public health，MPH）教育中心等教学管理单位，福建省公共卫生与预防医学实验教学示范中心、虚拟仿真实验教学中心、研究生教育创新基地等教学平台。现有公共卫生与预防医学福建省一级重点学科；公共卫生与预防医学、生物制品学目录外二级学科、转化医学交叉学科学术型硕士学位授权点；公共卫生硕士（MPH）专业学位授权点；公共卫生与预防医学一级学科博士学位授权点、生物制品学目录外二级学科博士学位授权点。目前，学院全日制在校生约有 800 人，其中本科生 400 余名，硕士生近 300 名，博士生近 100 名。

学院坚持课题组的运行模式，并且依托课题组形成了若干个学科发展方向和科技平台，现有分子疫苗学和分子诊断学国家重点实验室、国家传染病诊断试剂与疫苗工程技术研究中心、医用生物制品省部共建协同创新中心、福建省分子影像诊疗工程技术研究中心、福建省高校卫生技术评估重点实验室等科技平台。迄今为止，学院共承担了国家基金重点项目、“863 计划”、“973 计划”、传染病科技重大专项、新药创制科技重大专项、重点研发计划等国家级科研项目 150 余项，累计到位经费超过 5 亿元；以第一署名单位或通讯作者单位在国际顶尖医学期刊《新英格兰医学期刊》(*New England Journal of Medicine*)、《柳叶刀》(*Lancet*)及《自然》(*Nature*)子刊、《科学》(*Science*)子刊、《细胞》(*Cell*)子刊、《美国国家科学院院刊》(*PNAS*)等刊物发表科学引文索引(scientific citation index，SCI)论文 700 余篇，其中 52 篇入选 ESI 高被引论文；完成转化的成果获国家一类新药证书 2 项，申报新药上市 2 项，获国家一类新药临床批件 6 项、医疗器械注册证书 118 项[欧盟 CE 认证(conformite europeenne certification，欧洲统一认证)11 项、世界卫生组织 PQ 认证(prequalification，生产预认证)2 项]，获发明专利授权 157 项(美国 25 项、欧洲 14 项、日本 10 项)；获得国家技术发明二等奖、国家科技进步二等奖、全国创新争先奖、中国专利金奖、福建省科学技术重大贡献奖、求是杰出科技成就集体奖、福建省科技进步一等奖等重要奖项。特别是在 2020 年年初暴发新型冠状病毒肺炎疫情以来，学院承担了新型冠状病毒检测试剂和疫苗的国家应急攻关任务，研发的 15 种诊断试剂供应了全球 70 多个国家和地区，在欧洲多个国家研究机构中获评最优，并获世界卫生组织点名推荐；研发的新型冠状病毒肺炎疫苗获批进入临床试验，为全球抗疫贡献厦大智慧，并在 2020 年 9 月 8 日召开的全国抗击新型冠状病毒肺炎疫情表彰大会上被中共中央、国务院、中央军委表彰为全国抗击新型冠状病毒肺炎疫情先进集体。

学院坚持开放和国际化办学理念，是科技部国际科技合作基地、国家级对台科技合作与交流基地。目前，学院与世界卫生组织总部，美国、英国、新加坡、日本，以及中国香港、台湾地区等知名高校和科研院所，以及默沙东、赛诺菲巴斯德、葛兰素史克等著名医药公司，在人才培养、师资交流、科学研究等方面建立了良好的合作关系。

学院现有教学科研用房 2.5 万平方米和价值超 2 亿元的实验仪器设备。展望美好未来，学院将立足于高起点和国际化视野，以人才培养和产学研结合为支撑点，以服务国家重大战略需求为目标，瞄准世界公共卫生科技创新前沿，发挥既有优势，坚持特色发展，努力建设国内有特色、国际有影响的高水平研究型公共卫生学院(以上数据截至 2020 年 9 月 30 日)。

图 1-0-1 2016 年 10 月 25 日，全国人大常委会原副委员长、中国老科学技术工作者协会会长陈至立莅临学院视察，并与专家学者代表亲切座谈交流。全国政协教科卫体委员会副主任陈小娅，福建省人大常委会党组副书记、副主任陈桦，厦门市人大常委会主任郑道溪，副主任陈紫萱，福建省老科协常务副会长蔡传华、我校朱崇实校长等陪同

图 1-0-2　2015 年 4 月 23 日，全国人大常委会原副委员长、"重大新药创制"科技重大专项技术总师、中国药学会理事长、中国工程院院士桑国卫率重大专项专家组一行到学院调研，并与厦门生物医药领域内人才代表座谈

第一节　厦门大学公共卫生学院成立

2010 年 10 月 19 日，学校印发《关于成立厦门大学公共卫生学院的通知》(厦大人〔2010〕120 号)，决定成立厦门大学公共卫生学院。2010 年 12 月 6 日，学校印发《关于公布厦门大学公共卫生学院岗位设置方案的通知》(厦大人〔2010〕145 号)，明确以国家传染病诊断试剂与疫苗工程技术研究中心和预防医学系为基础组建公共卫生学院。2011 年 5 月 20 日，学校领导到公共卫生学院宣布学院领导班子，宣布任命夏宁邵为厦门大学公共卫生学院院长，张军为副院长，滕伯刚为厦门大学公共卫生学院党委书记，刘俊杰为副书记，标志着厦门大学公共卫生学院正式成立并开始运行。

从学校印发文件成立公共卫生学院，到学院班子正式组建，前后经历了半年多的时间。这期间经历了院长夏宁邵与学校“约法三章”的过程。学校向夏宁邵教授提出希望由他出任首任院长后，夏宁邵教授从学院事业发展的角度出发向学校提出了“三个请求”：一是希望增设公共卫生与预防学一级学科硕士点；二是希望能给学院一个固定的办学场所；三是建议由具有学科背景的滕伯刚教授出任学院首任党委书记。在得到学校的积极回应后，夏宁邵教授同意出任首任院长。2010 年 12 月 29 日，学校印发文件任命夏宁邵教授为公共卫生学院院长，并随着这“三个请求”一一兑现后，学院于 2011 年 5 月 20 日正式成立并开始运行。后来，经学院研究，将学院建院纪念日定为 5 月 20 日。

一、学院成立之前的国家传染病诊断试剂与疫苗工程技术研究中心

1995 年，深感科技进步对医学事业促进效应的夏宁邵毅然放弃了已经打拼 10 多年的临床工作，从湖南娄底地区人民医院调入厦门大学，在生命科学学院细胞生物学与肿瘤细胞工程教育部重点实验室成立分子病毒学课题组，实验室坐落在电镜楼(已于 2012 年拆除)。实验室成立之初就确立了产学研合作、形成实验室研究成果向医学实践快速转化通道的团队组建和发展思路。课题组成立之后就开始与北京万泰生物药业股份有限公司进行产学研合作。

1996 年，课题组实现了第一个诊断试剂盒——庚型肝炎病毒抗体检测试剂盒的商品化；1999 年，研制出当时国内唯一能满足商业需求的艾滋病病毒[人类免疫缺陷病毒(human immunodeficiency virus，HIV)]重组抗原，突破了大规模生产用高性能艾滋病病毒抗体检测试剂盒核心原料供应的产业瓶颈问题；2000 年 6 月，国内第一个第三代艾滋病病毒抗体诊断试剂盒——人类免疫缺陷病毒 HIV(1+2 型)抗体酶联免疫检测试剂盒获批，并实现产业化，显著提高了国产艾滋病病毒感染筛查试剂的准确性，与国际同类主流试剂处于同一质量水平，引领了国产艾滋病诊断试剂全面升级换代并成为市场主导产品。质量可靠、价格适宜的国产试剂，在保障我国的输血安全、艾滋病病毒感染者的早期诊断和早期防控中发挥了重要作用。同年，养生堂有限公司与厦门大学签订协议，依托分子病毒学课题组建立“厦门大学养生堂生物药物联合实验室”，开始建立产学研紧

密配合的体系。2001 年 5 月 25 日,“艾滋病病毒重组抗原及第三代艾滋病病毒抗体 EIA 诊断试剂盒的研制”获得中国高校科学技术一等奖,12 月 6 日获得厦门市科技重大贡献奖,12 月 19 日获得国家科学技术进步奖二等奖,在生物医药领域崭露头角。

2003 年 11 月,福建省科技厅印发《关于同意建立“福建省医学分子病毒学研究中心”的批复》(闽科社〔2003〕57 号),批准成立“福建省医学分子病毒学研究中心”(图 1-1-1)。省级科技平台的获批,进一步加强了医学分子病毒学领域的科研工作,促进了一系列病毒诊断试剂、疫苗以及药物的研制和产业化。2004 年 3 月,厦门市科技局印发《关于批准组建第五批厦门市工程技术研究中心的通知》(厦科高〔2004〕5 号),批准成立“厦门市生物药物工程技术研究中心”。企业平台、省级平台、市级平台的持续建设,促进了团队科研水平的快速提升,为建设国家级科研平台奠定了坚实基础。

图 1-1-1 厦门大学“福建省医学分子病毒学研究中心”挂牌仪式

2005年，厦门大学在前期建设基础上，联合养生堂有限公司组建"国家传染病诊断试剂与疫苗工程技术研究中心"（以下简称"中心"）。2005年12月，科技部印发《关于国家核技术工业应用技术研究中心等11个工程技术研究中心可行性论证报告的批复》（国科发计字〔2005〕503号），批准成立"国家传染病诊断试剂与疫苗工程技术研究中心"（图1-1-2），其作为相对独立运行的实体机构，最初挂靠于厦门大学生命科学学院。经过短短10年的建设和发展，夏宁邵教授领衔的团队从一个小小的病毒学课题组，一步一个脚印，经历福建省医学分子病毒学研究中心、厦门市生物药物工程技术研究中心的建设过程，发展成为国家传染病诊断试剂与疫苗工程技术研究中心，跻身"国家队"行列。

2009年8月，中心入选科技部"国际科技合作基地"；11月，入选科技部"国家级对台科技合作与交流基地"；12月，夏宁邵教授作为理事长牵头组建全国体外诊断产业技术创新战略联盟并成为全国试点联盟之一。2009年9月，中心完成筹建，召开验收评估工作会议，并以"优秀"通过验收。2010年12月，学校进

图1-1-2　科技部副部长刘燕华、福建省副省长李川为国家传染病诊断试剂与疫苗工程技术研究中心揭牌

行院系调整，依托国家传染病诊断试剂与疫苗工程技术研究中心和医学院预防医学系组建公共卫生学院。自此，国家传染病诊断试剂与疫苗工程技术研究中心挂靠公共卫生学院，进入发展新阶段。

二、学院成立之前的预防医学系

2003年春夏之交，一场突如其来的严重急性呼吸综合征(severe acute respiratory syndrome，SARS，又称传染性非典型肺炎)疫情，让公共卫生成为社会关注的焦点。人们再一次认识到“公共卫生”“疾病预防控制”“预防突发公共卫生事件”的重要性。SARS之后，公共卫生与预防医学学科迎来前所未有的发展机遇。厦门大学公共卫生与预防医学学科正是在这样的大背景下创办的。2004年3月3日，厦门大学医学院获批设置预防医学系；2005年1月，任命范春教授为预防医学系主任；2008年5月，任命李红卫为预防医学系副主任(主持工作)。

建系之初，预防医学系办学空间十分有限，地点设在医学院李文正楼5楼(图1-1-3)，办学面积约500平方米。经费投入相对不足，经费主要用于购置教学仪器设备，以保障基本教学。专业师资十分缺乏，仅有2名专任教师、1名实验技术人员；经历了几年发展，到合并组建公共卫生学院之前，预防医学系有专任教师9人，其中教授3人、副教授4人、助理教授2人、实验技术人员5人。

预防医学共设两个学科群，其中一个为公共卫生学科群，包括劳动卫生与环境卫生学、营养与食品卫生学、儿少与妇幼卫生学、卫生毒理学；另一个为疾病控制学科群，主要包括流行病与卫生统计学、社会医学与卫生事业管理。2004年9月，预防医学系成立半年，便迎来了预防医学专业60名首批本科新生。

根据教育部《普通高等学校本科专业类教学质量国家标准》中的《公共卫生与预防医学类教学质量国家标准》对本科预防医学专业毕业生应达到的基本要求，并参考国内其他高校预防医学本科人才培养方案的设置，预防医学系制订并完善了《预防医学专业教学计划(2004)》。人才培养以基础医学、临床医学、预防医学三段式的教学模式为主。在执行的教学计划中，突出了“三个特点”“四个打通”“三个加强”，即合理定位培养规格、增强学生的发展后劲、以就业为导向整合专业课程；数学和物理课程与全校打通、化学类课程与生物系打通、生物类课程

图 1-1-3　2006 年 4 月 6 日，印度尼西亚华侨李文正先生（左四，李文正楼捐建人）与预防医学系部分老师合影

与生物系打通、基础医学和临床课程基本上与临床医学专业打通；加强实验技能训练，加强专业技能训练，加强科研能力训练。为迎接 2005 年教育部本科教学评估，预防医学系开展了 39 门课程的教学大纲编制工作（表 1-1-1），并作为医学院的一部分，整体办学通过教育部教学评估。

表 1-1-1　预防医学专业本科课程大纲编写情况表

序号	课程名称	课程类型	修读	学时	学分	授课专业	编写人
1	预防医学导论	院系通识	必修	15	1	预防医学	范　春
2	医学文献学	学科类通修	选修	15	1	临床医学	范　春
3	公共卫生学	学科类方向性	必修	96	6	预防医学	范　春
4	健康危险度评价	学科类方向性通修	选修	16	1	预防医学	范　春
5	微量元素与健康	学科类方向性通修	选修	16	1	预防医学	范　春
6	卫生政策学	学科类方向性通修	选修	16	1	预防医学	范　春

续表

序号	课程名称	课程类型	修读	学时	学分	授课专业	编写人
7	市场营销	学科类方向性通修	选修	16	1	预防医学	范　春
8	医疗保险	学科类方向性通修	选修	16	1	预防医学	范　春
9	健康相关产品管理	学科类方向性通修	选修	16	1	预防医学	范　春
10	公共关系与大众传媒	学科类方向性通修	选修	16	1	预防医学	范　春
11	卫生人力规划	学科类方向性通修	选修	16	1	预防医学	范　春
12	流行病学	学科类方向性	必修	80	3	预防医学	赵本华
13	社会医学	学科类方向性	必修	32	2	预防医学	赵本华
14	医学科研设计与论文写作	学科类方向性	必修	16	1	预防医学	赵本华
15	卫生事业管理	学科类方向性	选修	16	1	预防医学	赵本华
16	灾害医学	学科类方向性通修	选修	16	1	预防医学	赵本华
17	伤害流行病学	学科类方向性通修	选修	16	1	预防医学	赵本华
18	公共卫生事件处理	学科类方向性通修	选修	16	1	预防医学	赵本华
19	医学社会学	学科类方向性通修	选修	16	1	预防医学	赵本华
20	卫生统计学	学科类方向性	必修	64	3	预防医学	方　亚
21	医学人口学	学科类方向性	选修	16	1	预防医学	方　亚
22	健康教育学	学科类方向性	选修	16	1	预防医学	方　亚
23	卫生经济学	学科类方向性	选修	16	1	预防医学	方　亚
24	公共卫生信息学	学科类方向性	选修	16	1	预防医学	方　亚
25	行为医学	学科类方向性通修	选修	16	1	预防医学	方　亚
26	卫生毒理学	学科类方向性	必修	48	2	预防医学	李红卫
27	卫生法规	学科类方向性	必修	16	1	预防医学	李红卫
28	公共卫生监测学	学科类方向性	必修	32	2	预防医学	李红卫
29	公共卫生监测实验	学科类方向性	必修	112	4	预防医学	李红卫
30	公共卫生监督学	学科类方向性	必修	16	1	预防医学	李红卫

续表

序号	课程名称	课程类型	修读	学时	学分	授课专业	编写人
31	社区卫生学	学科类方向性	选修	16	1	预防医学	李红卫
32	康复医学	学科类方向性通修	选修	16	1	预防医学	张永兴
33	医院管理学	学科类方向性通修	选修	16	1	预防医学	张永兴
34	医院获得性感染与管理	学科类方向性通修	选修	16	1	预防医学	张永兴
35	危险化学品管理	学科类方向性通修	选修	16	1	预防医学	张永兴
36	放射卫生与管理	学科类方向性通修	选修	16	1	预防医学	张永兴
37	儿少卫生学	学科类方向性	选修	32	2	预防医学	黄守杰 王 娟
38	妇幼保健	学科类方向性通修	选修	16	1	预防医学	黄守杰 王 娟
39	老年医学	学科类方向性通修	选修	16	1	预防医学	黄守杰 王 娟

临床理论与实习是预防医学专业课，有助于培养学生独立思考、独立分析问题和解决问题的能力，在人才培养体系中不可或缺。2006 年 9 月起，预防医学专业 2004 级本科生赴厦门大学附属东南医院进行临床课程学习和实习（图 1-1-4）。在此后的一段时间，厦门大学附属东南医院也成为预防医学专业的定点临床教学实习单位。实习基地是预防医学专业学生非常重要的毕业实习场所，至 2011 年，预防医学系建立了厦门市疾病预防控制中心、厦门市卫生监督所、厦门市妇幼保健院等预防医学实习基地，形成了良好的教学、科研合作关系，为进一步拓宽实习基地建设奠定了基础。

在专业课程建设方面，预防医学系全力投入预防医学专业基础课程和特色课程的建设，并重点培育“卫生统计学”“预防医学”开展精品课程建设；同时为配合人才培养计划的实施，积极开展教材建设，由范春教授主编一部“十一五”规划教材——《公共卫生学》，全系教师共参编国家级规划教材 30 余部。

图 1-1-4 2004 级(首届)预防医学专业学生在 175 医院集体合影

预防医学系成立之后,积极引导师生投入科研工作,至 2011 年 5 月,累计获得国家自然科学基金 1 项、福建省自然科学基金 2 项、厦门市科技计划项目 1 项;2009 年获雀巢(国际)研究中心 134 万元研究资助;发表学术论文 100 余篇,其中 SCI 收录 20 余篇,核心期刊 60 余篇。

2008 年 5 月 12 日,四川省汶川县发生里氏 8.0 级强烈地震。范春教授主动请战,报名参加了厦门市卫生局组织的援川防疫队,并于 5 月 19 日随厦门市医疗队赴震区救灾。他说:“灾难让我们万众一心,众志成城,我们要用实际行动帮助灾区同胞兄弟姐妹渡过难关!”此外,预防医学系方亚教授、张永兴教授,发挥自身专业优势,深入周边社区和学校,开展妇女保健知识、预防网络成瘾等主题讲座。

2009 年 6 月上旬,预防医学系 2004 级学生分别在厦门大学、厦门市疾病预防控制中心、厦门市卫生监督所、厦门市妇幼保健院完成毕业论文答辩,标志着预防医学系顺利完成一个轮次的办学。2009 届毕业的同学是预防医学系首届本科毕业生,他们是预防医学系各位教师在教学工作方面取得的成果,也是建立预防医学系以来各位教师辛勤劳动的结晶。

预防医学系在创办的早期阶段,努力克服专业师资紧缺、办学基础薄弱等困难,在人才培养、科学研究、对外交流、社会服务等方面做出有益探索,特别是在人才培养方面积累了一定经验。至 2011 年合并组建公共卫生学院之前,预防医学系顺利完成了两轮次办学，初步形成了自己的培养方案和课程体系。

三、党政领导班子和单位负责人

(一)院级党政领导班子

1.党委书记

滕伯刚(2011 年 5 月—2015 年 10 月)、张琥(2015 年 10 月—)。

2.院长

夏宁邵(2010 年 12 月—)。

3.副书记

刘俊杰(2011 年 5 月—2014 年 3 月)、黄兆君(2014 年 3 月—2020 年 7 月)、杨机像(2015 年 6 月—)、庄曦(2020 年 7 月—)。

4.副院长

张军(2011 年 5 月—)、林忠宁(2013 年 4 月—)、赵勤俭(2015 年 10 月—)。

5.部门工会主席

李红卫(2011 年 10 月—2013 年 7 月)、王颖彬(2013 年 7 月—)。

6.院长助理

杨机像(2013 年 12 月—2015 年 6 月)、程通(2013 年 12 月—)、张宇斌(2017 年 6 月—)。

(二)科研平台负责人

1.分子疫苗学和分子诊断学国家重点实验室

(1)主任:夏宁邵(2013 年 12 月—)。

(2)副主任:滕伯刚(2013 年 12 月—)、张军(2013 年 12 月—)。

2.国家传染病诊断试剂与疫苗工程技术研究中心

(1)主任:夏宁邵(2006 年 6 月—)。

(2)副主任：张军(2006 年 6 月—　)。

3.国家传染病诊断试剂与疫苗工程技术研究中心国际合作基地

主任：夏宁邵(2009 年 8 月—　)。

4.医用生物制品省部共建协同创新中心

主任：夏宁邵(2019 年 9 月—　)。

5.福建省医用生物制品协同创新中心

主任：夏宁邵(2013 年 11 月—　)。

6.福建省医学分子病毒学研究中心

主任：夏宁邵(2003 年 11 月—　)。

7.卫生技术评估福建省高校重点实验室

主任：方亚(2012 年 12 月—　)。

8.福建省分子影像诊疗工程技术研究中心

负责人：陈小元、张现忠(2017 年 3 月—　)。

9.厦门市生物药物工程技术研究中心

主任：夏宁邵(2004 年 3 月—　)。

10.厦门市分子影像工程技术研究中心

负责人：陈小元、张现忠(2015 年 1 月—　)。

(三)系/中心负责人

1.预防医学系

(1)主任：范春(2005 年 1 月—2007 年)、刘衡川(2016 年 6 月—2017 年 12 月)。

(2)副主任(主持工作)：李红卫(2008 年 5 月—2016 年 6 月、2017 年 12 月—　)。

(3)副主任：李红卫(2016 年 6 月—2017 年 12 月)、赵苒(2017 年 12 月—　)。

2.实验医学系

(1)主任：郑铁生(2016 年 3 月—　)。

(2)副主任(主持工作)：葛胜祥(2014 年 5 月—2016 年 3 月)。

(3)副主任：葛胜祥(2016 年 3 月—　)、张忠英(2014 年 5 月—　)。

3.实验教学中心

(1)主任:林忠宁(2013年4月—2015年11月、2018年7月—2019年12月)、刘衡川(2015年11月—2018年7月)。

(2)副主任(主持工作):陈静威(2019年12月—　)。

(3)副主任:李红卫(2013年4月—2015年11月)、郭东北(2019年1月—　)。

4.公共卫生硕士(MPH)教育中心

主任:方亚(2017年6月—　)。

(四)课题组负责人

1.国家传染病诊断试剂与疫苗工程技术研究中心课题组

组长:夏宁邵(1995年12月—　)。

2.厦门大学分子影像暨转化医学研究中心课题组

学术带头人:陈小元(2012年4月—　)。

负责人:张现忠(2012年4月—　)。

3.卫生经济与政策研究中心暨老年健康研究中心课题组

组长:方亚(2009年10月—　)。

4.卫生毒理学课题组

组长:林忠宁(2013年3月—　)。

5.病原微生物与抗感染治疗课题组

组长:赵西林(2013年1月—　)。

6.生物基材料转化医学课题组

组长:许零(2017年9月—　)。

7.环境医学课题组

组长:申河清(2019年6月—　)。

8.流行病学课题组

负责人:赵本华(2020年6月—　)。

第二节 学科建设

2011年公共卫生学院成立伊始，学院领导班子进行多次调研，理清学院发展思路，确定学院发展定位和目标，制定了《厦门大学公共卫生学院"十二五"规划和发展远景规划》。学院"十二五"规划着眼于科学发展、和谐发展，立足于高起点和国际化视野，以人才培养和产学研结合为支撑点，以国家和海西重大战略需求为目标，瞄准世界公共卫生科技创新前沿，发挥既有优势，坚持特色办学，努力创办"国内有特色、国际有影响"的高水平公共卫生学院。这一目标的提出，为学院学科建设和发展提供了遵循，指明了方向。

一、搬迁翔安校区

学院成立之初，预防医学系和国家传染病诊断试剂与疫苗工程技术研究中心办学空间十分有限。其中，预防医学系办学所在的文正楼5楼约500平方米，国家传染病诊断试剂与疫苗工程技术研究中心所在的电镜楼实验室约2000平方米。办学空间不足，成为学院学科建设首先要解决的问题。

翔安校区的建设和启用，彻底解决了学院办学空间不足的问题。在学校的大力支持下，翔安校区一期建设规划公共卫生学院办学用房为2幢大楼，共2.1万平方米。2014年，学校又新增建设约4000平方米的分子影像楼，学院办学面积扩大到2.5万平方米，为学院的学科建设奠定了坚实基础。

搬迁翔安校区是学院成立之初的一件大事。按照学校的统一部署，学院成为首批入驻翔安校区的单位之一。学院结合自身实际情况，以"优先保障教学，稳妥衔接科研"的原则，分类指导，分步实施。2012年年初，学院正式启动搬迁工作，至2013年8月结束，前后持续了一年半。在搬迁工作中，学院注重调动师生的主人翁意识，让每位师生都成为搬迁的参与者、新学院的建设者。学院把每间房间的搬迁责任落实到人，先后多次组织教职工赴翔安校区，对大楼每间房间进行内部预验收，对于发现的问题，及时与翔安校区建设指挥部及承建单位沟通整改,并得到建设指挥部和承建方的大力支持,与承建单位共创优质工程。临近搬迁前,学院完成内部的资产清查,对报废物品进行统一归置,按程序进行报废,对需搬迁的物品进行了分类备案,做到每件物品都有专人负责,并制订打包方案,对危险品搬迁制订周密的安全预案,使整个搬迁过程安全有序地进行。学院充分做好搬迁的组织工作,召开教学人员、行政人员、科研人员和学生专场动员会,深入细致地做好师生的思想工作(图 1-2-1)。搬迁到翔安校区之后,学院师生发扬不怕苦、不怕累的精神,及时将搬过来的仪器设备、物资拆包,进行仪器调试、安装,确保教学工作正常开展和科研工作平稳过渡(图 1-2-2)。

图 1-2-1　召开搬迁翔安校区动员大会

图 1-2-2　组织学院师生搬迁到翔安校区(摄于 2012 年 8 月)

二、日趋完善的学科体系

学院成立之前，预防医学专业只有本科阶段教育，国家传染病诊断试剂与疫苗工程技术研究中心依托生命科学学院，承担了部分本科教学和研究生培养工作。围绕“国内有特色、国际有影响”的高水平公共卫生学院的建设目标，以学科建设为龙头，凝练自身特色，建立健全人才培养体系，是学院成立之后需完成的紧迫而繁重的任务。

(一)重点学科

在重点学科上，2012 年 7 月，学院申报公共卫生与预防医学省一级重点学科并成功获批，提前实现了学院“十二五”规划中提出的“力争建成一两个省级重点学科”的建设目标。公共卫生与预防医学省一级重点学科在建设方向上，以解决若干国家或地方重大需求为目标，进一步凝练学科发展方向，合理布局学科结构，强化科研能力和科技创新能力，促进科技成果转化，致力于解决某些重大疾病的诊断和防治问题；在疾病诊断和创新疫苗相关学科的多个研究方向上，继续处于国内领先水平并具备一定的国际地位，取得了若干国际领先的标志性成果；在公共卫生政策与管理、环境与公众健康保障、老年人口健康促进策略方面，达到国内先进水平，力争部分研究成果达到国际先进水平。2015 年，根据《福建省教育厅、福建省财政厅关于省级重点学科考核验收工作的通知》(闽教高〔2015〕33 号)，学院公共卫生与预防医学一级学科顺利通过省级重点学科考核验收，考核结果为“优秀”。

(二)本科教育

在本科教育上，面对本科新生招生人数翻番以及预防医学专业毕业学生就业压力较大的双重矛盾，学院在广泛征求意见和学习国内外兄弟院校办学经验的基础上，立足自身实际，坚持特色发展，提出宏观与微观、现场与实验相结合、相促进的发展思路，即在巩固提升原有以宏观、现场研究为主的预防医学专业基础上，创办以微观、实验研究为主的医学检验技术专业。2012 年年初，学院开始着手谋划申报医学检验技术专业。2012 年 4 月，由学院党委书记滕伯刚带队，前往重庆医科大学和四川大学华西公共卫生学院考察学习；5 月，学院学术委员会多次讨论教学方案，拟定申请报告；6 月，向学校递交申请报告，学校学术委员会全票通过表决；7 月，通过省卫生厅专家组的评审；12 月，上报教育部审批；2013 年 4 月，获教育部批准。医学检验技术专业从申报到获批前后经历了一年时间，并于 2013 年开始招生，标志着学院在探索以现场学科与实验学科相结合、坚持现场学科与实验学科“两条腿”走路的道路上迈出了关键一步，创建具有厦大特色的公共卫生学科取得了实质性进展。

(三)研究生教育

在研究生教育上，在学位点建设方面，学院成立之前是零基础。公共卫生学院的成立，揭开了厦门大学公共卫生与预防医学研究生教育的新篇章，开启了公共卫生学院建设的新征程。

(1)第一个获批的是公共卫生与预防医学一级学科硕士点，兑现了学校对夏宁邵院长的承诺，公共卫生与预防医学一级学科硕士点，在学院成立当年就得以设立，并于2012年开始招生。

(2)第二个获批的是转化医学交叉学科硕士点，于2013年申报获批，2014年开始招生，率先在全国开展转化医学交叉学科硕士培养工作。该学位点的设立源于当时转化医学成为我国科技发展重点之一，《中共中央关于制定国民经济和社会发展第十二个五年规划的建议》辅导读本中指出："以转化医学为核心，大力提升医学科技水平，强化医药卫生重点学科建设。"该学位点的设立同时也是学院结合自身实际情况，发挥自身科研优势反哺教学和人才培养，促进科研事业长远、健康发展的有力举措。

(3)第三个获批的是生物制品学硕士点、博士点，于2013年申报获批，以自主设置目录外二级学科生物制品学硕士点、博士点的形式，2015年开始招生。生物制品学博士点也成为学院第一个学科博士点，开启了学院自主培养博士的学位教育新历程。生物制品学与公共卫生、预防医学等学科密切联系，基础研究与应用研究并重，是依托现代生物技术发展起来的一门新兴交叉学科。生物制品行业一直以来都是我国政府重点支持的对象，该学科的设立顺应了医疗卫生事业和生物医药产业发展的需求，为我国输送医药卫生领域急需的高水平人才。

(4)第四个获批的是公共卫生专业学位(MPH)硕士点，于2014年1月申报并高票通过学校审批；2014年5月获得国务院学位委员会核准；2015年开始招生。该专业强调人才培养与公共卫生实际需要相结合，采取理论学习、现场实践与社会调查、课题研究相结合的培养方式，注重利用新技术、新方法、新理论知识解决公共卫生实际问题的能力的培养，为公共卫生部门，包括政府有关部门、疾病控制中心、医院、社区卫生机构等相关行业和企业培养高层次复合型人才。

(5)第五个获批的是公共卫生与预防医学一级学科博士点。2020年3月，国务院学位委员会印发《关于下达2019年学位授权自主审核单位撤销和增列的学位授权点名单的通知》，批准厦门大学自主审核增列公共卫生与预防医学一级学科博士学位授权点，列入厦门大学2021年研究生招生与培养专业目录对外招生。获批公共卫生与预防医学一级学科博士点，解决了长期困扰学院事业发展缺一级学科博士点的难题，是学院成立9年来学科建设成效的集中体现，标志着学院学科建设和人才培养体系日渐完善。

（四）科技平台

在科技平台上，截至2020年9月，学院在原有国家传染病诊断试剂与疫苗工程技术研究中心、福建省医学分子病毒学研究中心等的基础上，通过短短8年多时间的建设，先后获批5个省级以上高水平科技平台。

1.省部共建分子疫苗学和分子诊断学国家重点实验室

2013年12月，科技部印发《科技部、福建省人民政府、厦门市人民政府关于批准建设省部共建分子疫苗学和分子诊断学国家重点实验室的通知》（国科发基〔2013〕721号），以省部共建形式依托厦门大学公共卫生学院建设分子疫苗学和分子诊断学国家重点实验室。学院在成立不到3年的时间内，便为学校再添一个国家重点实验室。这是福建省在医药领域内的首个国家重点实验室，成为推动我校医学学科快速发展的重要平台，引领海峡西岸生物医药原始创新、服务地方社会经济发展的重要力量，以及厦门市打造生物与新医药千亿产业集群的重要科技支撑。

2.教育部医用生物制品协同创新中心

根据2019年10月教育部办公厅印发的《关于认定2019年度省部共建协同创新中心的通知》（教技厅函〔2019〕71号），学院牵头申报的医用生物制品协同创新中心榜上有名。“医用生物制品省部共建协同创新中心”由学院牵头发起申报，主要协同单位包括厦门万泰沧海生物技术有限公司、厦门优迈科医学仪器有限公司和厦门万泰凯瑞生物技术有限公司。

3.卫生技术评估福建省高校重点实验室

学院依托方亚教授领衔的卫生经济与政策研究团队申报“卫生技术评估福建省高校重点实验室”，并于2012年通过省教育厅组织的专家论证，正式获批启动项目建设。这也是学院成立之后，正式获批建设的第一个省级科研平台。

4.福建省医用生物制品2011协同创新中心

该平台由学院协同厦门万泰沧海生物技术有限公司和厦门优迈科医学仪器有限公司于2013年申报并获批建设，在福建省2011协同创新计划评审中获得生物农业组第一名。

5.福建省分子影像诊疗工程技术研究中心

学院依托厦门大学分子影像暨转化医学研究中心在2015年获批厦门市分子影像工程技术研究中心的基础上，申报福建省分子影像诊疗工程技术研究中心，并于2017年获福建省科技厅批准启动建设。

多年来，学院围绕上述高水平科技平台建设，有力地推动了学院学科发展。

三、依托课题组发展学科

学院成立之后，倡导简单化、扁平化管理模式，借鉴境内外知名高校实践经验，开始探索“学院—课题组”模式，即课题组运行模式。课题组作为学院的二级实体单位，承担教学、科研、学科建设等任务。截至2020年9月，学院有8个课题组，分别是：国家传染病诊断试剂与疫苗工程技术研究中心课题组、厦门大学分子影像暨转化医学研究中心课题组、卫生经济与政策研究中心暨老年健康研究中心课题组、卫生毒理学课题组、病原微生物与抗感染治疗课题组、生物基材料转化医学课题组、环境医学课题组、流行病学课题组。

（一）国家传染病诊断试剂与疫苗工程技术研究中心课题组

课题组由夏宁邵教授于1995年加盟厦门大学时依托生物学系组建，是学院成立时间最早的课题组，目前也是学院体量最大、运行最成熟的课题组。课题组拥有科技部批准组建的国家级工程技术研究中心、教育部批准组建的医用生物制品省部共建协同创新中心、福建省科技厅批准组建的福建省医学分子病毒学研究中心，以及福建省教育厅批准组建的福建省医用生物制品2011协同创新中心等科技平台。中心长期从事疫苗和诊断试剂产品的研发及病毒分子生物学、基因工程、免疫学和细胞生物学相关的基础及应用基础研究，建立起成熟的涉及基因工程、单克隆抗体、细胞模型、实验动物、蛋白质结构、诊断技术、生物信息等的关键技术平台，并担任国家“传染病诊断试剂产业技术创新战略联盟”理事长单位，研发并上市了世界上唯一的戊肝疫苗、首支国产宫颈癌疫苗等，取得了一批重大成果，破解了系列“卡脖子”关键技术难题。

（二）厦门大学分子影像暨转化医学研究中心课题组

学校于2012年引进以陈小元教授为学术带头人的分子影像研究团队，成员中包括化学、医学、生物工程学、生物纳米技术等各方面的杰出人才，并依托学院组建了厦门大学分子影像暨转化医学研究中心，建设目标为建成面向海内外的开放的、具有国际一流水平的国内顶级分子影像学及转化医学创新基地和国际化研究平台，并联合体外诊断研究团队着力打造重大疾病体内外诊断与防治高水平科技平台。课题组拥有福建省科技厅批准组建的福建省分子影像诊疗工程技术研究中心、厦门市科技局批准组建的厦门市分子影像工程技术研究中心等科技平台。

（三）卫生经济与政策研究中心暨老年健康研究中心课题组

该课题组以方亚教授领衔的卫生经济与政策研究中心为基础组建，依托厦门大学公共卫生学科，整合经济学、管理学等研究领域的学术资源，借助厦门社会经济发展和地域优势，突出地域性的研究特色，紧密联系海西经济建设圈的发展需要，紧紧围绕国内外医疗卫生体制改革与发展的核心问题展开相关研究，对研究领域进行科学定位，立足海峡两岸，放眼全球。课题组拥有福建省教育厅批准组建的卫生技术评估福建省高校重点实验室。

（四）卫生毒理学课题组

该课题组由学院于2013年引进林忠宁教授时组建，填补了学院毒理学师资的空白，致力于外源环境因素毒性作用及其机制的特色性研究，为学科建设和毒理学应用转化提供了学科支撑和技术支持。

（五）病原微生物与抗感染治疗课题组

该课题组由学院于2012年从美国以双聘教授的形式引进赵西林教授时组

建，使学院传染病防治研究在原有病毒方向的基础上，新增了细菌方向，目标为建设病原细菌研究高水平开放共享平台。

（六）生物基材料转化医学课题组

该课题组由学院于2017年引进厦门市高层次人才“双百计划”许零教授时组建，致力于解决伤口出血、创面愈合等创伤修复问题，开展了系列修复材料的研究和转化应用。

（七）环境医学课题组

该课题组由学院于2019年引进中科院“百人计划”学者申河清教授团队时组建，致力于环境风险因素的暴露与健康研究，并在典型环境污染物的健康效应和毒性机理研究方面取得了系列创新性成果。

（八）流行病学课题组

该课题组由学院引进青年学者陈田木博士并整合原有师资后于2020年6月组建，积极开拓传染病数学建模，以传染病预测预警为研究新方向，建立了多种传播模式的新型冠状病毒肺炎传播动力学模型，为新型冠状病毒肺炎的防控提供了技术支撑，并受到广泛关注。

第三节　教学工作

学院坚持人才培养这一立院之本。建院之初，学院就充分认识到，要实现人才培养目标，造就更多合格人才，就必须做好教学工作，必须将教学作为学院的中心工作。正是基于这种共识，学院教学工作一步一个脚印不断前行。

一、平稳过渡阶段（2011—2012 年）

学院成立之初，由预防医学系副主任（主持工作）李红卫代管本科教学，研究生教学由副院长张军主管。这一时期，面对搬迁翔安校区、本科生招生计划翻番等挑战，学院在确保教学工作平稳过渡的基础上，做好了顶层设计，扎实推进教学改革，完善学科布局。

2011 年暑假，学院召开全院教学工作会议，总结过去的教学工作，探讨存在的问题，查找解决的办法，以期提高教学水平。会议上，明确了推进以增强实践能力培养为重点的教学改革，在第一学年开设专业引导性课程“预防医学导论”和特色实践课程“预防医学综合实验技能与实践”；聘请公共卫生领域具有丰富一线工作经验的教师到学院开设实践课和选修课，使本专业学生能充分接触到公共卫生的一线实际，实现教学与实践的良好结合；推行本科生导师制，讨论通过了《厦门大学公共卫生学院本科生导师制实施细则（试行）》；成立了教学督导委员会，加强教学工作监督管理，推进教学及教学管理改革，提高教学质量。

图 1-3-1　2011 级新生参观教学实验室

2012年，公共卫生与预防医学一级学科硕士点首次招生，揭开了厦门大学公共卫生与预防医学学科自主培养研究生的崭新一页。学院加强研究生培养教育工作的制度化建设，出台了《公共卫生与预防医学专业2012级硕士研究生培养方案》《公共卫生学院博士、硕士研究生申请学位发表学术论文规定》《2012年硕士研究生复试录取工作实施细则》等文件，促进了研究生教学工作的平稳起步。

二、快速发展阶段（2013—2015年）

经过两年的过渡和摸索，随着主管本科教学的院、系领导班子陆续配备到位，以及研究生人才体系的不断完善，学院的教学工作得以快速发展。2013年4月，中山大学公共卫生学院原副院长林忠宁教授加盟学院，并经学校任命为学院副院长，主管本科生教学、学科建设、设备与实验室管理，同时兼任学院实验教学中心主任，负责实验教学中心建设等工作，学院教学管理工作得到有力加强。

2013年4月，学院申报的医学检验技术本科专业（理学四年制）获教育部批准，与学院原有的预防医学本科专业（医学五年制）一起，按公共卫生与预防医学类大类招生。医学检验技术专业的正式获批并开始招生，标志着学院在探索以现场学科与实验学科相结合、现场学科与实验学科"两条腿"走路的道路上迈出了重要一步。2013年9月，学院成立实验医学系，并任命葛胜祥教授、张忠英教授为副主任，具体负责医学检验技术专业的本科教学工作。

学院修订2013版公共卫生与预防医学类大类本科生培养教学计划，开设"新生研讨课""走近名家"等新课程，专业课程贯穿培养方案各学年；同时，结合学院本科生导师制，依托各科研平台，开设"实践/实验技能训练"课程，与创新实践、专业实习等课程形成本科生全程实践/实验训练的课程体系。

2013年5月，学院与厦门市疾病预防控制中心共建的"厦门大学预防医学专业实践教学基地"获学校批准，第一个校级校外实践基地正式建立。同年，学院与厦门市长庚医院签订共建"厦门大学公共卫生学院实践教学基地"的合作备忘录。

2015年年初，学院的医学检验技术专业课程首次开课筹备，除本院师资外，厦门市多所医疗卫生单位的临床教师也参与了新专业课程的教学工作。同年5月，四川大学华西公共卫生学院刘衡川教授加盟学院，参与实验教学中心建设和医学检验技术专业新开课程等教学工作；10月，学院公共卫生与预防医学实验教学中心获批2015年省级实验教学示范中心建设项目；11月，学院参加了教育部本科教学审核评估，顺利通过了专家组的现场检查评议；12月，学院聘任刘衡川教授为实验教学中心主任，主持实验教学中心工作。

为了提高研究生生源质量，学院从2013年起开始举办优秀大学生暑期夏令营活动，并选派知名教授赴国内知名院校开展招生宣讲，吸引优秀大学生推免攻读硕士学位。2013年，学院与厦门万泰沧海生物技术有限公司合作，依托公共卫生与预防医学、转化医学、生物化学3个学科，探索研究培养方式改革，获批“福建省公共卫生与转化医学研究生教育创新基地”。

学院积极探索交叉学科人才培养，2014年跨学科制订2014级（首届）转化医学交叉学科硕士研究生培养方案；改革公共卫生与预防医学硕士研究生培养方案，制订一级学科培养方案，贯通硕博课程；规范开题报告和中期考核制度，强化学术讲座与学术报告管理；鼓励学生参加社会教学实践活动和校外交流学习；实验室轮转制以“预防医学学科实验基础”其他培养环节的形式规范到硕士研究生培养方案。为区别于学术型硕士，突显专业型硕士重应用、重实践的培养要求，制订2015级公共卫生硕士专业学位培养方案，要求学生在学期间参加不少于6个月的专业实践。

为了进一步改进博士生招生改革，提高博士研究生培养质量，从2014年起，学院的博士研究生招生实行申请考核制。同时，为了提高研究生学位论文质量，自2015年起，我院对所有研究生学位论文100%查重，硕士研究生学位论文抽查盲审，博士研究生学位论文100%盲审。2015年11月，国务院学位委员会公共卫生与预防医学学科评议组对学院公共卫生与预防医学硕士学位授权点进行实地考察，学院良好的科研平台和支撑条件给专家组留下了深刻印象。

三、全面提升阶段（2016年以来）

“不积跬步，无以至千里；不积小流，无以成江海。”随着学院各项事业的快速发展,学院教学工作在经历了前一阶段的“跬步”“小流”积累之后,也进入了全面提升阶段。

(一)教学团队方面

2016 年,学院聘请江苏大学医学院郑铁生教授担任实验医学系主任,学院本科教学管理团队建设逐渐完善。2017 年,学院在原有各课程教学团队的基础上,成立 9 个本科课程组,覆盖学院开设的全部课程和全体专任教师。2019 年,课程组设置调整,原毒理学课程组、流行病学课程组、卫生统计与卫生管理课程组、学科入门课与专业实习课程组、实验诊断技术课程组、微生物与免疫检验课程组不变,原社会与健康课程组调整为环境与健康课程组,生化与分子检验课程组、临床检验课程组分别整合为生化、分子与临床检验课程组,新增卫生化学课程组。同年,以吴婷教授为团队带头人的传染病流行病学研究团队入选福建省专业学位研究生导师团队。团队依托分子疫苗学和分子诊断学国家重点实验室、国家传染病诊断试剂与疫苗工程技术研究中心两个国家级平台,主要从事传染病流行病学研究。

(二)学位点和专业建设方面

2016 年,公共卫生与预防医学一级学科积极参加全国第四轮学科评估,并列参评高校第 17 位,获评“B^{-}”,但仍创造了两个全国最好成绩,即全国办学时间最短、排名最靠前的高校,全国没有公共卫生与预防医学一级学科博士点排名最靠前的高校。公共卫生与预防医学一级学科同年顺利通过省级重点学科考核验收,考核结果为“优秀”。2019 年,公共卫生与预防医学学科一级学科博士学位授权点通过学校授权自主审核,解决了困扰学院多年的人才培养体系缺一级学科博士点的“卡脖子”问题。在教育部公共卫生(MPH)专业学位授权点评估中获得专家组高度评价,在参评新增 MPH 授权单位中获得第一名,并在全国医学专业学位授权点专项评估工作总结会上做经验交流。医学检验技术专业于 2019 年获批国家级一流本科专业建设点。

（三）课程体系方面

经过5年实践，学院于2018年调整公共卫生与预防医学类大类分流时间，分流时间由原来的二年级第三学期提前到一年级第三学期。结合学校修订的2018版培养方案，开设了“体外诊断产业技术”“分子影像检测技术”“临床检验医学”等特色课程，形成学院特色人才培养方案。学院致力于构建一流本科课程体系，建设五大“金课”。“全自动生化分析仪虚拟仿真实验教学项目”（2018年）、“地震灾后重点病媒生物监测与评估虚拟仿真教学实验项目”（2019年）分别获批省级虚拟仿真实验教学项目；2020年，“公共卫生学”获批省级线下一流课程，“体外诊断产业技术”“临床检验医学”获推荐为省级线下一流课程，“卫生统计学”获推荐为省级线上线下混合式一流课程。在研究生课程体系方面，学院于2019年进一步修订研究生培养方案，按照一级学科原则制订培养方案，兼顾二级学科要求，注重科学性、理论性和前沿性；博士研究生课程与硕士研究生课程相互贯通，鼓励多学科交叉培养；强化对研究生思想品德和学术诚信等方面的要求，将思想政治教育贯穿于研究生培养全过程；加强学术规范和学术道德教育，将科学写作课程设置为专业必修课；加强国家意识、法治意识、社会责任意识教育和民族团结进步教育、国家安全教育、科学精神教育，并将其纳入日常教学内容与课程体系。

（四）实习实训方面

学院继续拓展校外实践教学基地，完善基地建设布局。除厦门市外，基地分布范围涵盖北京、上海、广州、福州等医疗资源较丰富的城市，基地依托单位包括北京市协和医院、浙江大学附属第一医院、上海长征医院等实力雄厚的三甲医院和浙江省疾病预防控制中心、北京市朝阳区疾病预防控制中心等疾控机构（图1-3-2和图1-3-3），为学生走出厦门、走向全国进行专业实习提供更多的机会、更好的条件。

图 1-3-2　学院与北京市朝阳区疾病预防控制中心共建教学科研合作基地

图 1-3-3　学院与浙江省疾病预防控制中心共建教学科研合作基地

（五）教材建设方面

2016 年以来，学院教学人员总主编、主编教材 12 本。2017 年，主编并出版了全国高等医药院校医学检验技术（医学检验）专业规划教材《临床生物化学检验教学与考试指导》，国家卫生和计划生育委员会“十二五”规划教材、全国高等医药教材建设研究会“十二五”规划教材《临床检验医学》，实现了建院后主编教材“零”的突破；依托科研优势，坚持科研反哺教学，2018—2019 年先后主编并出版了《体外诊断产业技术》《分子影像检测技术》《体外诊断产业技术实验指导》等特色理论和实验教材。郑铁生教授担任《区域临床检验与病理规范教程》12 本系列教材的总主编，截至 2020 年 9 月，其中 5 本教材已完成并出版。

（六）本科生科研训练方面

学生参加科创项目的积极性和覆盖面逐年提升，至 2020 年 9 月 30 日，已累计获批国家级大创项目 68 项、省级 41 项。2016 年，获“挑战杯”福建省大学生公益创业大赛铜奖 1 项。2018 年 10 月，由学院研究生为主、本科生参与的“核芯生物——引领核酸快速检测‘芯’时代”项目，荣获第四届中国“互联网＋”大学生创新创业大赛金奖（图 1-3-4），成为学院成立之后首获全国大赛金奖项目；同年获首届全国大学生公共卫生综合技能大赛三等奖。2019 年，获“挑战杯”福建省大学生课外学术科技作品竞赛一等奖 1 项、全国医学检验技术专业大学生在线形态大赛三等奖 2 项、华东六省一市高等院校医学检验技术专业技能大赛三等奖 1 项。2020 年，获全国医学检验技术专业学生在线形态学竞赛（血液学检验组）一等奖 2 项、二等奖 1 项和三等奖 1 项。

图 1-3-4　“核芯生物”团队获第四届中国“互联网＋”大学生创新创业大赛总决赛“金奖”

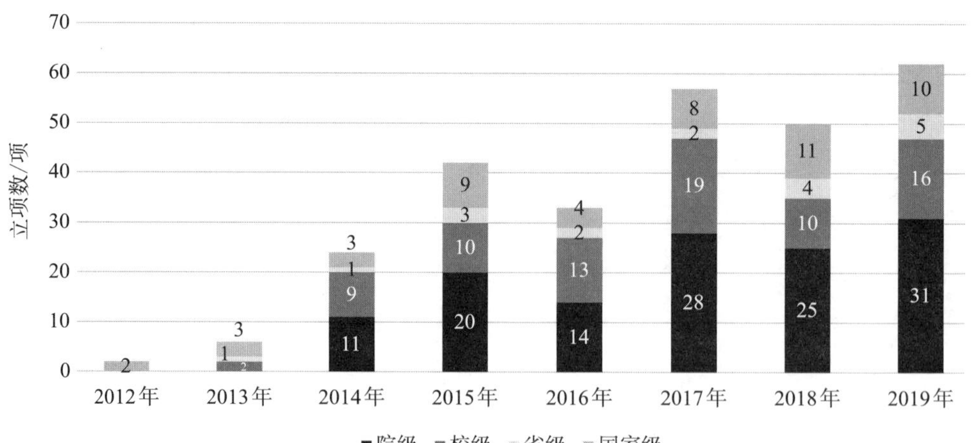

图 1-3-5　大学生创新创业计划项目立项数

（七）研究生培养方面

为了加强学位论文管理，提高研究生培养质量，自 2019 年起，学院所有博士研究生和部分硕士研究生学位论文通过教育部学位中心进入"教育部学位论文送审平台"。2016 年 6 月—2020 年 9 月，授予博士学位 34 人，在学期间以第一作者发表 SCI 论文 115 篇（其中 JCR 一区 50 篇），荣获福建省优秀博士学位论文 2 篇、中国生物医学工程学会优秀博士论文奖 1 篇；授予硕士学位 157 人，在学期间以第一作者发表 SCI 论文 77 篇（其中 JCR 一区 27 篇），荣获福建省优秀学术硕士学位论文 8 篇；授予专业硕士学位公共卫生硕士专业学位 61 人，在学期间以第一作者发表 SCI 论文 34 篇（其中 JCR 一区 12 篇），荣获福建省优秀专业硕士学位论文 2 篇；获批厦门大学研究生田野调查基金 5 项。

（八）教学成果方面

2020 年，"医学检验技术专业创新人才培养体系的构建与实践"获厦门大学第十届高等教育教学成果奖特等奖，成果同时获推荐参加省级成果奖评审；"善用'互联网＋智能手机＋虚拟仿真'于本科教学的探究""能力导向，医理结合，教研相辅——新医科背景下分子影像学虚拟仿真课程体系改革"获得本届教学成果奖二等奖。

第四节 科学研究

健康是人类社会生存和发展的永恒话题，人民健康是国家和社会发展的核心竞争力。公共卫生领域的科技创新为保障人民卫生健康和疾病防控提供关键手段，具有极为重要的地位和作用。公共卫生学院从创立前到创立后，一直秉承"顶天立地"的科研发展理念，坚持科研强院的发展之路，主动适应公共卫生领域的科技发展前沿和健康中国建设的科技需求，科研工作取得了令人瞩目的进步和突破。

一、"十一五"期间科研的坚持

2005年，经科技部批准正式成立的国家传染病诊断试剂与疫苗工程技术研究中心(以下简称"中心")，是公共卫生学院的前身之一。中心坚持科研创新，通过各种途径争取各方资源，聚焦传染病诊断试剂和疫苗攻关，不断加强团队建设，不断完善技术平台，不断拓展国内外合作网络，始终保持奋斗拼搏的进取精神，研发成果以高速增长的态势不断涌现。在"十一五"期间，中心承担了包括国家"863计划"项目、国家支撑计划项目、国际科技合作项目、福建省重大科技专项等各级各类项目15项。在《柳叶刀》(*Lancet*)、《美国国家科学院院刊》(*PNAS*)等高水平刊物上发表了学术论文100多篇；新申请发明专利23项，获得授权发明专利10项；11种诊断试剂盒获得注册证书/生产文号，3种获得欧盟CE认证。

(一)重大疫情应急防控领域

2007年，中心研制出全球第一个H5N1快速诊断试剂盒，并获得了美国国会禽流感战略储备试剂研究合约。2008年，中心承担科技部应急攻关任务，及时研制出全球最早商业化的"手足口病(CA16型)IgM抗体检测试剂"和"手足口病(EV71型)IgM抗体检测试剂"，获得生产文号并在医疗卫生单位推广应用。2009年，中心研制出"甲型流感病毒抗原检测试剂盒(Dot-ELISA法)"并获得生产文号，应用于国境口岸、各级医疗机构等人群密集地区对疑似病例的快速排查和早期诊断；同年，研发出全球首个特异性诊断2009年甲型H1N1流感病毒的免疫诊断试剂盒，于2010年获得生产文号。

(二)重大传染病诊断领域

中心研制出的我国首个第三代HIV诊断试剂、第四代HIV诊断试剂成功通过欧盟CE认证，销往英国、法国、德国等30余个国家和地区，实现了国产HIV诊断试剂在发达国家销售的突破(图1-4-1)。在国内，该产品持续高居市场占有率第一位，2010 年总市场占有率达到 30%，其中占国产第四代产品的 95%以上，大量替代了进口产品。中心研制出的新一代戊肝系列诊断试剂盒，性能显著优于国际同类产品，使戊肝的诊断准确性从 60%～70%提高到 95%以上，获得 2 项注册文号及 2 项欧盟 CE 认证，实现了产业化和国际化，2010 年获国家技术发明二等奖。国外研究人员利用本系列试剂开展的研究成果发表于 *New England Journal of Medicine*、*Lancet* 等国际著名医学杂志上，标志着该产品已成为国际戊肝诊断主流试剂之一。

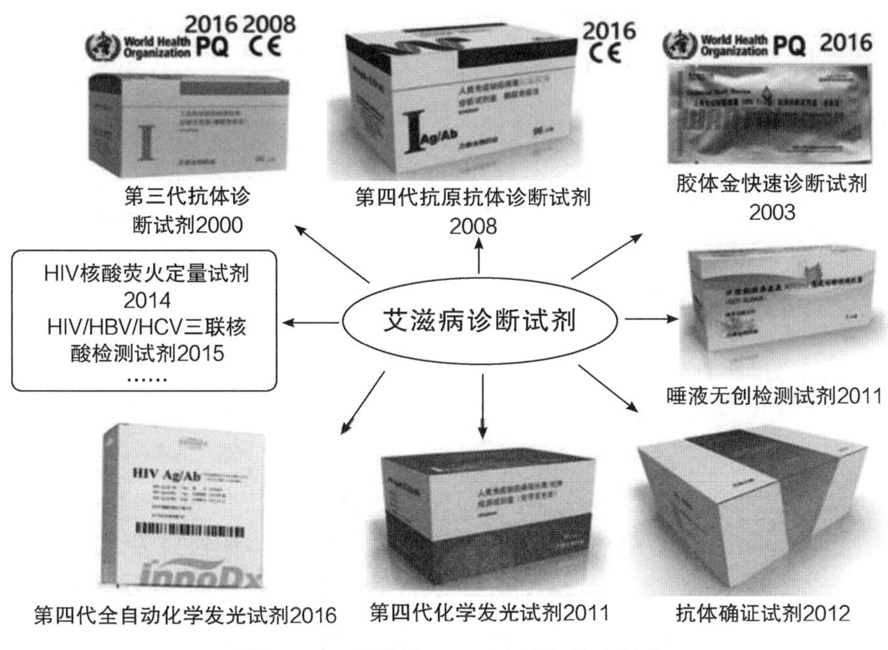

图 1-4-1　研发的 HIV 系列诊断试剂盒

（三）创新疫苗领域

中心开展源头创新性研究，在国际上首先发现了戊肝病毒的主要中和表位及调控戊型肝炎病毒衣壳蛋白形成类病毒颗粒的关键区域，进而研制出世界上第一个完成Ⅲ期临床试验的戊肝疫苗。研究成果于 2010 年在国际著名医学刊物 *Lancet* 上发表。

二、"十二五"期间科研的进步

学校以国家传染病诊断试剂与疫苗工程技术研究中心以及预防医学系为基础组建公共卫生学院，为国家传染病诊断试剂与疫苗工程技术研究中心的发展注入了强劲动力。学院继续坚持科研强院，确立了"顶天立地，造福于人"的科研发展理念，致力于满足国家重大战略需求，瞄准公共卫生科技创新前沿，在创新疫苗、重大疾病诊断、分子影像、卫生毒理、环境与公众健康、老年人口健康促进等领域积极探索，科研工作有了新的起步。"十二五"期间，学院承担国家重大科技计划、国家自然科学基金、福建省科技计划项目等各级科技项目以及横向项目130余个，到位经费达1.3亿多元，每年均完成学校下达的经费计划数；在*New England Journal of Medicine*、*Lancet*、*Gut*等高水平期刊上发表高质量论文260余篇，其中以第一署名或通讯作者单位发表的影响因子10分以上的论文20篇；授权发明和实用新型专利41项。

（一）科研方向

为进一步完善公共卫生研究体系布局，加快推进公共卫生学科建设，满足日益增长的学生培养需求，学院积极梳理、整合、强化公共卫生科研方向，凝练出传染病诊断试剂与疫苗、分子影像与医学转化、卫生经济与政策、结核和细菌性疾病、卫生毒理等主要科研方向，并加强营养学、海域环境污染与健康及其健康促进、慢性病及肿瘤流行病学、肺癌发生机制等研究方向的培育建设。

（二）基地平台

2012年4月，学院组建厦门大学分子影像暨转化医学研究中心。2015年1月，经厦门市科技局组织专家验收评审，正式获批建设厦门市分子影像工程技术研究中心。2012年，学院依托方亚教授领衔的卫生经济与政策研究团队组建卫生技术评估福建省高校重点实验室，这也是学院成立以来，正式获批建设的第一个省级科研平台。2013 年 6 月，在科技部、福建省人民政府、厦门市人民政府的大力支持及福建省科技厅、厦门市科技局的精心指导下，学院正式启动“分子疫苗学和分子诊断学国家重点实验室”建设申报工作，并于 12 月正式获批建设。2013 年，学院协同厦门市万泰沧海生物技术有限公司和厦门优迈科医学仪器有限公司获批建设“福建省生物制品协同创新中心”。

（三）创新成果

2012 年 1 月，研制的“重组戊型肝炎疫苗（大肠埃希菌）”获得国家一类新药证书和生产文号，成为世界上第一个用于预防戊型肝炎的疫苗。该项成果成功入选由教育部组织评选的 2012 年度“中国高等学校十大科技进展”。2012 年 11 月，学院联合北京万泰生物药业股份有限公司作为专利权人申报的《戊型肝炎病毒单克隆抗体及其用途》发明专利荣获第 14 届中国专利金奖，这是中国专利奖颁发以来厦门市和厦门大学获得的第一个金奖项目。2013 年 12 月，学院与美国国立卫生研究院国家过敏症和传染病研究所疫苗研究中心合作的“结构生物学指导疫苗设计”被列为美国 *Science* 杂志评出的 2013 年十大科学突破之一，成为当年中国团队做出直接贡献并上榜的唯一重大科学突破。2015 年，学院与香港大学合作，成功研制出一种可有效检测中东呼吸综合征冠状病毒（Middle East respiratory syndrome coronavirus，MERS-CoV）的免疫诊断试剂，并于 2015 年 4 月在 *Nature* 出版集团的学术刊物 *Emerging Microbes & Infections* 上在线发表。2015 年 9 月，学院与北京万泰生物药业股份有限公司、厦门万泰沧海生物技术有限公司的骨干技术人员组成的“原核表达类病毒颗粒疫苗研究团队”获得求是杰出科技成就集体奖，这是该奖项在连续 3 年空缺之后的首次颁奖。

三、“十三五”期间科研的突破

“十三五”期间，学院制定了“十三五”规划，面向国家重大战略需求开展科技攻关，明确从科研方向、创新平台、技术攻关等方面加强科研部署，坚持有效的产学研合作科技创新模式，努力开辟公共卫生领域特色科研发展路径，砥砺前行，持续推进学院科研事业不断发展，取得新的突破。“十三五”期间，学院承担了国家重大科技专项、国家重点研发计划、国家自然科学基金重大/重点项目、国家自然科学基金等项目200余个，到位经费达2.5亿元，人均到位经费数位居全校前列；在 *Nature Microbiology*、*Nature Communications*、*Science Advances*、*PNAS* 等高水平期刊上发表高水平论文500余篇，其中以第一署名或通讯作者单位发表的影响因子10分以上的论文66篇，2017年起在 *Nature*、*Science* 等系列子刊上实现“零”的突破；授权发明和实用新型专利128项。

（一）科研方向

学院在科研方向上开拓进取，不断新增和完善学院科研方向设置。2017年，从北京大学新引进许零教授，拓展了生物基材料转化医学科研新增长点；2019年，从中科院城市环境研究所整体引进申河清教授团队，在研究方向上新增环境医学这一领域；2020年，依托青年学者陈田木博士在新型冠状病毒肺炎疫情科研攻关的工作基础，整合原有研究团队，新增公共卫生与预防医学传统主干学科流行病学课题组。

（二）科研平台

学院以高水平科研平台为依托，筑牢学院科研发展之基。2016年，科技部国际合作司公布了2016年度国家国际科技合作基地（国合基地）评估结果，对2009—2011年间认定的131家国合基地进行了评估，共14家获评优秀，优秀率为10.67%，学院国家传染病诊断试剂与疫苗工程技术研究中心的国合基地在此次评估工作中获得“优秀”。2017年3月，学院在原有的校级和市级分子影像工程技术研究中心的基础上，正式获批建设福建省分子诊疗工程技术研究中心。2019年，学院牵头联合厦门万泰、厦门凯瑞、厦门优迈科等公司申报的“医用生物制品省部共建协同创新中心”获教育部批准建设，该中心由教育部、福建省共同支持建设及运行。

（三）科研成果

学院各项科学研究持续创新高，不断产出高水平的科研成果，特色科研成果频出，显著提升了学院学术影响力。2016 年 4 月，成功研制的开放式全自动化学发光免疫检测系统 Caris200 和 90 种高性能配套化学发光试剂上市售卖；2020 年 4 月，该检测系统获得欧盟 CE 认证。2017 年 1 月，学院刘刚教授参与完成的项目“基于磁共振成像的多模态分子影像与功能影像的研究与应用”荣获 2016 年度国家科技进步二等奖。同年，学院与养生堂有限公司旗下的厦门万泰沧海生物技术有限公司、北京万泰生物药业股份有限公司联合研制的我国首个国产九价宫颈癌疫苗获得国家药监局批准开展临床试验。2018 年 9 月，国家药监局批准了学院研发的氟[^{18}F]阿法肽注射液的临床试验申请（药物临床试验批件号：2018L03057），这是我国首个获得一类新药临床批件的正电子放射性药物。2019 年 10 月，学院与养生堂有限公司旗下的北京万泰生物药业股份有限公司合作研发的“人类免疫缺陷病毒 1 型尿液抗体检测试剂盒（胶体金法）”，获得医疗器械注册证，成为全球首个获批上市的 HIV 尿液自检试剂。2019 年 12 月，学院与养生堂有限公司旗下厦门万泰沧海生物技术有限公司、北京万泰生物药业股份有限公司联合研制的首个国产宫颈癌疫苗获国家药品监督管理局批准上市。2020 年年初，新型冠状病毒肺炎疫情突发，学院积极响应国家号召，基于化学发光、酶联免疫、胶体金 3 种抗体检测技术平台快速研制出总抗体、IgM 抗体、IgG 抗体等抗体检测试剂；基于 RT-PCR 技术平台研制出核酸检测试剂；在全球率先推出双抗原夹心法总抗体检测试剂并在武汉雷神山医院、武汉同济医院、武汉中南医院、西安西京医院、成都华西医院、浙江大学附属第一医院、北京医院、上海瑞金医院等众多医疗机构中得到应用，而且，丹麦、荷兰、奥地利、捷克等国的官方机构对来自多个国家的抗体检测试剂进行的对比评价中，该试剂均表现出最好的检测性能。2020 年 8 月 27 日，学院研制的鼻喷流感病毒载体新型冠状病毒肺炎疫苗获国家药监局颁发的临床试验批件，并于 9 月 1 日正式启动该疫苗的Ⅰ期临床试验。

第五节　学生工作

2011 年 5 月，随着公共卫生学院的正式成立，医学院原预防医学系 2006 级、2007 级、2008 级、2009 级本科生共 133 人转入学院，成为学院第一批学生；2011 年 9 月，预防医学系 2011 级本科生 43 人入校报到，成为学院正式成立后招收的第一批学生（图 1-5-1 和图 1-5-2）；2012 年，公共卫生学院正式开始招收硕士研究生和博士研究生。

2011 年 5 月 19 日，学校发文任命刘俊杰为学院党委副书记，随着团委书记黄佳佳、副书记张宇斌到岗工作，学院成立了以刘俊杰为组长的首届学生工作组。2014 年 4 月 29 日，学校发文任命刘俊杰为化学化工学院党委副书记，任命黄兆君为公共卫生学院党委副书记，学院改组成立以黄兆君为组长的第二届学生工作组。2015 年 7 月 13 日，学校发文任命杨机像为学院党委副书记。2020 年 7 月 31 日，学校发文任命黄兆君为材料学院党委副书记，任命庄曦为公共卫生学院党委副书记，学院成立以庄曦为组长的第三届学生工作组。目前，第三届

图 1-5-1　学院首届(2011 级)本科生开学典礼

图 1-5-2　学院首届(2011 级)本科生新生入学教育

学生工作组的主要成员还包括学院团委书记张宇斌、副书记沈鑫、辅导员赵煜等。

近 10 年来,学院学生工作组薪火相传、砥砺前行,落实立德树人根本任务,秉持“和谐、博爱、务实、创新”院训精神,以思想引领、学风建设、校园文化、品牌活动为主要载体,努力构建与学院人才培养目标相适应的学生工作体系。

一、思想引领

学院通过扎实的基层组织建设,教育引导学生听党话、跟党走,坚定中国特色社会主义理想信念,树立正确的世界观、人生观和价值观,以更加昂扬的精神状态,刻苦钻研,勤奋学习,健康成长。

(一)逐步优化学生党支部设置

2011—2012 年,学生党支部跨年级设置;2013—2016 年,学生党支部按年级设置;2016 年起,开始探索研究生党支部按课题组设置;2017 年,探索在学生社团中成立党支部。各学生党支部结合专业特点、年级实际情况等,围绕创建优良学风、重视科研创新、服务升学就业等实际开展支部立项活动(图 1-5-3),不断强化党支部的战斗堡垒作用。

图 1-5-3 2017 年 12 月 1 日,学院"红丝带先锋党支部"于第 30 个"世界艾滋病日"授旗(牌)成立

(二)不断加强团的组织建设

2017 年起,研究生团支部的设置由原来的按年级改为按课题组设置。目前,学院共有本科生团支部 9 个、研究生团支部 7 个。在 2018—2019 年的"星级团支部”建设中，所有团支部均达到“三星级团支部”及以上标准，其中87.5％达到“五星级团支部”标准。2019年，研究生第五团支部获“福建省五四红旗团支部”。

二、学风建设

优良学风是一所学校的灵魂，也是学生健康成长的沃土。学院学生工作组充分认识到学风建设的重要意义，立足学院实际，深入推进优良学风创建工作。

(1)构建“大思政”格局。学生工作组整合系主任、班主任、导师、任课教师等学风建设力量，深入实施本科生导师制，推进“导师是研究生培养第一责任人”制度落实落地。

(2)把科研育人摆到突出位置。发挥学院科研优势，大力推进实验实践训练，培养学生实验操作能力和科研思维能力。

(3)调查改进。定期组织开展学生专业归属感、课程满意度、学风建设情况等问卷调查，并进行统计分析，与院、系领导和专业老师讨论对策和改进措施。

(4)严明学习纪律。推行课堂打卡考勤，加强宿舍作息管理和公寓文化建设，规范学生在校的学习和生活，引导学生养成良好的作息习惯。

(5)加强互动交流。定期举办“温暖·沟通——师生交流Tea-time”(图1-5-4)、学长学姐辅助计划等活动，增进师生交流，促进朋辈指引，引导学生端正学习态度，掌握科学的学习方法，增强专业归属感。

(6)发挥榜样引领作用。每年举办师风学风表彰大会，表彰在优良学风创建工作中表现优异的师生代表，树立典型，弘扬正气。

图 1-5-4 定期举办“师生交流 Tea-time”活动

三、校园文化

学院学生工作组高度重视环境育人、文化育人，通过举办丰富多彩、入脑入心的校园文化活动，培育学生活泼自由的健康人格和积极向上的精神风貌。同时，学院也高度关注学生的心理健康，成立“暖暖工作室”，搭建“暖暖公卫”心理健康咨询平台，设置心理咨询室并配备沙盘等道具；开设“暖暖小课堂”“女生客厅”，邀请专家举办心理健康讲座和“健康关爱课堂”；每年组织学生参加心理剧大赛。

(1)精心设计毕业季活动。每年以“感恩·启程”为主题举办毕业典礼暨赴基层、边远地区就业毕业生出征仪式活动，为学生赠送并佩戴毕业戒指(图1-5-5)。每一枚戒指都是独一无二的，戒指的戒面印有校徽，内部印刻着学生的姓名、专业和学号，勉励毕业生离校后心系学校、学院，有所作为，积极为国家、社会做贡献。

图 1-5-5　在毕业典礼上为毕业生佩戴毕业纪念戒指

(2)注重发挥第二课堂育人作用。学院将社会实践纳入人才培养规划,保障活动经费,并与专业学习、服务社会结合起来,使学生在社会实践活动中受教育、长才干、做贡献,增强社会责任感。近年来,学院组织学生社会实践队前往西藏、北京、浙江、四川、河南、贵州、湖南等地,开展健康知识普及、社会现状调研、实习实践锻炼、校园支教等活动(图 1-5-6);组织博士团赴福建三明、宁夏隆德等地,围绕"三明医改""脱贫攻坚"等社会热点问题开展实践调研。2016 年"厦预朝阳"社会实践队、2017 年"青春肃毒"社会实践队、2018 年"健康之旅——今厦与你相豫"社会实践队、2019 年"医改先锋博士团"先后荣获福建省大中专学生志愿者暑期"三下乡"社会实践活动"优秀团队"。

(3)大力弘扬志愿服务精神。引导学生发挥专业优势和自身特长,立足校园、辐射社区、服务社会开展校园公益服务、社区发展服务、弱势群体服务、成长辅导服务等系列志愿服务活动。近年来,学院陆续培育出了一批优秀志愿活动项目:以清理白色垃圾、清洁校园的"反白游击队";以为周边社区留守儿童提供义务课余辅导的"书香东园";以为校园周边空巢老人提供关怀陪伴的"爱暖空巢";以为校内外青少年普及青春健康知识的"青春健康";等等。

图 1-5-6　实践队赴西藏开展健康知识宣讲活动

(4)积极开展文体活动。指导学生组建篮球队、足球队、排球队、羽毛球队、游泳队、田径队等多支运动队,引导学生加强锻炼、健康生活;每年组织学生举办"宿舍文化节"活动,倡导以宿舍为家,营造温馨宿舍氛围;在院楼大厅、学生机构办公室、团委办公室等地设置图书角,并定期举办"书享"读书分享会,营造书香环境;自 2014 年起,学院于每年 12 月举办新年晚会,师生员工欢聚一堂、载歌载舞、辞旧迎新。系列文化活动丰富了学生的课余生活,提升了学生的人文素养,营造出活泼健康、积极向上的良好氛围。

四、品牌活动

学院学生工作组立足学科专业优势,在校园内外普及健康生活知识、倡导健康生活方式、建设健康校园,打造学生活动"青春健康"特色品牌。2012 年 4 月 7 日,"厦门大学健康与生活促进会"在漳州校区正式成立。该社团以"青春健康"

为主题，近年来开展多层次、多场次活动，受到教育部、团中央、福建省、厦门市有关部门和单位的关注和肯定，成为具有较大影响力的学生工作品牌。2015 年 4 月 26 日，学院参与承办的“美好青春我做主——红丝带健康大使青春校园行”活动在建南大会堂举行(图 1-5-7)，红丝带健康大使鞠萍、沈娜来到活动现场与厦门大学学子面对面交流，宣传艾滋病的防治工作，共同唱响防艾抗艾的青春之歌。2017 年 9 月 5 日，国家主席习近平夫人彭丽媛邀请了出席金砖国家领导人第九次会晤和新兴市场国家与发展中国家对话会的外方代表团团长夫人共同出席“‘美好青春我做主’艾滋病防治宣传校园行——走进厦门大学”活动，学院艾滋病诊断试剂研究成果、学生创意作品在活动中展示，受到来宾们的高度评价。此外，从 2013 年开始，学院与学校教务处、校团委联合举办的厦门大学“爱健康、爱生活”健康知识竞赛，成为校园文化活动的一项传统赛事，深受学生喜爱。

图 1-5-7　“美好青春我做主——红丝带健康大使青春校园行”活动

另外，学院还组建了厦门大学健康与生活促进会学生社团，并于 2016 年荣获“全国百佳体育公益社团”称号。2016 年，依托社团建设的青春健康教育基地获“中国计生协青春健康教育示范基地”称号；2017 年，依托社团成立了“红丝带先锋党支部”。2018 年，社团创作的《小艾与爱》剧目获全国大学生青春健康舞台剧大赛三等奖；同年，社团制作的《以爱抗艾我们在行动》沙画视频获全国大学生健康教育科普作品大赛一等奖。此外，社团从 2014 开始已连续选派 15 位学生接受全国青春健康训练营志愿者培训。

第六节　交流合作

学院自成立以来，坚持开放和国际化办学，立足于自身实际特点，牢牢把握“以我为主、互利共赢”原则，在人才培养、科研合作等方面积极开展国际交流合作，不断深化开放水平，促进合作共赢，提升办学实力。

一、学院成立之前的情况

学院早期的国际交流合作，主要以科研合作为主。在学院成立之前，国家传染病诊断试剂与疫苗工程技术研究中心（以下简称“中心”）就与香港大学、台湾大学、英国国家生物制品检定所、美国罗格斯大学等高校或科研机构建立了科研合作关系。

2003 年，中心与香港大学微生物学系建立合作关系，之后双方合作不断深化，涵盖流感病毒、禽流感病毒（avian influenza virus，AIV）、SARS 冠状病毒、中东呼吸道综合征（MERS）冠状病毒等新发、突发传染病的研究，合作取得良好成效。2008 年以来，中心与台湾大学开展广泛科研合作，双方在乙型肝炎、丁型肝炎、手足口病、核酸检测技术等多个领域开展全面合作。2009 年，*Science* 杂志发表对台湾大学陈培哲教授的采访，中心与台湾大学的合作被评价为“两岸生物科技合作的先行者”。2008 年 1 月，中心受英国国家生物制品检定所邀请，共同参与人乳头状瘤病毒（human papilloma virus，HPV）疫苗标准品及质控方法的研究工作。通过合作，中心获得了 HPV 疫苗与国外疫苗的关键质量指标，建立了 HPV 疫苗的重要质控方法；通过合作，显著提升了 HPV 疫苗的质量研究水平和国际参与度，并在早期介入 HPV 疫苗“国际标准”的制定工作中，把握住我国疫苗产业高起点地参与国际竞争的良好机遇。2009 年，中心与美国罗格斯大学合作开展水痘带状疱疹病毒（varicella-herpes zoster virus，VZV）的新型减毒活疫苗研究。双方还就其中部分研究成果联合申请了发明专利，已获得中国、日本和欧洲各国的授权。

二、学院成立之后的进展

学院成立之后，积极推动国际合作交流进入新阶段，合作领域由过去以科研为主，逐渐向人才培养、师资交流、科学研究等方面拓展。作为科技部国际科技合作基地、国家级对台科技合作与交流基地，学院与世界卫生组织总部，美国、英国、新加坡、日本，中国香港、台湾地区等知名高校和科研院所，以及默沙东、赛诺菲巴斯德、葛兰素史克等世界 500 强公司开展广泛合作（图 1-6-1）。2015 年 10 月，学校聘任赵勤俭教授为学院副院长，主管国际交流合作。

图 1-6-1　校领导带队访问美国国立卫生研究院（Nation Institutes of Health，NIH）

（一）推进科研合作

2011 年，国家传染病诊断试剂与疫苗工程技术研究中心基于在抗病毒非优势功能性表位上的研究平台，与美国国立卫生研究院疫苗研究中心合作开展呼吸道合胞病毒新型高效中和抗体及靶点领域研究，这一合作研究连续获得了国家基金——美国国立卫生研究院项目的资助。相关研究成果由双方共同署名，于 2013 年先后在 *Science* 发表了 2 篇学术论文，并被作为结构指导疫苗设计的典型案例入选了 2013 年度 *Science* 杂志评选的“2013 年全球十大科学突破”之一。

中心与英国剑桥大学传染病中心合作开展类病毒颗粒疫苗的功能性评估以及结构基础研究；与加拿大皇后大学在结构生物学、分子设计方面开展合作，对多种型别的 HPV 抗原及免疫复合物进行晶体结构解析，双方合作课题获得了国际科技合作计划的资助。

中心与美国默克公司开展合作，包括建立巨细胞病毒（cytomegalovirus，CMV）感染血清学和病毒学检测的一系列平台，并应用建立好的血清学试剂，对中国地区 CMV 感染情况进行流行病学调查等。

中心与国际著名制药巨头、世界 500 强企业法国赛诺菲巴斯德公司，于 2013 年签约合作开展“通用新流感疫苗研究”，共同开展通用型流感疫苗的早期研发和相关免疫学研究（图 1-6-2）。这是中国境内高校第一次在疫苗早期研发

图 1-6-2　与赛诺菲巴斯德签署“通用型流感疫苗”合作研究协议

领域与国际疫苗大企业合作，也是赛诺菲巴斯德公司在该领域与中国高校签订的第一个合作项目。在合同到期后，基于之前的有效合作，双方在2015年签署了第二份合作协议，开展新一轮的更为深入的合作研究，更进一步地进行通用型流感疫苗的研究工作。

2019年9月，学院与全球疫苗巨头企业葛兰素史克（GlaxoSmithKline，GSK）签署新一代宫颈癌疫苗全球合作协议（图1-6-3）。双方将基于厦门大学的创新抗原技术与GSK的佐剂系统，联合研发新一代宫颈癌疫苗。这是中国疫苗行业首次依托独创技术与国际顶尖疫苗企业合作开发疫苗品种，并在全球商业化推出，成为中欧疫苗科技强强联合，共同推进全球健康的合作典范。

图1-6-3　学院与全球疫苗巨头企业葛兰素史克（GSK）签署新一代宫颈癌疫苗（HPV疫苗）全球合作协议

2020年，学院牵头与香港大学、万泰生物等单位承担国家新型冠状病毒肺炎疫苗应急攻关项目，共同研制鼻喷流感病毒载体新型冠状肺炎疫苗，是我国布局的5条新冠肺炎疫苗技术路线之一，于8月获得国家药监局临床试验批件，9月1日启动Ⅰ期临床试验。

(二)举办国际会议

学院于 2012 年与生命科学学院共同承办第二届厦门冬季学术会议;于 2014 年举办病毒性肝炎防治研究发展战略海峡两岸专家研讨会;于 2016 年先后承办世界卫生组织单克隆抗体生物类似药物评价指南研讨会(图 1-6-4)以及世界卫生组织重组 HPV 疫苗规程国际研讨会(图 1-6-5),将学院与世界卫生组织的合作推向新的高度;于 2018 年举办了第十届中日韩放射性药物科学论坛和亚洲协会分子成像联合会。此外,学院还努力打造在分子影像研究领域的品牌学术会议。2013 年,厦门大学分子影像暨转化医学研究中心首次与中国生物物理学会分子影像学专业委员会和中美核医学及分子影像学会联合举办了第二届国际分子影像高峰论坛,随后分别于 2015 年、2017 年和 2019 年连续举办分子影像学厦门国际论坛,该系列会议以集中展示我国分子影像学、纳米科学及其相关领域的学术成就,促进我国分子影像学与纳米生物技术领域的学术交流、互动与发展为宗旨,聚焦分子影像学领域的基础研究与产业化转化,推动了我国分子生物学与纳米生物技术相关产业的蓬勃发展。

图 1-6-4 承办世界卫生组织单克隆抗体生物类似药物评价指南研讨会和工作组会议

图 1-6-5　承办世界卫生组织第二届重组 HPV 疫苗规程国际研讨会

（三）促进人才培养

学院于 2012 年与美国德雷塞尔大学签订合作备忘录；2013 年与美国德州大学休斯敦健康科学中心签订合作确认函；2016 年与美国德州农工大学签订合作备忘录；2017 年与美国天普大学签订“4＋2”本硕联合培养合作协议，努力推动学生互换、联合培养、师资交流。

学院自成立以来，已派送学生 60 余人次出国（境）学习交流，本科生、研究生出国（境）交流日益频繁。除短期交流项目以外，学院还派送多名本科生赴荷兰安特卫普大学、日本筑波大学、台湾大学、台湾阳明大学等开展长学期交流。2014 年，学院与美国德克萨斯大学休斯敦健康科学中心共同举办教授论坛活动，促进科研合作。2017—2018 年，学院与美国德克萨斯 A&M 大学（农工大学）公共卫生学院开展暑期夏令营活动，双方互派本科生进行交流。2019 年，本科生参与学院与美国天普大学开展的“4＋2”本硕联合培养项目。8 名博士研究生通过参与国家留学基金委联合培养项目赴美国国立卫生研究院、美国哈佛大学、美国加州理工学院、德克萨斯大学休斯敦健康科学中心交流学习。

（四）推动与世界卫生组织合作

学院与世界卫生组织（World Health Organization，WHO）合作始于戊肝疫苗研究，之后逐步扩展到多领域合作。凭借在戊型肝炎疫苗、宫颈癌疫苗和呼吸道合胞病毒等方面的科研优势，学院多位专职教师受邀参加 WHO 在相关领域的工作会议。2015 年 9 月，学院开始与 WHO 总部基本药物与健康产品部技术标准与法规处接触，双方计划开展在生物制品全球新药审评技术官员联合培养、生物制品标准化研究方面的合作。2016 年，学院成功承办了 WHO 基本药物与健康产品部技术标准与法规处的两次工作会议。学院赵勤俭教授还被选为 WHO 免疫战略咨询专家组（Strategic Advisory Group of Experts，SAGE）"疫苗十年"项目的工作组专家。2017 年 5 月，时任厦门大学副校长邬大光教授率团造访了位于瑞士日内瓦的 WHO 总部（图 1-6-6），开创国内首次以学校为单位

图 1-6-6　校领导带队访问世界卫生组织总部，拜会世界卫生组织助理总干事 Marie-Paule Kieny 博士

访问 WHO 总部并探讨合作的先例，双方达成合作意向。通过学院与 WHO 搭建的合作平台，从 2018 年起，学院连续派送 3 名研究生前往 WHO 驻瑞士日内瓦总部开展实习。

随着科研合作的推进以及师生交流人数的提升，国(境)外学者来访频繁(图 1-6-7)，自 2012 年起，每年来访交流人次呈不断上升态势。来访学者除进行学术交流、探讨合作以外，还为学院本科生、研究生带来了精彩的学术报告。每年由国(境)外专家开设的南强学术讲座和“走进名家讲坛”系列学术讲座超过 20 场，有力地推动了学院国际化人才培养进程，为加快建设“国内有特色、国际有影响”的公共卫生学院提供了有力支撑。

图 1-6-7 美国著名免疫学家、遗传学家、2011 年诺贝尔生理学或医学奖获得者布鲁斯·A.巴特勒(Bruce A. Beutler)教授来访

第七节 社会服务

学院立足于国家重大战略需求，秉持“顶天立地，造福民生”“在发展中做贡献，在贡献中求发展”的理念，注重发挥基础研究、应用研究和转化研究的协同优势，积极为政府决策提供咨询服务，着力促进区域生物医药产业发展，为企业贡献一大批技术与人才服务，并发挥学科和科研所长，加强社会科学普及，主动参与国家疫情防控工作。学院社会服务贡献突出，社会影响深远。

一、服务政府部门决策咨询

学院积极践行学校“服务地方当好排头兵”要求，扎根厦门，服务厦门。2013年，学院受厦门市委托，协助厦门市科技局、发展和改革委员会、海沧区政府编制《厦门市推进生物与新医药产业发展工作方案》，受到由同领域院士、国家部委相关行业管理专家组成的专家组和厦门市委市政府的高度认可，成为厦门市生物与新医药产业发展的纲领性文件。2014 年 10 月，基于前期的科研基础和方案材料，学院协助厦门从全国 15 个申报城市中脱颖而出，成功入选由国家发展和改革委员会、财政部组织的国家生物医药战略性新兴产业区域集聚发展试点，获得中央财政 3 年共 4.5 亿元的支持，并于 2014 年 11 月受市科技局委托，作为理事长单位牵头组建厦门生物与新医药产业技术创新战略联盟，其由厦门市 105 家主要的生物医药领域企事业单位组成。2016 年，学院协助厦门市科技局编制《厦门市“十三五”生物医药与健康产业发展规划》；2020 年，再次受厦门市科技局委托，协助编制《厦门市“十四五”生物医药与健康产业发展规划》。

学院致力于将研究成果转化为政府政策。学院研制出简短且适合我国国情文化的老年健康功能多维评定量表，随机抽样调查厦门 173 个社区的 14292 名老年人，切实掌握了厦门市老年人失能的主要原因及伤害发生情况等重要数据，并据此提出开展老年人意外伤害险、推进医养服务结合等对策建议，推动厦门市政府于 2014 年 5 月出台《关于加快发展养老服务业的实施意见》。厦门市老年人幸福安康险作为首个由政府主导的老年人保险项目于 2015 年 6 月正式推出。学院深化与厦门市有关部门合作，在美丽厦门卫生发展战略规划实施监督评估、厦门公共卫生信息平台、“糖友网”卫生经济学评价、医疗服务价格改革等方面率先开展研究工作，积极为厦门市的医疗卫生事业发展提供第三方评估服务和技术服务。2018 年 9 月，学院与厦门市翔安区共建健康医疗大数据联合实验室，助力翔安区医疗卫生事业的转型升级和区域健康发展。

“艾滋病和病毒性肝炎等重大传染病防治科技重大专项”是国务院为提升我国重大传染病防治能力于2008年正式启动的，是国家层面设立的16个重大专项之一。2014年11月，由中华医学会主办、厦门大学承办的“病毒性肝炎防治研究发展战略海峡两岸专家研讨会”在厦门大学召开。2015年，学院承担了国家卫生健康委员会委托项目，开展战略研究，编制的病毒性肝炎防治“十三五”战略研究报告被采纳并应用于我国“传染病防治”重大专项的“十三五”发展规划，协助总结重大专项实施以来我国病毒性肝炎领域在检测诊断、预防干预、治疗等方面解决的重要科学问题及取得的标志性成果。

生物技术是世界各国竞相发展的战略性技术领域。2018年起，科技部组织编制《国家生物技术发展战略纲要》。学院参与科技部应急专项“《国家生物技术发展战略纲要》编制研究”项目，承担“医药生物技术战略研究”课题，通过分析医药领域生物技术的国内外发展趋势，梳理生物药物、生物治疗和临床诊断中技术的重点方向，研判未来可能出现的颠覆性技术，为《国家生物技术发展战略纲要》的编制提供参考。

二、助力地方产业集聚发展

学院通过自主创新的高水平科研成果的技术转移，逐步在厦门当地凝聚了一批生物医药初创小微企业，随着技术转化的深入，其中一部分已孵化成长为中小型高新技术企业。同时，学院为企业人才培养和技术培训做出了重要贡献。

为承接学院研发的重组戊肝疫苗、HPV系列疫苗的生产，养生堂公司在厦门成立了厦门万泰沧海生物技术股份有限公司。学院在通用流感疫苗、人巨细胞病毒方面分别与世界500强制药企业法国赛诺菲巴斯德公司、美国默克公司签订合作协议，吸引国际制药巨头对厦门的关注；同时，吸引了瑞士罗氏公司、英国葛兰素史克公司等多家世界500强制药企业的高层领导多次访问厦门。

2011年9月，为对接学院张军教授主持的“863计划重大项目”研发成果——国内首个开放式全自动免疫化学发光检测仪，行业龙头企业北京万泰公司、达安基因公司等联合在厦门创立了厦门优迈科医学仪器有限公司；2014年7月，公司成功获得三类医疗器械注册证书，并于2016年4月开始实现检测仪的量产并上市销售。2020 年 4 月，该检测系统获得欧盟 CE 认证。该检测仪装机量中三级医院占比 49%，包括四川大学华西医院、上海瑞金医院、武汉同济医院、西安西京医院、浙江大学附属第一医院等。

2012 年，国家传染病诊断试剂与疫苗工程技术研究中心张军教授团队与台湾大学医学院科研团队合作进行丁型肝炎研究，通过该研究，引进了国际前沿的丁肝诊断技术，成功在国内实现了产业化，于 2012 年获得两项诊断产品注册证书。

2013 年，为承接学院研制的系列配套化学发光体外诊断试剂盒技术，北京万泰公司在厦门成立了厦门万泰凯瑞生物技术有限公司。截至目前，该公司运行稳定，已先后研发出化学发光试剂、校准品和生物活性原料等一系列产品，取得了 120 多项医疗器械注册证。

2012—2020 年，学院持续为来自全国的 10 余所高校、科研院所和企业的学生与在职人员开展技术培训，培训人数累计达 590 人以上，其中包括厦门万泰沧海生物技术有限公司、厦门万泰凯瑞生物技术有限公司等企业。

此外，学院在福建省科技厅、厦门市科技局、厦门市发展与改革委员会、海沧区政府的支持下，承担了创新疫苗成药性技术重大研发平台、病毒药物靶标研究和成药性评估关键技术平台、疫苗免疫靶点及其作用机制研究平台、生物药物靶标筛选和成药性评估关键技术平台的建设。基于上述平台的建设，学院已经在疫苗、诊断产品、电镜技术、实验动物评估、新药评估等方面为厦门万泰沧海、厦门万泰凯瑞、厦门优迈科、厦门智业、厦门蒙发利、福建泰普、厦门艾德、英科新创、厦门成坤、福建洪城、特宝生物、未名医药、致善生物、厦门市血液中心、中船重工第七二五研究所厦门材料研究院、厦门欧达科仪发展有限公司、厦门赫利森生物科技有限公司、厦门波生生物技术有限公司、厦门宝太生物科技有限公司、国宇健康管理中心等 20 余家省内单位提供技术服务。

三、加强民众科学普及和科学素养提升

自建院以来，学院共举办了 7 届“爱健康、爱生活”健康知识竞赛，着力开展青春健康同伴教育，宣传疾病防治知识；在学校餐厅内设立健康小屋加油站，提

醒学生关注自身身体健康，倡导均衡营养膳食；充分利用世界防治结核病日、世界卫生日、世界无烟日、国际禁毒日等时间节点，营造了人人热爱健康的良好校园文化氛围。

以社会实践和志愿服务为载体，引导师生走出校园、走进厦门、走向全国，向社会公众普及心理健康教育、营养膳食和禁毒宣传等健康知识，倡导公众养成健康行为习惯，取得了较好的社会效果，得到了社会各界的广泛肯定和赞誉。师生创作的《我们的好时光——070》和《饮水事小、健康事大》两件作品荣获 2019 年大学生健康教育科普作品大赛一等奖；开展情绪转念训练辅导，针对厦门市演武第二小学、演武小学共开展了 10 余次“生命教育”课程和亲子互动社会服务，预防和缓解学生学习和家长教育的焦虑。

学院科研团队长期致力于失能、认知、慢性病、长期照护、医疗与养老服务等老龄化研究，相关研究成果在健康老龄化、卫生政策实践中得到了广泛应用，为国家及地方的卫生、医保、老龄、民政等相关部门决策提供了科学循证参考。基于上述相关研究成果，为充分发挥科研优势，助力健康老龄化发展，学院先后在厦门市 7 个社区开展了促进老年人认知功能的活动——乐龄智工坊，包括健康教育、体育干预、认知训练三种方式。活动被《海西晨报》《厦门日报》《厦门晚报》《福建老年报》《海峡导报》等报纸刊出，还在《厦视新闻》《厦视直播室》《十分关注》等电视节目中播出，引起了社会对老年人认知功能的关注与重视。

新型冠状病毒肺炎疫情发生后，学院积极动员预防医学专业师生，依托网站和微信公众号平台，开设了“厦门大学公共卫生学院防治新型冠状病毒健康科普专题”，先后发布《以爱之名 共同战“疫”》《隔离！隔离！为什么要隔离？隔离检疫制度的由来》《离退休教职工特辑|新冠肺炎期间，老年人该怎么做?》《“开学前，我该怎么做?”系列之关于寒假居家预防的那些事儿》等多期科普知识专题文章，引导科学防控疫情。2020 年 2 月，副院长林忠宁教授应邀做题为“突发公共卫生事件的应急处置——突发传染病的预防和控制”的讲座，从传染病流行病学角度解析新型冠状病毒的基本知识、现有预防和控制措施，并提供做好个人自我防护的建议。此外，方亚教授、曾雁冰副教授、赵苒副教授、江宜珍副教授等纷纷通过讲座、发表论文等方式，推进健康教育知识普及，引导公民树立和提升健康素养，服务于“健康中国”战略的实施(图 1-7-1)。

图 1-7-1 新冠肺炎疫情科普讲座及宣传

四、为突发疫情提供科技支撑

建院之前，国家传染病诊断试剂与疫苗工程技术研究中心就在应对禽流感、手足口病、新型甲型流感等历次重大传染病疫情中，多次承担国家应急攻关任务，通过快速单抗制备、表位精细甄别等应用基础研究，快速及时地研制出国际领先的诊断试剂：全球第一个高致病性禽流感病毒快速诊断试剂盒（*Avian Dis* 2007；*JVM* 2008；*PNAS* 2006；*JV* 2008；*JVM* 2008）、第一批手足口病诊断试剂盒（*PLoS One* 2010；*JVM* 2011）、第一个新型甲型流感特异性诊断试剂盒（*JVM* 2010；*Clin Microbiol Infect* 2011；*J Clin Virol* 2011）等，并迅速在临床中进行诊断效能和临床意义验证，取得注册证书。这些研究成果为疫情防控提供了重要的科技支撑。

中东呼吸综合征冠状病毒（MERS）是 2012 年发现的新型冠状病毒，被认为和造成 SARS 的病毒相似。2015 年 6 月，韩国暴发 MERS 疫情，造成数十人死亡和上百人感染，引起了国内外的广泛关注。夏宁邵教授团队与香港大学合作，成功研制出一种可有效检测中东呼吸综合征冠状病毒（MERS-CoV）的免疫诊断试剂。虽然最终 MERS 疫情未扩大和波及中国，但学院研究团队也与合作企业做好了规模化生产的准备工作，可根据需要随时提供批量试剂，用于 MERS 疫情的防控。

2020 年，学院面对突如其来的新型冠状病毒肺炎疫情，迅速组织科研精干力量，紧急开展新型冠状病毒诊断试剂、疫苗和疫情模拟预测等研究，为新型冠状病毒肺炎疫情防控提供了有力的技术支撑。在诊断试剂方面，学院联合北京万泰生物药业股份有限公司、厦门万泰凯瑞生物技术有限公司共同研制出包括全球首个双抗原夹心法新冠病毒总抗体检测试剂在内的共 15 个检测试剂，相关试剂盒和研究成果在国内外得到广泛应用，在国内疫情应急防控和"外防输入、内防反弹"等各个阶段发挥了重要的科技支撑作用。目前，这 15 种试剂累计在中国、美国、俄罗斯、澳大利亚、印度，以及 WHO、欧盟等国家和机构获得了 26 项注册证，供应了全球 70 多个国家和地区。其中，总抗体试剂在丹麦、荷兰、奥地利、比利时等国组织的抗体试剂性能评估中获评最优，被比利时媒体称为新型冠状病毒抗体试剂中的"劳斯莱斯"，在 WHO 2020 年 5 月 26 日发布的新冠血清学流调方案中受到优先推荐，用于多个国家的大规模血清学流调和临床辅助诊断。在疫苗方面，学院双管齐下，开展减毒载体疫苗和基因工程重组疫苗研制，并同步开展假病毒中和系统、快速中和实验细胞模型等疫苗评价和质控体系，取得了积极进展。其中，减毒载体疫苗被列入国家新一批应急专项项目，为全国疫苗应急研发 5 条技术路线之一。在疫情预测方面，学院建立了新型冠状病毒疫情传播预测模型，受到中国疾病预防控制中心专家组、盖茨基金会专家的好评，在 2020 年 1 月 25 日的国家疫情防控工作组内部会议上被评为当前国内外构建的各类模型中科学性最好的一种模型，并应用于疫情的模拟预测。

第八节　文化建设

凝练学院文化是凝聚人心与共识、促进学院持久发展的不竭动力。学院成立之后，高度重视学院文化建设，充分认识到学院文化的重要意义。学院从标识文化入手，不断赋予学院文化新内涵，引领学院文化建设走向深入。

一、院训

院训是一个学院的灵魂，体现了一个学院的办学传统和价值追求，既是广大师生共同遵守的基本行为准则与道德规范，也是学院办学理念、治院精神的反映，还是校园文化建设的重要内容和学院教风、学风、院风的集中表现，体现了学院文化精神的核心内容。学院自成立起，便结合自身实际，凝练办学特色，展现价值追求，逐渐形成以"和谐、博爱、务实、创新"为代表的院训精神。其中，"和谐"反映了学院弘扬中国自古所崇尚的"和为贵""和谐为美"的和谐社会理想，体现了建设广大师生和睦相处、和谐共治的和谐学院的价值追求。建设和谐学院既是全院师生的共同愿景，也是学院事业赖以发展的基础和前提。"博爱"是对全人类的广泛的关爱，既体现了公共卫生学科建设的价值和目标追求，也反映了建设和谐学院、促进事业发展的实现路径，体现了学院师生的广阔胸襟，蕴含爱

图 1-8-1　预防医学专业 2004 级(首届)校友毕业十周年返校

国、爱校、爱学生、爱学院的基本内容。“务实”反映了学院致力于弘扬优良传统和作风，倡导从实际出发、脚踏实地、奋勇拼搏，是全院师生立足自身实际、勇于克服困难、敢于担当作为的内在要求。“创新”的本质是突破，是引领发展的第一动力，体现了全院师生敢于超越、勇于创新、追求卓越的精神品质。

二、院徽

院徽是学院的徽章，是一个学院的象征与标志。学院成立之初，便组织开展了院徽征集大赛，活动得到校内外设计者的热情参与，共征集到 40 件作品，经过认真评审，产生一等奖作品 1 件、二等奖作品 2 件、三等奖作品 3 件。随后，学院在获奖作品中遴选并完善，广泛征求学院师生的意见，确定了院徽标识(图 1-8-2)。

图 1-8-2　公共卫生学院院徽

院徽的主要寓意：

(1)位于中心的“蛇杖”是世界医学标志，象征着学院以促进公共卫生事业和人类生命健康为己任。

(2)展开的书本犹如振翅飞翔的翅膀，象征着公共卫生学院学子努力学习、博学好问、追求卓越和创新的精神；而书本当中的“P · H”，是公共卫生的英文“public health”的首字母缩写。

(3)下方的橄榄枝象征着公共卫生事业对和平和健康的追求，体现了学院的价值追求。

(4)"2010"代表学院发文成立的时间,2010 年 10 月 19 日学校发文成立厦门大学公共卫生学院。

三、倡导"爱"的文化

学院强调,首先要爱学生,全院教职工要把学生看作自己的孩子,像爱护自己的孩子那样培养学生;其次要爱教师,党政管理干部要爱护一线教师,为教师更好地开展教学、科研工作做好后勤保障和服务工作;再次是全院老师和老师之间、学生与老师之间、学生与学生之间,都要互相尊重、互相欣赏、互相关爱;最后要爱学院,学院是全体师生的学院,是全体师生共同的家,全体师生要把学院当作自己的家,把自己的家装扮得更加和谐、温馨。在学院办学经费的安排上,优先保障教学和学生活动经费,并通过为全院学生配备统一标志的院服、每学期举办院长 Tea-time 等形式,畅通学院与学生的沟通渠道,倾听师生心声,凝聚师生共识。特别值得一提的是,学院自成立的第一年起,每年举行毕业典礼并在毕业典礼上向每一位毕业生赠送毕业戒指,如今这项活动已经成为学院的一个传统。为每位毕业生量身定做的毕业戒指是学院赠予的一份精美礼物,也成了同学们毕业之后与学院的精神纽带(图 1-8-3)。

图 1-8-3 公共卫生学院赠送给每位毕业生的毕业戒指

四、注重院风建设

学院致力于营造风清气正的良好氛围，遵循“爱心、和谐、行胜于言、团结一心干事业”的共识，通过师生的共同努力，形成“师生努力、团结和谐，人才涌现、成果迭出，社会支持、合作共赢”“人人负责任、人人干实事”“各施其长、各得其所”的学院文化氛围；大力弘扬教书育人、爱岗敬业精神，引导老师静心教书、潜心育人，引导学生刻苦学习、团结友爱，让优秀的学生愿意来公共卫生学院学习，让优秀的教师愿意在公共卫生学院工作，让政府、企业及社会各界愿意支持公共卫生学院的发展。学院自成立以来，始终重视教职工的切身利益，支持学院部门工会、团学组织发挥应有作用，使师生安心于工作和学习，走上“学院为师生去除后顾之忧，师生为学院建设尽心尽力”的良性发展道路(图 1-8-4)；通过各种增收措施，争取各种社会资源，每年坚持召开师风学风表彰大会暨养生堂奖教奖学金

图 1-8-4　2011 年，学院首届部门工会成立

颁发仪式，至今已连续举办了9届，努力提高教职工福利水平，增强师生的获得感、归属感(图1-8-5)。自学院成立以来，学院教职工在人数相对较少的情况下，连续5届在全校教职工运动会上获得团体总分第七名、第六名、第四名、第四名、第四名的好成绩，并多次荣获道德风尚奖，充分展现了团结拼搏、奋勇争先的团队精神。

图1-8-5 2012年，学院举行首届师风学风表彰会暨养生堂奖教奖学金颁奖仪式

五、"跳跳高，够得着"

"跳跳高，够得着"是院长夏宁邵教授经常提到的一句话。这句朴实话语背后的道理，不但成为学院推进内部治理的基本理念和工作方法，而且随着学院事业的不断发展，逐渐成为学院文化的一部分。从字面上解释，一方面，学院坚持工作目标要切实可行，要能"够得着"，如果目标定得太高而无法实现，就容易成为"空谈"，也容易失去努力的动力；另一方面，学院要求全体教职工勤奋刻苦、努力工作，要坚持"跳"，坚持一年比一年跳得高，这样学院就会一年比一年持续向好。学院自成立以来,坚持“跳跳高,够得着”,不搞“一刀切”,不搞“休克疗法”,坚持实事求是、脚踏实地,有力地推动了学院事业的快速发展,营造出较为良好的学院业态。例如在课题组的组建和考核上,学院采取了“老人老办法,新人新办法”的过渡方法。对于“老人”是否进课题组,充分考虑其工作基础,尊重其个人意愿,但对于“新人”,则要求必须进课题组,而且对其严格要求,不能成为学院的负担;考核方式采取分类指导,对于已经进入课题组的,学院坚持以课题组为单位进行整体考核,对于尚未进入课题组的,则允许以个人考核的方式进行,充分考虑学院的实际情况,逐渐消化和解决在发展过渡阶段面临的问题。

第九节 队伍建设

学院自成立以来,始终坚持“以人为本、人尽其才”的用人理念,将“人”作为学院发展的第一要素,高度重视师资队伍建设,努力营造人才“引得进、留得住、用得好”的良好局面。学院以学科建设需求为导向,依托国家级、省级科研平台,提高聚才、引才精准度;以深化人事制度改革为引领,研究制定符合学院发展需要、适应学科发展规律的人才评价及激励机制,加强育才、引才力度;以扎实做好管理服务工作为保障,从思想上引领人才成长,从工作上为人才提供发展平台,从生活上解决人才的后顾之忧。

与此同时,学院倡导“科学用人”“经济用人”,把好师资队伍入口关,让每个人可以各展所长、各得其所、各尽所能;积极营造“讲责任、树正气、干事业、比贡献”的浓厚氛围,通过引培并举、量质并重,努力造就一支坚持教书和育人相统一、坚持言传和身教相统一、坚持潜心问道和关注社会相统一、坚持学术自由和学术规范相统一,以及热衷学术前沿研究、胸怀国家战略需求、服务地方社会经济发展的师资队伍。

一、师资队伍的历史沿革

事业要发展,人才是关键。学院成立之初,师资严重不足,专任教师仅有 24

名，其中教授9名、副教授6名、助理教授9名，具有博士学位者占88%；工程、实验等专业技术系列人员7人；党政管理人员5名。经过多年努力，学院师资队伍建设得到不断加强，结构逐步优化，质量显著提升，目前已形成一支以资深教授为领衔、优秀中青年教师为骨干，年龄结构合理、专业水平较高、富有创新活力的师资队伍。师资数量上，截至2020年9月，学院现有专任教师49名，其中教授17名、副教授19名，具有博士学位者占93.84%，另有工程、实验等专业技术系列人员21名，党政管理人员13名。在人才项目方面，学院有国家杰出青年科学基金获得者2名、国家高层次人才特殊支持计划入选者3名、国家高层次（青年）人才2名、国家百千万人才工程入选者2名、国家优秀青年科学基金获得者2名、教育部“新（跨）世纪优秀人才培养计划”入选者4名、科技部创新人才推进计划—中青年科技创新领军人才2名、中国科学院“百人计划”学者1名、福建省“百人计划”学者4名、福建省特支计划“双百计划”科技创新领军人才3名、“闽江学者”特聘教授2名、福建省杰出青年科学基金获得者5名，以及科技部创新人才推进计划重点领域创新团队、教育部创新团队、国家卫生健康委员会传染病防控国家科技重大专项创新团队、福建省百人计划团队等（表1-9-1）。在人才奖项方面，学院获“厦门市人才工作先进集体”表彰；多名教师及团队荣获国家及省、市奖项，包括全国抗击新型冠状病毒肺炎疫情先进集体、首届全国创新争先奖、第二届全国创新争先奖、全国教育系统先进集体、求是杰出科技成就集体奖、

图1-9-1　2019年，夏宁邵、张军、葛胜祥3名教师获颁“庆祝中华人民共和国成立70周年”纪念章

福建省科技重大贡献奖等，3 名教师获颁"庆祝中华人民共和国成立 70 周年"纪念章(图 1-9-1)，1 名教师获"厦门市优秀教师"荣誉称号，2 名教师获厦门大学"我最喜爱的十位老师"称号，等等。

表 1-9-1　人才项目入选情况一览表

姓名	人才项目入选情况
夏宁邵	国家杰出青年科学基金、国家高层次人才特殊支持计划、国家百千万人才工程、国务院政府特殊津贴、全国先进工作者、教育部"跨世纪优秀人才培养计划"、福建省"百人计划"学者、福建省杰出科技人员、福建省特支计划"双百计划"科技创新领军人才、"闽江学者"特聘教授、厦门市拔尖人才、厦门市杰出人才
张　军	国家高层次人才特殊支持计划，教育部"新世纪优秀人才培养计划"、科技部创新人才推进计划-中青年科技创新领军人才、福建省百千万人才工程、福建省特支计划"双百计划"科技创新领军人才、福建省高校领军人才、厦门市拔尖人才
赵勤俭	国家高层次人才、福建省"百人计划"学者
李少伟	国家百千万人才工程、教育部"新世纪优秀人才支持计划"、福建省杰出青年基金、厦门市拔尖人才
张现忠	科技部创新人才推进计划-中青年科技创新领军人才、厦门市重点人才、厦门大学特聘教授
刘　刚	国家杰出青年科学基金、国家高层次人才特殊支持计划、国家优秀青年科学基金、教育部"新世纪优秀人才支持计划"、福建省特支计划"双百计划"科技创新领军人才、福建省新世纪优秀人才支持计划、厦门市重点人才、厦门大学特聘教授、厦门大学南强青年拔尖人才支持计划 A 类
陈洪敏	国家高层次青年人才、"闽江学者"特聘教授、福建省引进高层次人才 B 类、福建省"百人计划"学者、厦门市杰出青年人才、厦门市高层次留学人员、厦门大学南强青年拔尖人才支持计划 A 类

续表

姓名	人才项目入选情况
聂立铭	国家优秀青年科学基金、福建省引进高层次人才 B 类、福建省特支计划“双百计划”青年拔尖人才、福建省杰出青年科学基金、厦门大学南强青年拔尖人才支持计划 A 类、厦门大学南强青年拔尖人才支持计划 B 类
申河清	中国科学院“百人计划”学者
葛胜祥	福建省新世纪优秀人才支持计划、福建省杰出青年基金、厦门市杰出青年基金、厦门市重点人才
袁　权	福建省杰出青年基金、厦门大学南强青年拔尖人才支持计划 B 类
许　零	福建省高层次创业创新人才、厦门市金鹭英才、厦门市高层次留学人员
江宜珍	福建省高校台湾全职教师引进资助计划、第三批厦门市台湾特聘专家、福建省百人计划-台湾人才、福建省引进高层次人才 C 类、第五批厦门市台湾特聘专家
李子婧	福建省杰出青年科学基金
张　洁	厦门市双百人才
范　春	厦门市重点人才
陈静威	厦门市重点人才
鄢晓晖	福建省引进高层次人才 C 类、厦门市高层次留学人员
王　岱	厦门市高层次留学人员
石再兴	福建省引进高层次人才 B 类、厦门市高层次留学人员
张天英	厦门市高层次留学人员
雷　照	福建省引进高层次人才 B 类、厦门市高层次留学人员

博士后队伍在科学研究、教学辅助上发挥重要作用，是学院师资队伍建设中不可或缺的力量。因此，学院成立伊始，就将博士后队伍建设纳入师资队伍建设整体规划中，多措并举，努力推动博士后队伍建设实现跨越式发展。首先，从学科发展的战略高度做好博士后队伍建设，制定符合本学科实际的博士后招收程序、考核标准、出站要求等，着力提高博士后队伍质量；其次，积极引导博士后申请参与国家自然科学基金项目、中国博士后科学基金、厦门大学生命科学与人类健康学科群“优秀博士后资助项目”等，为博士后提供承担或参与重大科研项目的机会，加快博士后队伍发展速度；最后，努力探索博士后薪酬改革制度，在学校给予的政策基础上，整合课题组力量，由学院与课题组一起统筹解决博士后招收所需经费，出台《厦门大学公共卫生学院博士后在站补贴暂行办法》，在学校基本薪酬基础上提高待遇，加大博士后队伍建设支持力度。截至 2020 年 9 月，学院共计招收博士后 29 名。

二、课题组运行管理模式

为更好地挖掘人才潜力、释放人才活力、促进人才队伍发展，学院以简洁化、扁平化管理为导向，以培育紧密型课题组为抓手，充分借鉴国内外知名高校实践经验，积极探索“学院—课题组”的运行管理模式，即以课题组为二级实体单位进行岗位配备、人才引进、年度考核、资源投入；同时，赋予课题组学科建设任务，以课题组搭建平台，构建团队，促进发展。“学院—课题组”的运行管理模式具有以下主要特点：

（一）课题组实行组长负责制

课题组组长对学院负责，对全体成员负责，按“责权一致”原则，享有凝练学科方向、成员聘任考核、评奖评优、日常管理等方面的权利和责任。如果把课题组形象地看作一个“家”，课题组组长就是“一家之主”。首先，课题组组长要有“家长”的学术声望，课题组组长通常由学科带头人或该领域专家担任，需要洞悉本课题组研究领域前沿，把握本课题组学科发展方向，指导本课题组开展学术活动，有较强的科研经费竞争能力；同时，课题组组长需要培育课题组的团队精神，增强课题组成员的归属感与认同感，凝聚团队，共同打拼。其次，课题组组长有“管家”的权利，学院将人权、财权、事权下沉到课题组，赋予课题组组长资源二次分配的权利，支持课题组发展壮大。课题组组长在课题组人才引进、资源配备、任务分配、聘任考核、评奖评优、招生指标等方面，享有相应话语权。再次，课题组组长有“养家”的责任，课题组组长上要对学院负责，接受学院考核，下要对课题组全体成员负责，肩负起课题组发展壮大的重任。

（二）课题组是命运共同体

课题组成员同在一个“锅”里吃饭，为共同目标团结协作，是相互支撑、共赢共荣的和谐大家庭。每个成员的工作状态、工作成果都直接关系到“家”的发展，每个人都是这个“家”的主人翁。根据考勤统计，自推行课题组运行模式以来，全院教职工忧患意识增强，工作积极性显著提升，学院教职工连续多年每个法定工作日平均在学院工作时间超过 13 个小时。

（三）课题组实行团队考核

实行团队考核催生课题组内部一荣俱荣、一损俱损的团队文化，促进课题组成员各尽所能、尽展其才。学院改变过去以个体为主的考核办法，推行以课题组为单位开展团队考核，使课题组既有分工又能相互协作，既能发挥个人潜能，又能形成团队合力，不断向实现“小才”变“大才”、“良才”变“优才”的转变，在“不苛求全能个人”的情况下，实现“要打造全能团队”的目的。

（四）课题组发展不受限

学院建立以课题组贡献为资源配置基本依据，支持有条件的课题组做大做强。课题组的事业发展决定了课题组编制、成员晋升、用房面积、资源投入等，而发展依靠的是课题组内每一位教师的努力，由他们自己说了算。

实际上，自推行“学院—课题组”运行管理模式以来，学院可以集中更多精力考虑课题组的布局和课题组组长的引培。截至 2020 年 9 月，学院已陆续引进多位教师担任课题组组长。学院也从成立之初的 1 个课题组，扩增培育到现在的 8 个课题组(表 1-9-2)，而且发展势头良好，在相关学科领域特色鲜明，在教学、科研、学科建设等工作上取得了较好的成效。

表 1-9-2　课题组成员情况

课题组	负责人	成员
国家传染病诊断试剂与疫苗工程研究中心课题组	夏宁邵	张军、赵勤俭、李少伟、葛胜祥、吴婷、袁权、罗文新、陈毅歆、闵小平、程通、顾颖、俞海、郑子峥、黄承浩、苏迎盈、张东旭、张天英、王颖彬、张师音、李廷栋、郑清炳、方木锦、阙玉琼、孔志博、欧明展
厦门大学分子影像暨转化医学研究中心课题组	陈小元 张现忠	刘刚、聂立铭、陈洪敏、周子健、田蕊、鄢晓晖、李子婧、郭志德、赵庆亮、孟珊珊、庄荣强、王骁勇
卫生经济与政策研究中心暨老年健康研究中心课题组	方　亚	曾雁冰、韩耀风、石再兴、袁满琼
卫生毒理学课题组	林忠宁	林育纯
病原微生物与抗感染治疗课题组	赵西林	王岱、薛云新
生物基材料转化医学课题组	许　零	胡晓倩
环境医学课题组	申河清	林怡、张洁
流行病学课题组	赵本华	陈田木、苏艳华

师资队伍建设是兴院之基、强院之源。学院自成立以来，遵循“内涵式发展”思路，以“贡献”为导向，认真落实学校绩效考核评价体系改革精神，按照学校岗

位绩效评价办法改革方案,在充分考虑学科特点、综合多方因素基础上,不断完善教职工评价体系,将品德、知识、能力和业绩作为衡量人才的重要标准,鼓励人才干事业,支持人才干成事业,帮助人才干好事业。多年来,学院通过开放的人才政策、有效的创新激励机制、务实的工作举措为师资队伍建设注入极强动力和极大活力。如今,学院师资队伍整体面貌焕然一新、综合素质整体提升,为学院的教学和科研的进一步发展、学校的“双一流”建设、“健康中国”的建设,奠定了坚实的人才基础。

第十节　基层党建

2010 年 12 月 7 日,学校发文成立中国共产党厦门大学公共卫生学院委员会。2011 年 5 月 19 日,学校任命滕伯刚为公共卫生学院党委书记。2014 年 10 月,学校任命滕伯刚为厦门大学校长助理。2015 年 10 月 28 日,学校任命张琥为厦门大学公共卫生学院党委书记。

2014 年 2 月 28 日,公共卫生学院党员大会在曾宪梓楼 101 报告厅召开。会议听取并审议了学院党委工作报告,以差额无记名投票方式选举产生了学院党的委员会。此次党员大会也是学院自成立以来选举产生的第一届党的委员会。新一届委员会委员分别是(按姓氏笔画排序):方亚(女)、刘俊杰、杨机像、张军、张永兴、林忠宁、滕伯刚。党的委员会第一次全体会议选举滕伯刚为书记,刘俊杰为副书记。

2018 年 5 月 25 日,公共卫生学院党员大会在椭圆楼 4 楼报告厅召开。会议听取并审议了学院党委工作报告,以差额无记名投票方式选举产生了新一届学院党的委员会。新一届委员会委员分别是(按姓氏笔画排序):方亚(女)、杨机像、张军、张琥、张宇斌、林忠宁、黄兆君(女)。新一届党的委员会第一次全体会议选举张琥同志为书记,黄兆君、杨机像为副书记。

学院党委全面加强党的建设,全面从严治党,坚持以一流党建引领一流学科建设,充分发挥党组织的政治核心作用,团结带领全院师生落实立德树人根本任务,弘扬社会主义核心价值观;围绕学院中心工作,服务学院发展大局,总揽全局、协调各方、凝聚力量,推动学院内涵式发展,积极构建“和谐、博爱、务实、创新”的公共卫生学院，为建设“国内有特色、国际有影响”的高水平研究型公共卫生学院而努力奋斗。

一、组织基本情况

2020 年 9 月，学院有党支部 13 个，其中教工党支部 4 个、学生党支部 8 个、红丝带先锋党支部 1 个；共有党员 215 人，其中教工党员 56 人、学生党员 159 人。学院党委坚持做到“五个到位”，党支部努力做到“七个有力”，按照党建工作和学科建设相结合、立德树人和人才培养相融合的思路，创新开展工作的方式。建院以来，学院党组织先后荣获第二届全国高校“两学一做”支部风采展示教工党支部精品工作案例、福建省高校先进基层党组织、福建省青年突击队、厦门市先进基层党组织、厦门大学先进基层党组织、福建省高校党支部工作“立项活动”优秀成果二等奖、厦门大学党支部工作“立项活动”优秀成果一等奖等荣誉。

依靠全院师生坚持不懈的努力和长期的工作积累，近年来，学院党建工作开创了新局面，取得了新成绩。2019 年 3 月，学院党委入选首批全省高校党建工作标杆院系，教工第一党支部、红丝带先锋党支部入选首批全省党建工作样板支部。2019 年 9 月，国家传染病诊断试剂与疫苗工程技术研究中心被教育部表彰为“全国教育系统先进集体”。2020 年 6 月，学院党委荣获“厦门大学先进基层党组织”。2020 年 9 月，国家传染病诊断试剂与疫苗工程技术研究中心被党中央、国务院、中央军委表彰为“全国抗击新冠肺炎疫情先进集体”。

二、党建工作情况

（一）政治建设方面

学院党委坚持“党要管党、从严治党”的方针，把党的政治建设摆在首要位置，深入开展创先争优活动、党的群众路线教育实践活动、“三严三实”专题教育活动、“两学一做”学习教育活动以及“不忘初心、牢记使命”主题教育活动，确保学院改革发展事业政治方向正确，以一流党建引领一流学科建设。

（二）思想建设方面

学院党委坚持以习近平新时代中国特色社会主义思想为指导，强化马克思主义理论武装，举办“近知·求是”支部书记培训班、“青春心向党”学生骨干培训班、“初心·使命”教职工党性教育专题学习班，开展“教授讲党课”“书记讲党课”“专家讲党课”“电影党课”“微党课”“革命老区现场教学课”等（图 1-10-1～图 1-10-3），加强师生思想政治教育，引导师生牢固树立和坚定践行共产主义理想信念，自觉做共产主义远大理想和中国特色社会主义共同理想的坚定信仰者和忠实实践者。

图 1-10-1　校党委书记张彦作为联系学院的校领导，多次到学院指导工作。图为张彦书记与学院师生共同观看庆祝改革开放 40 周年庆祝大会实况直播，并与师生进行交流

图 1-10-2　学院党委组织教职工赴古田会议旧址参观学习

图 1-10-3　学院党委组织教职工赴长汀、瑞金参观学习

（三）组织建设方面

学院党委着力加强基层党组织建设，夯实基层党组织发展基础，增强党组织的凝聚力、号召力，提升党建工作质量，全力打造坚强战斗堡垒。首先，优化党组织设置，将党支部建立在课题组和学生社团上，更好地发挥党组织的引领作用；其次，严格党组织制度，严格执行“三会一课”“书记上党课”“固定党日＋”制度，扎实开展“健康社区行”“‘预’见未来”“红歌背后的故事”“读经典，寻初心”等支部立项特色活动。

（四）作风建设方面

学院党委认真落实党风廉政建设责任制，发挥保证监督作用，严格执行中央八项规定，驰而不息地纠正“四风”，持之以恒地推进党风廉政建设；同时，认真执行党政联席会制度和“三重一大”制度，以上率先、照章行事、依法治院，履行“一岗双责”，落实“两个责任”，大力推进党务、院务公开，使监督制约机制得到进一步完善。

三、党建引领发展

学院党委发挥政治核心作用，总揽全局、协调各方、凝聚力量，推动学院内涵式发展，以一流党建引领一流学科建设取得新突破。医学检验技术专业从 2013 年正式获批设立以来，经过公共卫生学院的倾力建设，仅用 7 年的时间，便于 2019 年成为全校入围的 24 个专业之一，成功入选国家级一流本科专业建设点。在学校的大力支持下，学院党委整合资源，组织力量，经过不懈努力，于 2020 年成功获批公共卫生与预防医学博士学位授权一级学科，解决了一直以来学院人才培养和科学研究缺一级学科博士点的瓶颈问题。

在面对重大任务紧急关头，学院党委发挥总揽全局、协调各方的作用，凝聚力量，迎难而上：战胜“莫兰蒂”台风；保障金砖国家领导人厦门会晤；助力全国“互联网＋”大学生创新创业大赛成功举办。特别是 2020 年年初，面对突如其来的新型冠状病毒肺炎疫情大考，在校党委的坚强领导下，在学院党委的统筹协调下，公共卫生学院师生以“养兵千日、用兵一时”的担当作为，自觉投身科研攻关、科普防控知识、疫情防控志愿服务的最前线，迅速凝聚起众志成城的磅礴力量。国家传染病诊断试剂与疫苗工程技术研究中心成功研制出 15 种检测试剂，包括全球首个新冠病毒总抗体检测试剂，迅速投入国内疫情防控，并且出口 70 多个国家，支援全球抗疫，为全球抗疫贡献了厦大智慧。国家传染病诊断试剂与疫苗工程技术研究中心科研攻关，为抗击新型冠状病毒肺炎疫情做出了突出贡献，在全国抗击新型冠状病毒肺炎疫情表彰大会上被表彰为“全国抗击新冠肺炎疫情先进集体”。

四、表彰与荣誉

2011 年 5 月，国家传染病诊断试剂与疫苗工程技术研究中心荣获“第八届福建省青年五四奖章集体标兵”。

2014 年 5 月，分子影像暨转化医学研究中心荣获“第一届福建青年五四奖章”。

2015 年 12 月，公共卫生学院荣获“2014 年福建省教育系统先进教工小家”。

2016 年 4 月，学院青春健康教育基地荣获“中国计生协青春健康教育示范基地”。

2016 年 4 月，学院健康与生活促进会荣获“全国百佳公益体育社团”。

2016 年 7 月，教工第二党支部荣获“福建省高校先进基层党组织”。

2017 年 3 月，国家传染病诊断试剂与疫苗工程技术研究中心病毒防治技术研究组荣获“福建省青年突击队”。

2018 年 5 月，教工第一党支部工作案例在教育部举办的第二届全国高校“两学一做”支部风采展示活动中，荣获精品工作案例（全国共 10 个，福建省唯一）。

2018 年 8 月，教工第一党支部立项活动“健康社区行”被评为福建省 2016—2018 学年高校党支部工作“立项活动”优秀成果二等奖。

2018 年 10 月，“核芯生物”学生团队在第四届中国“互联网＋”大学生创新创业大赛中获得金奖。

2018 年 11 月，学院荣获第四届中国“互联网＋”大学生创新创业大赛参赛组织先进单位。

2019 年 3 月，学院党委入选福建省首批党建工作标杆院系，教工第一党支部、红丝带先锋党支部入选首批全省党建工作样板支部。

2019 年 6 月，教工第一党支部获得厦门市委员会和市教育工作委员会表彰，被授予“厦门市先进党组织”。

2019 年 8 月，国家传染病诊断试剂与疫苗工程技术研究中心荣获“全国教育系统先进集体”。

2020 年 6 月，学院党委、教工第一党支部荣获厦门大学 2019—2020 年“先进基层党组织”。

2020 年 9 月，国家传染病诊断试剂与疫苗工程技术研究中心被党中央、国务院、中央军委表彰为“全国抗击新冠肺炎疫情先进集体”。

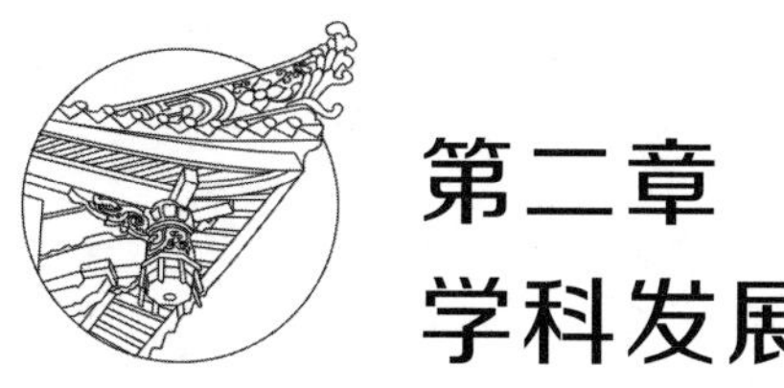

第二章 学科发展

第一节 教学单位介绍及工作特色

一、预防医学系

学校将预防医学系与国家传染病诊断试剂与疫苗工程技术研究中心合并成立公共卫生学院,为预防医学系的发展揭开了崭新一页。此后,我校公共卫生与预防医学学科发展步伐不断加快:2011 年,获批一级学科硕士授权点,入选"福建省高等学校预防医学本科专业综合改革试点"项目;2012 年,公共卫生与预防医学获批福建省重点一级学科,并于 2016 年以"优秀"等级通过考核验收,2015 年通过教育部本科教学评估;2020 年,获批一级学科博士授权点,形成"本—硕—博"较为完整的人才培养体系。

(一)优化教学师资,实行课程组管理模式

学院根据教师的学科背景、所教授的课程,将相关授课教师组成 5 个课程组:流行病学课程组、卫生统计学与卫生经济课程组、毒理学课程组、环境与健康课程组、卫生化学课程组。各课程组形成梯队合理的教学团队,保障了预防医学专业及其他医学相关专业的课程讲授。目前,预防医学系每年共承担预防医学专业相关课程、临床医学专业方向性课程、全校性选修课近 50 门次。

(二)调整专业实习、毕业实习安排,保障教学运行

2012 年,学院整体搬迁至翔安校区后,教学运行也发生了很大变化,彻底改

变了原来思明校区、漳州校区、漳州市厦门大学附属东南医院三地办学的局面，预防医学专业本科生 1～5 年级均以翔安校区为主进行教学活动。

学院的临床理论教学与实习，全部转由厦门大学附属第一医院承担，使预防医学专业整体的教学安排更为灵活，专业课程得以更早介入，有利于学生专业思想的树立（图 2-1-1）。

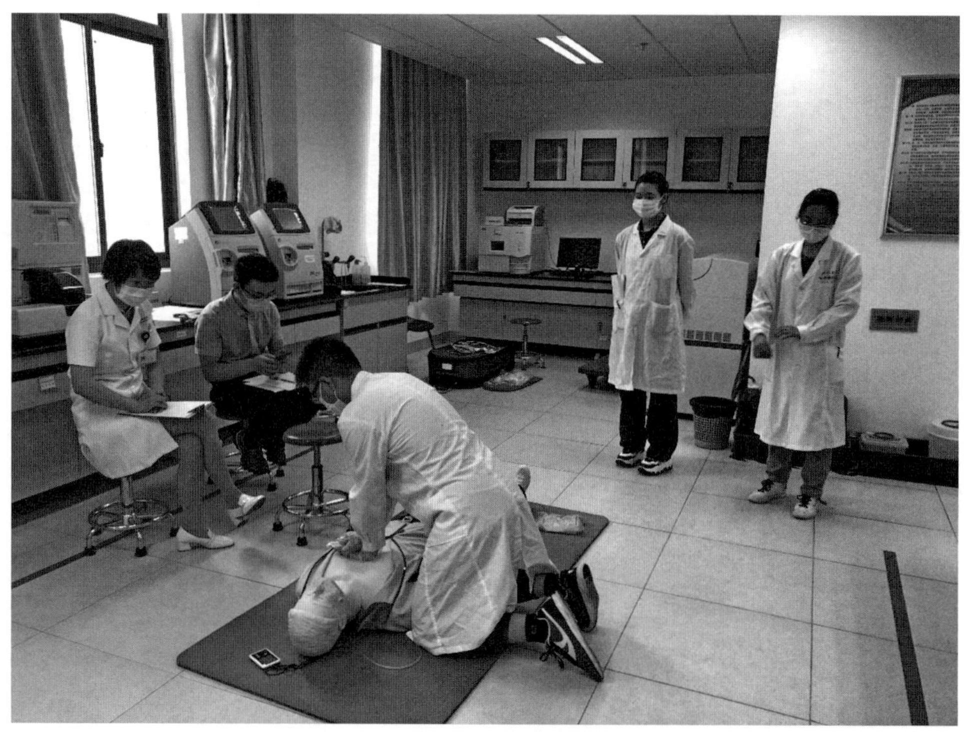

图 2-1-1　预防医学专业学生开展公共卫生技能训练

学院自主安排预防医学专业五年教学计划有了更大的灵活性，整体教学计划安排时间有所提前，给专业实习和毕业实习预留了更加充裕的时间。专业教学实习基地也得以扩充，目前有临床实习基地两个（厦门大学附属第一医院、厦门大学附属妇幼保健院）、专业实习基地 5 个（厦门市疾病预防控制中心、北京市朝阳区疾病预防控制中心、浙江省疾病预防控制中心、福建省疾病预防控制中心、江苏省疾病预防控制中心）。

（三）修订培养方案，提高人才培养质量

学院自成立以来，便着手申办检验相关的本科专业，在2012级预防医学专业培养方案中尝试设置了预防医学卫生检验方向。2012级预防医学专业共招生79名，其中预防医学卫生检验方向43名。

自2013级开始，厦门大学实施大类招生培养，学院所设的预防医学专业和医学检验专业在前两年共同培养，至二年级结束后进行专业分流。为了更好地开展专业思想教育、确定专业发展方向，从2015级开始，专业分流提前至一年级结束后进行。

随着办学条件的改善和人才培养水平的提升，预防医学系不断完善人才培养方案，形成《预防医学专业本科人才培养方案（2013）》；2018年再次启动人才培养方案修订，形成《预防医学专业本科人才培养方案（2019）》。2019版的人才培养方案，坚持厦门大学"宽口径、厚基础、跨学科、国际化、强实践、求创新"的总体人才培养目标，突出自身办学特色，培养学生的公共卫生人文情怀，注重宏观人群形成研究与实验室微观研究的结合，坚持创新创业实践训练，要求本科生进实验室、进现场，大力推进本科生导师制，继续推进一年级开始跟随本科生导师开展科研训练。为了提高人才培养质量，预防医学系还专门设置了创新创业实践训练学分、实验实践训练的最低学分，并在毕业论文环节中适当提高毕业要求。

根据《国务院办公厅关于应对新冠肺炎疫情影响强化稳就业举措的实施意见》（国办发〔2020〕6号）、《教育部办公厅关于在普通高校继续开展第二学士学位教育的通知》（教高厅函〔2020〕9号）有关文件精神，按学校有关工作部署要求，预防医学系于2020年开展预防医学本科专业第二学位培养工作，计划招生15人，实际招收7人，按照预防医学本科人才专业培养目标培养。

（四）认真总结办学经验，谋划建设一流本科专业

预防医学系依托国家传染病诊断试剂与疫苗工程技术研究中心、分子疫苗学和分子诊断学国家重点实验室、"生命科学与人类健康"学科群，形成"五四三二一"的预防医学特色教学发展之路：以大队列、大数据、大健康、大成果、大视野

之“五大”为特色，走精准预防医学特色教学之路；以新教材、新改革、新应用、新交叉之“四新”为支撑，走理论联系实践的教育强国之路；实现专业与人文融合、教育与树人融合、教学与转化融合的“三融合”，走内涵发展之路；教学、科研“两手抓”，以成果的知识、产业和政策转化为途径，走科研反哺教学之路；秉持“一个中心”原则，以人才培育为中心，走“以本为本”之路。

1.五大成效

以培养专业复合型人才为目标，围绕精准预防医学，立足队列人群与大数据、疾病防控与大健康，实现科研反哺教学，取得“五大”成效，全面支撑教学发展：

(1)坚持现场与实践结合促进的发展模式，建立传染病流行病、环境暴露与健康、母婴健康等研究大队列，融入“流行病学”“环境卫生学”“毒理学”等课程教学中。

(2)将临床表型与疾病组学、医学信息技术与人工智能相关联，开展流行病学、疫苗研发、老年健康研究、市民健康信息系统等大数据研究，支撑“卫生统计学”“社会医学”“营养与食品卫生学”等课程。

(3)构建老年妇幼健康支持体系、卫生技术评估研究体系，为国家及地方大健康决策提供科学循证参考，也为“卫生经济学”“妇幼保健学”“儿少卫生学”等课程教学提供素材。

(4)深化产学研用、科技成果转化，研制出全球首个戊肝疫苗，首个国产一代、二代宫颈癌疫苗，获批医疗器械注册证书 103 项，以第一署名单位发表 SCI 论文 200 余篇，入选全球转化领域 TOP 20 研究者等，这些重大成果为科研反哺教学提供了有力保障。

(5)拥有全球健康发展大视野，研制的戊肝疫苗正在巴基斯坦、泰国、印度、孟加拉国等“一带一路”沿线国家注册，并在美国进行临床试验。参与编写 WHO 戊肝疫苗审评技术建议，组织召开 WHO 重组 HPV 疫苗规程国际研讨会，派送学生赴 WHO 日内瓦总部实习，为学生的国际化培养提供条件。

2.以“四新”为支撑，促进教学发展

(1)新教材建设，发挥教材育人功能。以国家级规划教材《卫生学》(*Hygiene*)、《医学统计学》(*Medical Statistics*)拉动双语教学，以厦门大学“南强丛书”(第七辑)《公共卫生史》探索专业与树人融合，以《医学现场调查技术(案例版)》带动科研成果转化教学。

(2)新教学改革，注重能力培养环节。在“卫生法规与卫生监督”“公共卫生学”“卫生统计学”“健康教育学”等课程中开展思政教育；推行本科生导师制，开设“实验/实践技能训练”“创新创业训练”等课程；2017—2019 年立项大学生创新创业训练项目 182 项(其中国家级 32 项、省级 16 项)。

(3)新应用转化，回归应用学科本质。以科研优势强化学科方向，将教学与转化融合，关注学生解决问题能力的培养，回归预防医学应用学科本质，实现精准预防目的。

(4)新融合发展，深化专业交叉特色。探索跨学院、跨学科课题组模式，打造“公共卫生人文案例”“卫生政策学”“卫生法学与卫生监督”等课程，实现专业与人文融合；形成社会医学、转化医学、环境工程学等交叉体系；以香山书院和博伊特勒书院的书院制开创国际拔尖人才培养。

(五)坚持特色人才培养之路，提升人才培养质量

2015—2019 年，本专业毕业生升学率为 32.8％，其中，境外深造人数占 11.5％，“985 工程”“211 工程”高校升学人数占 88.5％，攻读博士学位人数占 9.8％。毕业生对本专业培养普遍认可度较高，认为办学条件一流、课程结构合理、管理制度完善、师资力量优良、人才培养符合社会需求。用人单位对本专业毕业生表现予以充分肯定，普遍反映毕业生的政治素质高、综合素质过硬、专业知识面广、创新能力强、吃苦耐劳、上进心强，多数已成为业务骨干。尤其是少数民族和西藏定向生，扎根边疆，服务基层，部分已成长为业务骨干。

积极开展教学改革，不断探索学科建设。2011 年，本专业以“预防医学专业拔尖创新人才培养的本科课程体系改革及教育评价研究”申报高等学校“专业综合改革试点”项目。为配合人才培养方案的修订，2012 年在国内开展了预防医学本科人才培养方案考察，并在对国内知名院校调研的基础上，修订形成了《预防医学专业本科人才培养方案(2013)》。为提高预防医学专业人才的专业能力，预防医学系在常年实践教学探索的基础上，“预防医学专业综合实验课程体系的改革与实践”项目于 2013 年获厦门大学教学成果二等奖。截至 2020 年 6 月，拥有“卫生统计学”“流行病学”“预防医学”等校级精品课程 11 门；“卫生统计学”

“公共卫生学”“流行病学”等校级在线开放课程3门；校级教学改革项目3个。

展望美好未来，预防医学系将坚持立德树人根本任务，以特色和质量求发展，培养适应新时代公共卫生事业发展需求的高端专业人才，建设具有厦门大学特色的预防医学专业。

二、实验医学系

早在2006年，厦门大学医学教育“十一五”发展规划就将“医学检验”专业列入医学类拟筹建专业。2007—2010年，厦门大学附属中山医院、厦门大学附属第一医院、厦门大学附属东方医院等单位作为福建医科大学检验系的教学基地，承担了大量的理论和实习教学工作，积累了丰富的医学检验专业教学和学生培养经验。2009年，厦门大学国家传染病诊断试剂与疫苗工程技术研究中心成为科技部“全国传染病诊断试剂技术创新战略联盟”理事长单位。

2011年，厦门大学公共卫生学院正式成立，将校内主要从事医学检验相关研究的师资力量纳入医学检验的教学，如国家传染病诊断试剂与疫苗工程技术研究中心和分子诊断教育部工程研究中心；同时，从国内外引进医学检验的高级人才组建临床检验仪器设备、分子影像学和临床微生物学的科研教学团队。同年，学院成立“医学检验专业筹建小组”，赴兄弟院校和各级医疗卫生单位进行了广泛而深入的调研，并多次组织检验领域的教学、科研及临床专家进行可行性讨论，对专业培养目标、专业特色以及学生就业方向进行了全面分析，在师资队伍组建、课程设置、培养方案、专业实验室规划建设、实习基地落实、教材选定及落实等方面开展了实质性的和具有建设性的工作。

2012年，在充分分析我国对医学检验人才的需求，发展医学检验技术与国家、省、市科技发展规划相一致，厦门大学生物医药学科建设需要及开办医学检验专业的综合优势后，学院正式申报五年制医学检验专业。

2013年，教育部对医学检验专业进行改制，由五年制医学学位改为四年制理学学位，并更改名称为医学检验技术专业。同年，学校通过教育部备案，获批设置医学检验技术专业。

为更好地管理医学检验技术专业的教学、学生培养等工作，学院向学校申请成立实验医学系。2013 年 9 月，公共卫生学院实验医学系在整合国家传染病诊断试剂与疫苗工程技术研究中心、厦门大学分子影像暨转化医学研究中心以及病原微生物与抗感染治疗课题组的基础上正式成立，以培养医学检验技术专业本科生为主要任务，旨在集中强化公共卫生相关实验学科研究和人才培养，努力为重大疾病诊断与预防、创新疫苗研发、治疗性抗体研发、分子影像暨转化医学研究等领域输送优秀人才，并在国内体现独有的专业特色，同时加强国际交流。2013 年 9 月，医学检验技术专业采用大类招生的方式，招收首届本科生，截至 2020 年 6 月已培养 4 届共 170 余名毕业生。实验医学系成立后，由葛胜祥副教授和张忠英教授担任系副主任。2016 年，学院返聘江苏大学退休教授郑铁生为系主任，全面负责实验医学系的相关工作。

2013 年，实验医学系成立后，坚持医教协同的发展思路，借助时任厦门市医学会检验分会主任委员张忠英教授的帮助，整合厦门市医学检验界的师资资源。经过学院组织的试讲和筛选，选出近 80 位临床教师参与医学检验技术专业的核心课程教学工作。

2016 年，实验医学系制定“十三五”医学检验技术专业发展规划，定位于突出培养特色，加强科研反哺教学；逐步梳理办学特色，改革课程体系，编写特色教材，加强实践创新训练。经过几年的建设与发展，实验医学系于 2016 年获批福建省创新创业改革试点专业；于 2018 年获批福建省虚拟仿真实验教学中心；于 2019 年获批国家级一流本科专业建设点。

实验医学系将在“十四五”期间以建设一流本科课程为核心任务，结合对传统医学检验技术课程体系的改革，不断突出办学特色，继续推进本科生创新创业能力的培养；同时，寻求高水平国际化办学伙伴，加强国际化人才的培养，逐步将公共卫生学院医学检验技术专业建成优秀的国家级一流本科专业。

三、实验教学中心

学院成立之初，只有预防医学专业一个本科专业，实验教学任务由预防医学系承担。2012 年 9 月，学院整体搬迁至翔安校区，位于思明校区李文正楼的原预防医学系搬迁至翔安校区曾宪梓楼。

2013 年，学院申报的医学检验技术专业获批并于同年开始招生。随着事业发展，为了整合办学资源、规范实验教学管理、提高实验教学质量，学院于 2013 年 4 月成立公共卫生学院实验教学中心（以下简称“中心”）。首任中心主任由分管教学副院长林忠宁教授兼任。

2015 年 7 月，学院聘任原四川省预防医学会消毒与媒介生物控制分会（专委会）第五届委员会主任委员、四川大学华西公共卫生学院退休教师刘衡川教授担任中心主任。2014—2017 年，学校连续投入近千万元物资，用于完善学院两系两专业的本科实验教学条件。

2018 年 8 月，刘衡川教授离任，中心主任由学院分管教学副院长林忠宁教授兼任。2018 年年底，学院任命郭东北为中心副主任，协助林忠宁副院长处理中心日常事务。2019 年年初，学院任命陈静威为中心副主任（主持工作）。

中心现有专业技术系列专职人员 5 人，负责预防医学与医学检验技术两个专业实验课程的准备，包括实验试剂的配制、实验仪器的维护与管理、实验课操作的部分讲授与指导以及实验室、大型仪器设备的开放与管理等工作，是学院实验教学的重要技术支撑与坚强后盾。中心每学年承担预防医学与医学检验技术两个专业的 15 门本科实验课，全部实行小班化教学。其中，专业方向性实验课 13 门、专业基础实验课 3 门，总计 462 学时。师资队伍中，专兼职授课、指导实验课的教师达 60 人，其中，专任教师有 23 人，100％具有博士学位；医院检验科医生兼职授课有 25 人，高级职称占 64％；兼职参与实验教学指导的专业技术系列人员有 12 人，其中 8 人具有博士学位。

2019 年 7 月，中心在学院的支持下，重新规划改造 2 间标准教学实验室。迄今为止，中心已建成 5 间标准教学实验室、1 间智慧实验室（图 2-1-3）、1 间信息与虚拟仿真实验室（60 个机位）；建立了分子生物学、生化与免疫、DEMO 等功能实验室；配备了样本贮藏室、细胞培养室、教学动物室、制冰室、纯水室等辅助实验室，实验用房 2000 余平方米。中心的大型仪器设备面向全校开放共享，18 台大型仪器设备纳入厦门大学生物仪器共享平台统一管理；拥有 HPLC、GC-MS、原子吸收、离子色谱、荧光显微镜、PCR、流式细胞仪等大型仪器设备及 800 多台（套）的实验教学设备，总价值 1300 余万元。

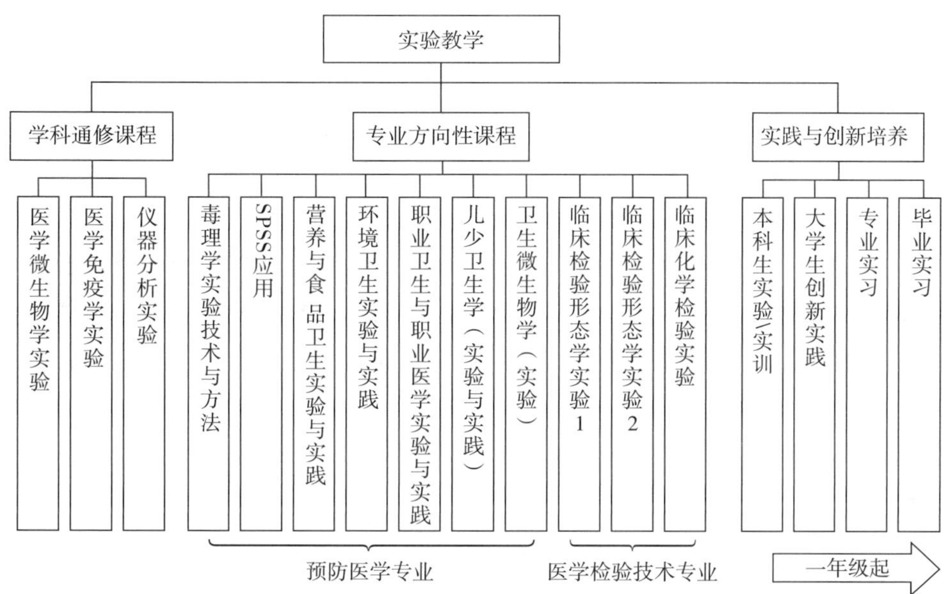

图 2-1-2 实验教学培养框架

图 2-1-3 智慧实验室

中心注重加强实验室安全管理，全面执行“6S”管理，即整理（seiri）、整顿（seiton）、清扫（seiso）、清洁（seiketsu）、素养（shitsuke）与安全（safety）；建立健全安全责任制及各项安全管理规章制度，开展新生安全教育培训，上好实验室安全第一课；加强特种设备、危险化学品、气体钢瓶及大型仪器设备的安全管理，定期组织消防、危险化学品泄漏及实验室突发疫情应急演练。

依托学院的科研优势与特色，建设多元、一体化创新教学实验实践平台。中心现有省级医学检验虚拟仿真实验教学中心（2018）、校级公共卫生与预防医学虚拟仿真实验教学中心（2016）、本科创新实验实践实训平台（2019）、公共卫生/实验医学实践教学基地等开放平台与基地（图 2-1-4），2019 年成为国家虚拟仿真实验教学创新联盟成员单位。

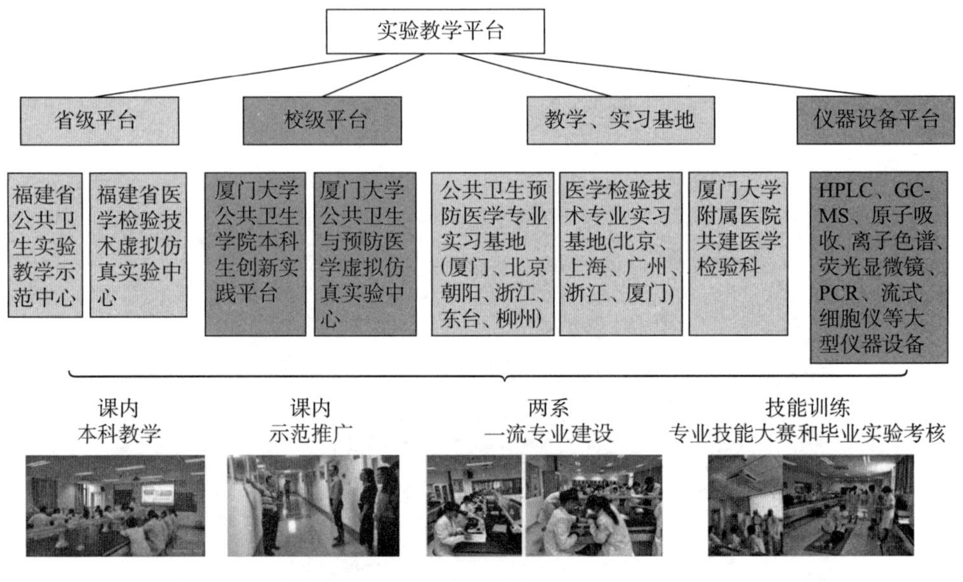

图 2-1-4　实验教学平台建设

中心坚持以学生为本，以培养具有满足“新医科”理念的医学检验与预防医学复合型人才为目标；教学理念定位于“一流”本科专业建设，构建实验教学新体系，不断推进实验教学内容、手段、方法的规范化与改革，强化学生实验实践技能训练，提高学生科学探索精神与创新能力，为推进“双一流”建设贡献力量。

四、MPH 教育中心

公共卫生硕士(MPH)教育最早发轫于美国,旨在为公共卫生部门培养高素质、复合型、应用型的高层次卫生专门人才。2002 年,我国首次设置并试办 MPH 专业学位,22 所高校首批获准招生,成为我国医学学位与研究生教育制度改革的一项重要举措。之后,我国 MPH 教育在不断探索、发展和完善的道路上稳步前进,尤其在经过 2003 年 SARS、2005 年禽流感、2009 年 H1N1 流感、2019 年新型冠状病毒肺炎疫情等重大公共卫生突发事件的考验后,加强 MPH 教育的重要性与必要性得到全社会的进一步认可。

(一)MPH 教育蓄势待发,获批 MPH 专业学位授权点(2011—2014 年)

随着社会经济的不断发展、医疗卫生改革的持续深化,对公共卫生专业人才的需求迫在眉睫,开展 MPH 教育的重要性和紧迫性日渐突显。学院在成立之初,便立足于社会需求,发挥专业平台优势,结合学院发展特色,积极筹备 MPH 专业学位授权点的申报工作。与学术型硕士的以培养教学和科研人才为主不同,专业型硕士教育重在培养应用型人才,拥有完备的专业实践教学条件至关重要。学院成立之前就与厦门市以及省内外多家医院、卫生机构及生物医药企业建立了密切的合作关系,为研究生实践教学提供了完善的基础。除实践教学基地的建设外,学院在学科条件、师资队伍、教学条件、科研平台等各方面也为申报 MPH 专业学位授权点做好了充分的准备。2013 年,学院向学校汇报 MPH 专业学位点筹备工作,并从 18 个专业学位申报单位中脱颖而出,最终于 2014 年获教育部批准设立公共卫生硕士专业学位授权点。

(二)MPH 教育稳步推进,成立 MPH 教育中心(2015 年—　)

2015 年,学院迎来了首批 MPH 研究生,正式开启了 MPH 培养的实践探索之路。学院立足于社会需求,结合专业发展特色,明确了 MPH 研究生的培养目标，即为适应国家社会经济的发展、福建省及厦门市生物医药产业的发展和海峡两岸公共卫生及医药合作的需要，为公共卫生部门，包括政府有关部门、疾病预防控制中心、医院、社区卫生机构等相关行业和医药相关企业培养德智体全面发展、高素质、复合型、应用型的高层次公共卫生专门人才。围绕此培养目标，以实际应用为导向，以培养学生的综合素养、提高学生应用知识的能力为核心，设立MPH专门的课程体系。培养过程坚持公共卫生社会实践与现场教学相结合的原则，强调案例教学，注重培养学生分析问题和解决问题的能力。MPH研究生在校期间至少安排6个月的时间到公共卫生及其他有关机构进行现场实习与社会调查，了解我国公共卫生机构、体制、工作范畴、任务职责、管理形式、卫生服务需求等现状及亟待解决的公共卫生实际问题；同时，聘请公共卫生相关领域实践经验丰富的专家作为兼职导师，参与MPH研究生的教学和专业实践，形成校内校外双导师制。截至2020年6月，学院已有14个专业实践基地，其中，疾病预防控制中心9个，卫生监督所1个，健康管理中心1个，医院2所，医药卫生企业1个。同时，在学生的培养过程中，学院注重进行对外的科技合作交流，充分利用与外单位的科研合作交流契机，拓展学生的国际视野，其中的典型代表是首届MPH研究生黄悦被世界卫生组织（WHO）全球扩大免疫规划（Expanded Programme on Immunization，EPI）部门录取为实习生，于2018年赴日内瓦WHO总部进行为期6个月的实习。

随着MPH培养体系的不断完善，学院MPH招生规模也稳步扩大，2020年招生人数达到了83名，学生规模迅猛增长。此外，结合教育部办公厅关于统筹全日制和非全日制研究生管理工作的要求，自2017年起，学院开始招收非全日制MPH研究生，并且坚持全日制和非全日制研究生教育同一质量标准。同年，为进一步提升MPH教育水平，学院专门成立了MPH教育中心，由方亚教授担任中心主任。早在2009年，方亚时任厦门大学医学院科研办主任及预防医学系党支部书记时，就与华中科技大学同济医学院联合开办了MPH学位班，招收在职生22人，为非全日制MPH研究生的培养积累了丰富的办学经验。2018年，首届MPH研究生毕业，根据医学专业学位研究生教育指导委员会的要求，学院参与公共卫生专业学位授权点专项评估，在17所参评学校中排名第一。2019年5月，学院MPH专业学位点的培养成效作为典型代表，由方亚主任在全国医学专业学位授权点专项评估总结大会中做报告。

2019 年年底的新型冠状病毒肺炎疫情，暴露出我国在公共卫生应急管理体系、专业人才队伍建设等方面存在明显短板，也让社会重新认识了公共卫生在经济社会发展中的重要作用和地位。促进 MPH 教育的蓬勃发展，培养复合型、实用型的公共卫生专业人才是适应卫生事业进一步发展的必然需求。MPH 教育中心将立足当前，着眼长远，继续以人才培养为核心，以岗位胜任力为导向，发挥既有优势，坚持特色发展，加强 MPH 培养体系的建设，积极探索一条具有特色的 MPH 教育发展之路，为国家公共卫生治理能力的提升提供人才保障。

第二节　团队介绍及工作特色

一、国家传染病诊断试剂与疫苗工程技术研究中心

国家传染病诊断试剂与疫苗工程技术研究中心（以下简称“中心”）于 2005 年由科技部批准，依托厦门大学和养生堂有限公司组建，2009 年以“优秀”通过验收。2009 年，中心受科技部委托牵头组建全国体外诊断产业技术创新战略联盟，获批科技部国际科技合作基地（2016 年评估为“优秀”）、国家级对台科技合作与交流基地。中心现有科研人员 200 余人，集聚了包括 3 名国家高层次人才、1 名国家杰出青年、3 名教育部“新（跨）世纪优秀人才培养计划”入选者在内的一批高水平人才，入选科技部、教育部创新团队，是我国疫苗和诊断试剂领域的代表性领军团队（图 2-2-1）。

图 2-2-1　国家传染病诊断试剂与疫苗工程技术研究中心师生合影

中心坚持“服务产业、造福民生”的理念，围绕生物医药领域中的疫苗、诊断试剂、治疗药物等方向布局了10个各有分工又相互支撑的科研小组，开展技术创新、产品开发和基础研究“三位一体”的创新工作，实行“资源共享、风险共担”管理原则，共同推动发展。中心独创了基于大肠杆菌的类病毒颗粒疫苗技术体系，形成的全链条技术创新平台贯穿了疫苗、诊断、生物治疗领域内多学科交叉技术创新和转化的各个关键环节，取得了一批国际首创或打破国内关键产业技术瓶颈的已完成转化或正在转化的重大成果；累计获国家一类新药生产文号2项、诊断试剂注册证70余项、欧盟CE认证19项、世界卫生组织PQ和EUL认证3项、美国食品药品监督管理局（Food and Drug Administration，FDA）紧急使用授权（emergency use authorization，EUA）授权3项、俄罗斯注册证2项、澳大利亚注册证1项、印度注册证1项；累计在《新英格兰医学杂志》《柳叶刀》《科学·转化医学》《自然·微生物学》《细胞·宿主与微生物》等期刊发表SCI论文400余篇，获全国抗击新冠肺炎疫情先进集体、国家技术发明奖二等奖、国家科技进步奖二等奖、中国专利金奖、首届和第二届全国创新争先奖、求是杰出科技成就集体奖等奖励。2017年年底，中心主任夏宁邵教授和团队骨干李少伟教授入选世界生物技术顶尖期刊《自然·生物技术》评选出的2016年度全球生物技术转化TOP 20研究者，成为大陆首次入选该榜单的学者。

（一）研究方向

1.传染病诊断研究

中心围绕我国疾病防控重大需求和诊断试剂的产业瓶颈问题开展技术创新，致力于传染病诊断技术的研究与应用。

围绕具体的诊断试剂研究，中心建立了免疫诊断技术平台、核酸诊断技术平台、诊断仪器试剂一体化技术平台[大型全自动和小型即时检验（point-of-care testing，POCT）]等多种技术平台。在传统的酶联免疫吸附试验、免疫渗滤法、实时荧光PCR等体外诊断方法的基础上，中心逐步建立了酶联免疫层析、荧光免疫层析、化学发光免疫检测、T细胞免疫检测、对流PCR、PCR-层析等新型技术平台，且正在开展微流控检测平台、单分子免疫检测等新兴技术的研究工作。

中心先后研制出国内首个艾滋病第三代和第四代诊断试剂，成功打破了国外公司的垄断，并实现对血源筛查、快速诊断、确证、无创筛查等主要应用领域的全覆盖，获得了国家科学技术进步奖二等奖，使国产艾滋病诊断试剂在国内市场占据主导地位并获得欧盟 CE 认证及 WHO PQ 认证，销往亚非欧美国家和地区，并在 2017 年厦门金砖会晤期间作为我国艾滋病防控代表性成果进行展示。

中心研制的戊型肝炎诊断试剂使戊型肝炎诊断的准确性从 70%提高到 95%以上，并显著推动了戊型肝炎临床诊断的普及率，被公认为全球戊型肝炎诊断的新一代“金标准”试剂，在全球范围内得到广泛应用，获国家技术发明二等奖。

中心基于自主研发的关键生物活性原料研制了全球首个实现商品化的双抗原夹心法 qAnti-HBc 检测试剂，通过临床队列研究，在国际上首次发现：基线 qAnti-HBc 水平是慢性乙肝治疗应答的高效预测指标，显著优于目前使用的谷丙转氨酶(alanine transaminase，ALT)等经典指标。2016 版《亚太肝病学会乙型肝炎管理的临床实践指南》认为该指标有望成为优化抗病毒治疗的新依据。2018 年，加拿大肝病研究协会(Canada Association for the Study of Liver Diseases，CASLD)乙肝临床指南认为 qAnti-HBc 作为整体免疫应答的替代指标可以更有效地预测治疗应答，更明确指出这一指标的检测试剂盒来源于中心研制的试剂盒。

中心多次承担科技部的应急攻关项目，包括禽流感、手足口病、甲型 H1N1 流感、寨卡病毒病等新发突发传染病。2008 年，中心圆满完成手足口病诊断试剂应急攻关任务，在半年时间内成功研发世界上第一个商品化的手足口病免疫诊断试剂盒。2009 年，甲型 H1N1 流感在全球暴发，中心在半年内研制出高灵敏性的抗原快速诊断试剂，为流感防控提供了技术手段。此外，中心还在 2015 年中东呼吸综合征、2016 年寨卡病毒病等疫情暴发时快速研制出检测试剂，形成了技术储备。

新型冠状病毒肺炎疫情暴发以来，针对不同场景的检测需求，中心联合养生堂厦门万泰凯瑞生物技术有限公司、北京万泰生物药业股份有限公司，在国家部委和省市各部门的支持下，截至 2020 年 9 月，基于 5 种检测技术平台研制出了 15 种检测试剂，获批 26 项注册证，向中国、荷兰、丹麦、法国、英国、德国、韩国、美国、菲律宾、印度尼西亚等 70 多个国家和地区供应检测试剂超 1000 万人份，为全球疫情防控提供了科技支撑；在全球率先推出双抗原夹心法新型冠状病毒总抗体检测试剂，在荷兰、丹麦、奥地利、捷克等国官方机构的对比评价中获评最优。2020 年 5 月 26 日，世界卫生组织（WHO）发布《基于人群年龄分层的 COVID-19 感染血清流行病学调查方案》，在该方案中，总抗体试剂被推荐优先使用。

2.疫苗研究

疫苗是支撑中心成立的两大核心支柱之一，而创新疫苗是引领中心可持续发展的主要方向之一。

此前，国内外学术界和工业界一般认为原核系统缺乏真核系统的复杂翻译后修饰过程，使重组类病毒颗粒（virus-like particles，VLP）难以维持复杂中和表位所必需的高级空间构象，因此不适合用于疫苗的工业化。中心团队对大肠杆菌重组表达技术进行了系统研究和改进，建立了独特的原核表达 VLP 疫苗技术体系，在国内外首次成功应用大肠杆菌原核表达系统研制出重组 VLP 疫苗，在真核表达系统之外开辟了疫苗研制的新途径。现代基因工程药物奠基人、乙肝基因工程疫苗发明人威廉·路特（William Rutter）对此给予了高度评价，认为原核表达类病毒颗粒疫苗技术体系提供了一个生产疫苗的非常廉价和直接的方法。

依托中心创建的独特原核表达 VLP 技术平台，可有效避开国外大公司构筑的专利壁垒，并对该产品的关键性技术构建起了较完善的专利保护体系。中心基于该技术体系历时 14 年成功研制出全球首个重组戊肝疫苗并于 2012 年在我国上市。戊肝疫苗的成功提供了有效的戊型肝炎主动预防工具，并扭转了国内外生物医药界的传统认识，证实利用大肠杆菌进行类病毒颗粒疫苗的研制是可行的。2019 年，戊肝疫苗在美国开展的Ⅰ期临床试验获得美国国立卫生研究院的全额资助。这是中国生产的疫苗首次在美国人中进行临床试验。拥有完全独立的知识产权、历时 18 年研制出来的国内首个人乳头状瘤病毒（HPV）双价疫苗于 2019 年 12 月获批上市，2020 年 5 月开始在国内接种，使我国成为继美国、英国之后具备该疫苗自主供应能力的第三国。中心研发的全球第二个 HPV 九价疫苗于 2017 年 11 月获批开展临床试验，2019 年 1 月启动Ⅰ期临床试验，目前正在进行Ⅲ期临床试验。这些成功应用标志着我国基因工程疫苗研发新途径的成功开辟。2019 年，中心与葛兰素史克（GSK）签订了开展新一代宫颈癌疫苗合作研发的协议，由中心和厦门万泰提供疫苗抗原技术，GSK 提供佐剂技术，在厦门生产符合中国、欧盟各国、美国、世界卫生组织标准的高质量疫苗，通过 GSK 的全球市场网络走向全世界。2020 年 7 月，中心与国际疫苗巨头赛诺菲巴斯德签约，将中心和厦门万泰沧海的新型轮状病毒候选疫苗技术授权给赛诺菲巴斯德。

2015 年 9 月，香港求是科技基金会将 2015 年度“求是杰出科技成就集体奖”授予中心和养生堂有限公司的科研人员团队，以表彰中心在原核表达类病毒颗粒疫苗研究方面取得的成就。这是该奖在连续 3 年空缺之后的首次颁奖。

中心基于型特异性表位特征、病毒蛋白分子进化和分子结构三种信息进行疫苗理性设计，发展结构疫苗学，为多型别病毒的疫苗研制提供了新思路。通过 HPV 类病毒颗粒（VLP）表面环替换的方式，改变“一种 VLP 预防一种 HPV 型别”的传统方式，首次构建出可预防三种 HPV 型别的嵌合 VLP，为研制“七种嵌合 VLP 预防二十种 HPV 型别”的第三代 HPV 疫苗奠定了关键技术基础。

中心基于对 HPV 的类病毒颗粒组装机制的深入认识，设计了一种能够针对多种型别 HPV 同时产生保护效果的杂合类病毒颗粒 chVLP，为研发涵盖所有高危型别 HPV 的更广谱的新一代多价宫颈癌疫苗奠定了关键技术基础，为其他高变异性病毒疫苗和靶向肿瘤新抗原的疫苗设计提供了新的思路。

中心与美国罗格斯大学共同发现水痘带状疱疹病毒感染皮肤和神经的双毒力决定因子 ORF7，应用反向遗传学技术研制出全球首个 ORF7 缺陷的水痘减毒活疫苗；2017 年获一类新药临床批件；2019 年 4 月启动Ⅰ期临床试验，目前正在进行Ⅱ期临床试验。

新型冠状病毒肺炎疫情暴发以来，中心联合香港大学等单位推进减毒载体疫苗项目，被列入国家应急专项项目，成为国务院联防联控机制重点关注的全国疫苗应急研发 5 条技术路线之一。2020 年 8 月，减毒载体疫苗项目获批开展临床试验，9 月 1 日启动Ⅰ期临床试验。同时，中心从免疫原、佐剂、评价模型和方法、质量研究等方面推进新型冠状病毒基因工程重组蛋白疫苗研究，目前正在进行系统性评价。

3.治疗性药物研究

中心基于多种疫苗技术平台，已建立各类抗体筛选验证及抗体改造平台、各类丰富的细胞模型和动物模型，以及成药性评估技术体系，开展了治疗性药物的研究。

中心利用高复制的乙肝病毒转基因小鼠模型，从 500 余株针对乙肝各种蛋白的单克隆抗体库中发现针对乙肝病毒外膜蛋白上的一个特定表位的抗体能有效清除乙肝病毒及表面抗原，单剂给药可持续抑制 20 天以上，也能有效降低转基因鼠肝内的病毒水平。目前，中心已顺利完成该治疗性抗体的人源化改造和成药性评估。法国肝病学者叙罗（Sureau）随刊发文评述"这是一个独特的乙肝治疗性抗体"。基于该靶点构建的表位嵌合颗粒疫苗在多种动物模型中表现出良好的效果，已在国内申请临床试验并获得受理。

中心通过与美国国立卫生研究院（National Institutes of Health，NIH）疫苗中心合作，发现了位于呼吸道合胞病毒（respiratory syncytial virus，RSV）表面膜融合蛋白的新型结构基础，并发现了一个位于其上的功能性靶点，研究显示识别该靶点的单克隆抗体在体外细胞模型上效价达到了上市抗体药物 Synagis 的 100 倍，可发展为潜在的抗 RSV 特异性治疗手段。

在流感病毒研究方面，中心发现了能广谱识别十几种 H5N1 变异病毒的广谱中和单克隆抗体，为治疗禽流感提供了新的替代途径。在甲型流感研究方面，中心发现了能够广谱识别自 1918 年至今所有 H1N1 流行病毒株的广谱中和单克隆抗体；在乙型流感病毒 HA 头部区发现全新广谱中和表位，美国科学院院士帕莱塞（Palese）在 *Nature* 发文评价其为通用流感疫苗设计带来新启示。

溶瘤病毒是一类能选择性地在肿瘤细胞中复制而不杀伤正常细胞的病毒，具有特异性裂解肿瘤细胞、激发机体抗肿瘤免疫和破坏肿瘤血管的特点。中心基于Ⅰ型单纯疱疹病毒、柯萨奇病毒等溶瘤病毒的肿瘤治疗性药物正在用于肝癌、胰腺癌、胶质母细胞瘤等多种肿瘤的突破性疗法研究中。独创的溶瘤病毒药物 OVH-APD1，创造性地引入肿瘤特异性启动子＋PD-1 抗体，具有高效、低毒的优点，2019 年 10 月获得临床试验批件。

此外，中心正在开展手足口病病原体 EV-D68、CVA10、CVA6 病毒颗粒和免疫复合物研究，发现了可指导药物开发的新表位。

(二)国家级科研奖励

1.艾滋病病毒重组抗原及第三代艾滋病病毒抗体 EIA 诊断试剂盒的研制

该研究成果于 2001 年获得国家科学技术进步奖二等奖。

艾滋病是目前全球第一位的重大传染病。艾滋病由人类免疫缺陷病毒(HIV,又称艾滋病病毒)感染引起,目前还没有疫苗和特效药。艾滋病防控首先要解决的是如何发现感染者,即"诊断"的问题。1992 年,美国率先推出第三代艾滋病诊断试剂,与第二代相比,检测灵敏度显著提高,检测窗口期大大缩短。当时,艾滋病在我国的感染率增长很快,对艾滋病诊断产品的需求不断加大,第三代艾滋病诊断试剂完全依赖进口,大部分企业生产艾滋病诊断试剂盒所需的关键抗原完全依靠进口。

1999 年,中心利用基因工程技术,在自行设计构建高效原核表达载体的基础上,在国内率先研制出可产业化的高活性、高产量的重组艾滋病病毒抗原,从而结束了我国艾滋病诊断试剂盒抗原原料完全依赖进口的历史。

中心在此基础上研制出国内首个艾滋病病毒第三代诊断试剂盒,在世界同一领域的研究中达到先进水平。基于中心的重组艾滋病病毒抗原,许多企业陆续推出艾滋病病毒第三代诊断试剂盒,国产艾滋病病毒诊断试剂成功实现了第一次更新换代。国产艾滋诊断试剂的全面换代在保障我国的输血安全、艾滋病病毒感染者的早期诊断和早期防控中发挥了重要作用。因在艾滋病病毒抗原和第三代诊断试剂上取得的突破,2001 年,该项研究获得国家科学技术进步奖二等奖。2008 年,中心第三代诊断试剂获得欧盟 CE 认证,成为首个进入欧盟血液筛查市场的国产试剂;2016 年,通过世界卫生组织(WHO)PQ 认证。

在此基础上,中心研究团队经过科研攻关,于 2008 年研制出首个国产第四代艾滋病病毒诊断试剂盒,使国产试剂质量继续保持在国际先进水平,成功打破了国外公司的垄断。

中心持续进行了一系列辅助诊断试剂的研制,相继研发出艾滋病病毒的快速检测、确证、无创唾液检测、全自动检测、无创尿液检测等系列艾滋病病毒诊断试剂盒,实现对血源筛查、快速诊断、确证、无创筛查等主要应用领域的全覆盖,构建起我国较完整的艾滋病检测技术体系。2019年,中心推出全球首个艾滋病尿液自检试剂,正式实现了艾滋病的居家自我检测。

2.戊型肝炎病毒优势构象性抗原决定簇发现及在诊断中的应用

该研究成果于2010年获得国家技术发明奖二等奖。

戊型肝炎(以下简称"戊肝")是一种急性病毒性肝炎,长期缺乏系统性研究和有效的诊治手段。一直以来,国内外戊肝诊断试剂的准确性普遍较差,造成大量误诊和漏诊,影响了戊肝诊断的普及,并使戊肝的危害长期得不到应有的重视。戊肝诊断试剂质量提高的关键难点在于病毒优势抗原决定簇的发现、基因工程再现、应用试剂研制以及试剂性能的优化。

中心针对戊肝病毒开展了一系列深入的研究,发现戊肝病毒优势构象性抗原决定簇,阐明其关键结构特征;发明能再现该抗原决定簇的基因工程抗原及其规模制备方法;在此基础上研制出具有国际领先水平的戊肝系列诊断试剂,并实现了产业化和国际化。

英国卫生部、英国皇家康沃医院、日本名古屋城市大学、香港卫生署实验中心、中国药品生物制品检定所等知名机构的研究表明,中心戊肝项目试剂盒质量优于国内外同类产品,对戊肝的诊断准确性从60%~70%提高到95%以上。

目前,中心的戊肝诊断试剂在国内市场的占有率达80%,并出口到美国、德国、英国等24个国家,使戊肝的严重性在全球范围内被揭示出来并引起广泛关注。国外研究人员利用本系列试剂开展的研究成果发表于*New England Journal of Medicine*、*Lancet*等国际著名医学期刊上,标志着该产品已成为国际戊肝诊断主流试剂之一。

这是目前唯一能够在欧洲国家稳定销售的国产病毒性肝炎诊断产品,提升了中国传染病诊断产品的国际声誉。

在此基础上,中心持续研究,取得了重大进展,首次发现了戊肝第四抗原—分泌型抗原的产生机制,研制出新一代戊肝抗原检测试剂,使得戊肝抗原成为戊肝诊断中的独立指标,于2018年被写入欧洲肝病协会戊肝诊断指南。

目前,中心已经建立了相对完整的全链条技术创新体系,实现了研究领域从"预防""诊断"向"治疗"的拓展,而且正在围绕我国重大健康需求和产业发展开展一批具有高度原创性的生物药物集成攻关和核心技术自主创新项目。

二、福建省分子影像诊疗工程技术研究中心

2012 年,学校引进了世界分子影像研究领域领军学者陈小元教授为学术带头人的研究团队,依托公共卫生学院成立了“厦门大学分子影像暨转化医学研究中心”(以下简称“中心”)。学校以建立面向海内外、开放的、具有国际一流水平的分子影像学及转化医学创新基地和国际化研究平台为发展目标,旨在将中心建设成为在分子影像领域具有国际影响力的研发中心。自成立以来,中心取得了累累硕果,先后获批厦门市分子影像工程技术研究中心、福建省分子影像诊疗工程技术研究中心;研发的氟[^{18}F]阿法肽注射液获批开展临床试验,是我国首个获得临床批件的正电子放射性药物一类新药。

中心通过引培结合,打造以青年人才为主体的一流分子影像创新研究团队。截至 2020 年 9 月,中心获批项目 83 项,项目总经费达 6823 万元,其中,竞争性经费 5578 万元、国家级课题经费 4060 万元;项目包括“973 计划”“863 计划”课题 4 个、重点研发计划 3 个和国家自然科学基金 31 个、企/事业合作的横向项目 17 个;共发表 SCI 论文 391 篇,其中以第一作者单位/通讯作者单位发表 SCI 论文 260 余篇,其中影响因子(impact factor,IF)>10 分的有 73 篇,高被引论文有 35 篇;申请发明专利 51 项,其中获得授权的有 18 项;主编检验医学专业全国第一本分子影像学教材——《临床分子影像检测技术》。

2012 年 4 月 12 日,学校发文正式成立“厦门大学分子影像暨转化医学研究中心”。中心在组建之初就确立了“建成面向海内外、开放的、具有国际一流水平的分子影像学及转化医学创新基地和国际化研究平台,并联合我校相关优势团队逐步组建国家重点实验室或国家工程中心”的建设目标,立足于分子影像学及转化医学前沿基础研究和临床前研究,满足国家高新技术研究的战略需求,推动我校医学影像学科及相关学科的建设以及公共卫生学科体内外诊断平台的发展,加快我校建设成为世界高水平大学的进程。中心以分子影像学和转化医学为核心,以放射性药物化学、医用纳米材料和医学影像学为主导方向,先后建立起了核医学平台、小动物影像平台、生物技术平台、合成化学平台、纳米技术平台,并全力进行影像探针与药物的研发。

（一）实验室建设

2012 年 9 月，中心在翔安校区曾宪梓楼启动实验室建设，先后建成了核磁共振成像（magnetic resonance imaging，MRI）成像室、光学成像室、核素成像平台，以及分子生物学、合成化学实验室等。

2012 年 11 月，学校批准分子影像大楼建设列入转化医学大楼规划；2013 年 4 月，学校决定建设分子影像大楼，随即启动了大楼的设计工作；2013 年 6 月，分子影像大楼完成建筑平面设计及报批工作，启动项目施工图设计工作；2014 年 7 月，分子影像大楼场地平整完成，基础建设开工。中心成员在完成教学科研工作的同时，积极投身到大楼的各项建设工作中，与设计和施工单位沟通调整建设方案，确保大楼顺利按进度建设。2015 年 12 月，分子影像大楼竣工，进行后续的装修工程。2016 年 7—12 月，在不影响正常科研工作的情况下，实验室陆续搬迁至分子影像大楼，建成了完备的核医学平台、小动物影像平台、生物技术平台、合成化学平台、纳米技术平台等分子影像学相关平台。历时 4 年多，中心成员（图 2-2-2）在超额完成科研任务的情况下，齐心协力承担起实验室的建设及新楼装修、搬迁工作。2017 年 1 月，大楼投入使用。

图 2-2-2　福建省分子影像诊疗工程技术研究中心师生合影

（二）平台建设

2012—2015 年，学校先后投入 5500 万元用于中心平台建设。2012 年 5 月，学校采用竞争性谈判方式完成了 8 台分子影像学核心设备（共计 459.24 万美元）的购置工作，主要有：2012 年 11 月，生物发光活体成像系统（Caliper IVIS Lumina Ⅱ）、小动物 Micro MRI 成像系统（Bruker 9.4 T/200 mm）、光声成像系统（Endra Nexus 128）以及荧光活体成像系统（Carestream FX Pro）到位；2012 年 12 月，小动物 PET/CT 活体影像系统（Siemens Inveon）到位；2013 年 1 月，小动物 SPECT/CT 活体成像系统（Mediso nanoScan SC）到位；2015 年 1 月，超声影像系统（VisualSonics Vevo 2100）到位；2015 年 8 月 7 日，大型医用回旋加速器（IBA Cyclone 18/9HC）完成吊装。

2013 年 12 月，中心与学院其他科研团队联合申报并获批分子疫苗学和分子诊断学国家重点实验室。2014 年 1 月，中心一期建设顺利通过专家验收。根据专家意见，中心将继续完善分子影像平台，建设高分辨成像等基础研究平台；关注标志性成果的凝练，力争达到国际一流水平；加强与校内相关课题组的交叉融合，积极为学校教学科研服务，并向国内外科研团队开放共享。

2016—2019 年，学校又投入近 2000 万元，用于完善中心的平台建设。2016 年 1 月，超高效液相-TOF 质谱联用仪（Waters XEVO G2-XS TOF）到位；2017 年 11 月，400 MHz 核磁共振仪（中科牛津 As400）到位；2018 年 12 月，小动物超声光声一体多模成像系统（Vevo3100/LAZR-X）到位；2019 年 11 月，小动物成像光谱仪（animal imaging spectrometer）等大型设备陆续到位。

完备的高端分子影像研究设备为科研人员开展立足于分子影像学及转化医学前沿的研究工作提供了利器。中心在平台建设方面也取得了显著的成绩，2015 年 1 月，获批“厦门市分子影像工程技术研究中心”；2017 年 3 月，获批“福建省分子影像诊疗工程技术研究中心”。

2018 年 3 月，回旋加速器完成验收，我校成为国内首个引进大型回旋加速器的高校。加速器启用后，能够生产 ^{18}F、^{11}C、^{13}N、^{64}Cu、^{124}I 等正电子核素，并具备了固体靶核素 ^{89}Zr 和 ^{123}I 的生产基础条件。回旋加速器的启用标志着中心不仅可以实现临床正电子药物 FDG、FLT 等的生产，还能够开展各种新型正电子探针自动化制备研究，为正电子放射性药物的研究提供了强有力的支持。

（三）队伍建设

中心本着建设面向海内外、开放的、具有国际一流水平的生物医学影像学科和分子影像学及转化医学创新基地和国际化研究平台的愿景，开展立足于分子影像学及转化医学前沿的临床前基础研究，以满足国家战略需求的高新技术研究为主导，秉承“以人为本”的管理理念，充分引进与国际接轨的高效科研管理体制，为科研人员配备相应的实验空间与实验条件，迅速吸引了一批海内外的优秀人才加入。

2012 年，北京师范大学化学学院应用化学研究所副教授、副所长、博士生导师张现忠博士加入中心，受聘厦门大学特聘教授。此后，张现忠教授入选国家高层次人才特殊支持计划。2012 年，川北医学院药理系助理教授、美国国立生物医学影像和生物工程研究所分子影像和纳米药物实验室博士后刘刚博士加入中心。此后，刘刚博士成为国家杰出青年、优秀青年科学基金、教育部“新世纪优秀人才支持计划”入选者，福建省特殊支持计划科技创新领军人才。2017 年，美国佐治亚大学研究科学家陈洪敏博士加入中心，入职之后成为国家高层次青年人才、“闽江学者”特聘教授、厦门市杰出青年。2020 年，中心从美国以厦门大学南强青年拔尖人才支持计划引进周子健博士、田蕊博士。一批青年人才的加入，进一步充实了中心的人才队伍梯队。

中心一向重视博士后的培养工作，积极为博士后提供经费支持及各类国内外学习交流的机会，累计培养了 9 名博士后。在博士后培养方面也获得了一定的成绩，2017 年和 2020 年，郭志德（合作导师：张现忠）、孙文静（合作导师：陈洪敏）先后入选博士后创新人才支持计划。

2019 年，刘刚教授入选科睿唯安（Clarivate）“高被引科学家”名单，是学校当年入选该名单的 6 位学者之一。

（四）交流合作

中心始终以建设成国际一流的分子影像中心为目标，十分重视国内外合作交流。

中心的建设发展,受到了社会各界人士的关心与支持,免疫学家、遗传学家、诺贝尔生理学或医学奖获得者布鲁斯·巴特勒教授到中心考察调研,对中心的建设和发展给予了高度评价。

2013 年开始,中心每两年举办一届"分子影像学厦门国际论坛",参会人数由 200 余人增加到 400 余人,逐步成为有影响力的分子影像领域国际会议。中心还承办了"亚洲分子影像联合会年会""中日韩放射性药物科学学术会议""第 14 届全国放射性药物化学与标记化合物学术会议"等国际会议,进一步提升了在分子影像领域的国际影响力。

(五)学科建设

2013 年 7 月,中心第一届学术委员会成立并召开第一次会议。学术委员会主任为柴之芳院士,国内外知名分子影像学专家担任学术委员会委员。委员会建议中心改革人才评价机制,加强放射诊断治疗研究,力争建设成为东南核药物中心,集中力量发展影像纳米药物。

2014 年 10 月,第一届学术委员会第二次会议顺利召开。委员会对中心一年来的发展给予高度肯定,建议中心加强引进海外高层次人才,推进^{18}F-Alfatide 药物进入临床试验,发展加速器药物,完善化学探针平台和纳米技术平台建设,重点建设高分辨成像平台,开拓药物安全性评价平台。

2012 年以来,中心充分调动师资力量,结合自身科研特色,积极参与教学工作,面对全校本科生与研究生开设了"分子影像检测技术""分子影像学概论""分子影像学基础""临床分子影像检测技术""临床检验基础""临床检验仪器学""临床医学概要""现代医学研究实例""医学科研设计与论文写作""医学影像成像原理""仪器分析实验""科学写作"等课程,累计达 1200 多个学时。

中心教师积极推进课堂教学改革,提升课堂教学质量,不断提高人才培养质量。李子婧副教授开设的课程"仪器分析实验"获校级"翻转课堂"教学改革项目立项、厦门大学校级在线开放课程立项,致力于构建线上和线下相结合的教学新模式;李子婧副教授开设的"分子影像学实验虚拟仿真教学创新改革研究"获厦门大学教学改革项目立项;聂立铭教授开设的"医学影像技术创新与临床实践"

获校级创新创业课程建设项目立项。同时，中心青年教师还积极参加教学技能比赛，以赛促教，积极提高教学技能水平。

（六）标志性成果

2018 年 9 月 13 日，国家药品监督管理局批准了氟[^{18}F]阿法肽注射液的临床试验申请（药物临床试验批件号：2018L03057），是中心第一个获批进入临床试验的放射性药物，也是我国首个获得临床批件的 1.1 类正电子放射性药物。该药物配合正电子发射断层成像技术（positron emission tomography，PET），可用于整合素 $a_v b_3$ 高表达肿瘤的早期诊断并指导肿瘤精准治疗，开创了我国正电子放射性药物先例。

2019 年 3 月，由中心、中国医学科学院北京协和医院共同主编的全国高等学校医学检验技术专业全国第一部分子影像学教材——《临床分子影像检测技术》由人民卫生出版社正式出版发行。该教材全面介绍了临床分子影像检测技术的基本概念、基本原理、新研究进展和临床实践。

（七）获奖情况

中心在注重团队建设、开展教学科研工作的同时，也得到了各界肯定，获得了一些荣誉，主要有：2014 年，获第 11 届“福建青年五四奖章集体奖”，该奖项是共青团福建省委员会、福建省青年联合会共同授予福建青年的最高荣誉；2017 年，获厦门大学“田昭武学科交叉奖”一等奖，该奖项旨在鼓励我校教师进行学科交叉研究，嘉奖我校在跨学科研究方面取得突出成绩的课题组，促进学科交融与优势互补；2017 年，刘刚教授等的研究成果“影像探针功能化设计与细胞/分子标记示踪”获 2016 年度福建省科学技术奖三等奖；2017 年，刘刚教授、聂立铭副教授等联合重庆医科大学附属第二医院、中国科学院深圳先进技术研究院共同申请的项目“肿瘤分子影像关键技术创新与应用”获 2017 年华夏医学科技奖一等奖。

(八)人才培养

2012—2020 年,中心共培养硕士研究生 117 名、博士研究生 50 名、交流生 91 名,人才培养质量不断提升。

为提高人才培养质量,中心不断改进和完善学生培养模式。在平台建设上,中心构建了化学、生物、材料、医学、工学等方向的多学科交叉研究平台;在教学过程中,既注重学生专业素质和科研思维的培养,又重视学生非专业素质的培养,尤其致力于提升学生的外语水平。截至 2020 年 6 月,中心共培养硕士毕业生 50 名、博士毕业生 16 名,升学就业率达 100%,受到用人单位的肯定。硕士毕业生中,29%的硕士毕业生继续前往香港理工大学、澳大利亚麦考瑞大学、香港城市大学等高校读博深造;49%成为国内高校、全国各大三甲医院的实验技术人员;20%成为国内企业的骨干人才;2%赴国内基层、边远地区就业,为祖国的发展输入新生力量。博士毕业生中,25%出国深造;75%在全国各大高校、三甲医院的科研岗位工作。

中心高度重视研究生的培养质量。2016—2019 年,中心培养的 6 名研究生荣获"福建省研究生优秀学位论文"表彰(表 2-2-1)。

表 2-2-1 中心学生获"福建省研究生优秀学位论文"情况表

毕业年份	学生姓名	一级学科	学位论文题目	学生类别	指导老师
2019	张鹏飞	生物学	基于生物表面展示策略的功能化纳米载体的构建和应用	博士	刘刚教授
2019	邱雨微	生物学	多功能碳纳米粒子的制备及其在肿瘤诊断和光学治疗中的应用	硕士	陈洪敏教授
2018	楚成超	生物学	基于金属—有机自组装的光学治疗增强型纳米药物的制备及应用	博士	刘刚教授

续表

毕业年份	学生姓名	一级学科	学位论文题目	学生类别	指导老师
2018	石昌荣	生物学	活性氧纳米粒子调控肿瘤相关巨噬细胞功能介导肿瘤免疫治疗	硕士	张现忠教授
2018	石志源	临床医学	金属—有机自组装纳米颗粒在多模态成像引导下对于肝癌的光热治疗	硕士	刘刚教授 李文岗教授
2016	宋曼莉	公共卫生与预防医学	新型二氧化锰纳米粒子诱导肿瘤相关巨噬细胞表型变化及改善肿瘤乏氧以增强化疗疗效的研究	硕士	张现忠教授

未来，中心将更加积极地与海内外高校、科研单位开展交流与合作，与同行谈合作、促共赢；进一步强化协同创新精神，汇聚创新资源，构建高水平影像平台，利用优势学科实力开展多学科交叉的前瞻性科学研究，培养更多创新性优秀人才，助力学校“双一流”建设；同时，本着“立足国际研究前沿，推进药物临床转化，打造国际一流分子影像平台”的发展理念，不断完善各项管理制度和科学创新机制，注重培养复合型人才，吸取国内外先进实验室的管理理念和成功经验，加强科研文化的建设，吸引全球拔尖人才，加快后备人才的培养和创新群体培育，建设成为具有国际影响力的一流创新平台和人才培养基地。

三、卫生技术评估福建省高校重点实验室

（一）顺应医改形势，中心雏形初显（2009—2011 年）

2009 年，国务院正式公布《中共中央国务院关于深化医药卫生体制改革的意见》和出台新医改方案，为进一步深入研究卫生经济与政策管理提供了良好的

政策研究环境。为了顺应我国医疗卫生体制探索与改革以及社会经济发展迫切需要对卫生领域加强研究的时代需求，为了适应学科建设发展与整合学科资源的现实要求，同时为了紧跟国际学术研究前沿，顺应厦门大学在该领域进行“学术拓荒”的研究需求，2009 年 10 月，学校成立厦门大学医学院卫生经济与政策研究中心（以下简称“中心”），中心主任为方亚教授。方亚教授自 2004 年入职厦门大学以来，积极开展公立医院改革、疾病经济负担评价、卫生服务经济学评价等卫生经济与政策研究，并针对医院管理人员与医务人员组织开展多期医院管理与科研技能培训，广受好评，积累了丰富的医疗卫生体制改革发展理论与实践经验。

中心依托厦门大学医学学科，整合经济学、管理学、社会学、法学等研究领域的学术资源，借助厦门社会经济发展和地域优势，突出地域性的研究特色，紧密联系海西经济建设圈的发展需要，紧紧围绕国内外医疗卫生体制改革与发展的核心问题展开相关研究。中心立足于海峡西岸，放眼国内与国际，从医院管理与医疗服务、卫生绩效考评、卫生经济政策评价、医疗保险与医疗救助、社区卫生和农村卫生等方向开展研究，致力于在医药卫生体制改革重大议题的研究与决策上发挥积极作用，为成为卫生经济与政策领域研究的“国家队”一员奠定了扎实的研究基础。

（二）转入新学院，迎接新挑战（2011—2012 年）

2011 年 5 月，厦门大学公共卫生学院正式成立，卫生经济与政策研究中心整体转入公共卫生学院。在学院的大力支持和帮助下，中心在统计学方法及其在生物医学中的应用、卫生技术评估、卫生经济政策评价等方面开展工作，为国家及地方的医疗卫生相关部门决策提供了科学循证参考。中心承担了包括“高级卫生统计学”“医学统计学”“统计软件（SPSS、SAS）在生物医学研究中的应用”“医学人口学”“卫生经济学”“卫生政策学”“卫生事业管理”“预防医学导论”“控烟倡导”等 10 余门本科生、研究生课程教学。

随着新医改的不断深入，人民群众对卫生技术的需求持续增长，为生物医药产业的发展提供了前所未有的空间。2012 年 5 月，我国《“十二五”国家战略性新兴产业发展规划》把生物医药列入七大战略性新兴产业中，这表明我国将加大支持力度，推动生物医药产业成为国民经济支柱产业。为顺应我国深化医药卫生体制改革和生物医药产业发展的时代要求、满足福建省区域建设和医疗卫生发展的需要，中心向福建省教育厅申请组建“卫生技术评估福建省高校重点实验室”，经专家组论证通过，于2012年11月正式批复组建卫生技术评估福建省高校重点实验室。实验室主任为方亚教授，研究人员主要由公共卫生学、生命科学、临床医学、数学、经济学、计算机学、管理学等科研人才组成，均是在生物医学、卫生统计、数据挖掘、计量经济、医院管理、卫生经济、公共卫生、疾病防控、软件开发、卫生信息化建设等相关研究领域的专家或骨干(图2-2-3)。

图2-2-3　卫生技术评估福建省高校重点实验室师生合影

中心依托卫生技术评估福建省高校重点实验室，努力实现跨越发展。团队开展了生物医药产品的流行病学、生物学及其临床试验研究与评价、卫生技术与公共卫生项目的经济学评价研究、卫生技术评估理论与方法模型研究，提供卫生技术评估与咨询。卫生技术评估福建省高校重点实验室的成立不但填补了海峡西岸在卫生技术评估领域的研究空白，而且为学校整合学科优势资源，促进学科间的交叉融合，拓展在卫生技术评估领域的研究奠定了基础，同时还能有效整合学校的学术研究资源，积极参与国家乃至国际卫生技术评估研究，努力实现进入国内同行前列的目标。

（三）聚焦老龄健康，中心稳步发展（2013 年— ）

经过之前的努力建设，中心稳步发展，拥有卫生技术评估福建省高校重点实验室、健康管理研究中心以及健康医疗大数据联合实验室。

在医疗卫生服务业现代化、信息化建设的大背景下，为了加快高校科技成果产业化，推进产、学、研结合，持续推动医疗卫生服务的智能化，2013 年 12 月，卫生经济与政策研究中心与厦门市智业软件工程有限公司合作成立“厦门大学公共卫生学院・智业—健康管理研究中心”，并聘请原国家卫生部卫生统计信息中心主任、中华医学会党委书记饶克勤教授担任研究中心顾问。健康管理研究中心旨在推动数字医疗和智能健康管理，开发适用于个人和社区居民的健康管理平台，形成自我健康管理及健康监测、健康风险评估和远程医疗协助有机结合的循环系统，为全民健康水平的提高提供强有力的科技支撑。

2018 年 9 月，在国家和地方大力发展医疗大数据，加快推进“健康中国”建设的大背景下，紧扣厦门市作为医疗大数据国家试点城市建设的契机，依托中心研究团队，厦门大学公共卫生学院与厦门市翔安区政府成立健康医疗大数据中心联合实验室，启动全省首个地方政府与高校联合开展的全域公共卫生调查项目，实施翔安区域健康白皮书项目课题研究，助力区域医疗卫生事业的转型升级和区域健康发展。

随着我国老龄化的快速加剧，其带来的健康和养老问题成为当前我国面临的重大公共卫生问题，中心将老年健康与养老研究作为重点研究方向具有重要的现实意义。经过发展，团队深入开展失能、认知、慢性病、长期照护、医疗与养老服务等老龄化研究以及健康医疗大数据挖掘分析，并取得了长足的进步。2019 年 7 月，中心更名为卫生经济政策研究中心暨老年健康研究中心（以下简称“中心”）。

1.依托多平台，凝练研究方向，多学科交叉融合实现创新发展

中心依托卫生技术评估福建省高校重点实验室、健康管理研究中心、健康医疗大数据联合实验室等平台实现稳步发展，主要研究方向包括：

（1）老年健康与养老（aging）：失能、认知、慢性病、长期照护、医疗与养老服务等老龄化研究。

（2）健康医疗大数据（big data）与健康管理：基于健康医疗大数据挖掘分析的全人群全生命周期健康管理、疾病发病关联因素、发病风险预测预警、健康策略仿真评价等研究。

（3）卫生技术评估（health technology assessment，HTA）与卫生政策评价：疫苗、诊断试剂、药品、临床技术、社区干预措施与卫生经济政策等卫生技术评估的理论方法及实证研究。

中心人员包含公共卫生学、生命科学、临床医学、数学、经济学、计算机学、管理学等多学科的科研人才，均是相关研究领域的专家或骨干，研究技术成熟，经验丰富；同时，中心有流行病学与卫生统计学、社会医学与卫生事业管理学、MPH、统计学等专业研究生 30 余名。团队在卫生经济政策评价、健康管理、数据挖掘分析等方面具备良好的研究能力和研究水平。

2.教学技艺精湛，深受学生好评

根据学校教育教学改革要求，中心于 2017 年成立卫生统计与卫生管理课程组，承担了 10 余门本科生、研究生主干课程教学工作，年均授课 400 余学时，教学效果良好，受到学生的广泛好评，方亚教授还被评选为 2017 年度厦门大学“我最喜爱的十位老师”之一。“卫生统计学”“卫生经济学”“SPSS 应用”获批学校首批示范性网络课程；“卫生统计学”获批学校第八批在线开放课程立项建设；“高级卫生统计学”研究生课程被学校评为首批特别优秀示范课程；“卫生统计学”与“高级卫生事业管理学”分别获批本科生、研究生“课程思政”示范建设课程立项。团队指导了多项国家级大学生创新创业训练项目，并多次获评优秀大学生创新创业训练项目与最佳创意项目（2018 年）；创业规划项目“爱・归巢康养科技有限责任公司”获得了第九届“挑战杯”福建省大学生公益创业赛铜奖（2016 年）。

3.科研锐意进取，成果丰硕，能力水平得到国内同行认可

在学术带头人方亚教授的带领下，截至 2020 年 9 月，中心已获得国家级、省部级项目等各级课题 100 余项，在国内外期刊上发表论文 200 余篇，其中 SCI/

SSCI 文章 80 余篇，参编教材 30 余部；获高等教育国家级教学成果二等奖、全国老龄工作委员会办公室全国老龄政策调研优秀成果三等奖、福建省老龄政策调研优秀成果二等奖、福建省医学科技奖二等奖、厦门市科技进步奖三等奖等国家级、省部级等各类奖励 10 余项，还获得厦门大学“三八红旗手集体奖”。

4.心系民生需求，助推转化，社会服务卓有成效

中心主持项目的研究成果为国家及地方的民政、老龄、卫生、医保等相关部门决策提供了科学循证参考。中心围绕老年健康及其支持体系方面的研究受到业内广泛认可，为健康老龄化献言献策。例如，中心开展的老年人失能研究助力推出首个由政府主导的老年人保险项目“老年人幸福安康险”，项目实施后赢得了老年市民及其家庭的广泛好评，同时被列为 2015 年市委市政府为民办实事项目、厦门市 2015 年度十大影响力事件之一；从全国 80 余个竞标单位中脱颖而出，承接民政部的养老机构服务质量评价课题，成为民政部 2017 年度相关部级课题的唯一立项项目，并助推国家养老服务标准的出台；受国家卫生健康委员会委托，开展老年人口健康调查指标体系研究，并负责“第六次全国卫生服务调查”老年人模块的问卷设计；撰写的《福建省应对老龄化社会医养结合服务体系研究报告》获得福建省民政部门评审专家的高度评价，并被报送至省委常委参考内刊；研制的老年健康功能多维评定量表获著作权；在社区积极开办“乐龄智工坊”等多个为民办实事项目，深受老年人喜欢及好评；多项老年健康相关研究成果在《中国老年报》《海西晨报》《厦门日报》《厦门晚报》《福建老年报》《海峡导报》等报纸刊出，还在《厦视新闻》《厦视直播室》《十分关注》等电视节目中做专题报道。中心围绕国家医改开展了 DRGs 支付制度、疾病合理住院日等研究，为缓解看病贵、看病难问题提供决策依据。例如，对厦门慢性病分级诊疗“三师共管”模式进行评价(该模式获中国政府创新奖且成为全国分级诊疗推行范本)，为我国完善慢病分级诊疗模式和全面推进分级诊疗提供依据；受国家卫生健康委员会委托，开展公立医院财务会计管理研究，研究成果被采纳作为国家现代公立医院管理制度的重要组成部分；构建慢性病发病风险预测预警模型，为医疗卫生机构提供市民健康的实时监测可视化平台和主动干预的理论依据；公立医院薪酬制度改革研究成果被厦门市卫生健康委员会采纳，形成《厦门市属公立医院薪酬制度改革指导意见》；医疗服务项目成本测算等的研究成果被采纳作为地方政府医疗服务项目价格政策出台的依据。

2020年，围绕应对新型冠状病毒肺炎疫情重大公共卫生事件，中心团队积极发挥专业所学开展社会服务，在厦门大学官方媒体发表文章《抗击疫情，再次拉响"预防为主"之警钟》，在《福建日报》理论周刊发表特约文章《推动公共卫生服务与医疗服务高效协同、无缝衔接》，受邀参加厦门卫视《两岸新新闻》《两岸共同新闻》、深圳卫视《关键洞察力》等节目访谈，为疫情防控献计献策。

5.立足国际视野，博采众长，合作交流广泛

中心先后与美国、英国等国家，以及中国台湾、中国香港等地区多所高校及学术机构建立了良好的交流与合作关系。中心有多名兼职教授与客座教授，分别为来自美国北佛罗里达大学（University of North Florida）、德州农工大学（Texas A&M）以及国内的老龄、卫生、疾控等系统专家；中心与美国、英国、瑞典等国家以及中国台湾、中国香港等地区的机构开展长期联系与合作。中心师生前往世界卫生组织以及美国、英国、西班牙等国际地区参观访问和学术交流，同时邀请国内外专家开展学术讲座、短期授课与访问交流，与国内外相关单位进行广泛的科研合作与研究生联合培养，并注重产学研的成果转化。这些工作都促进了团队的学术发展和科研水平的提高，对促进卫生技术评估与卫生政策评价发展发挥了重要作用。

（四）未来砥砺前行，为推动"健康中国"而努力

展望美好未来，中心将立足于高起点和国际化视野，以国家和海西重大战略需求为目标，瞄准健康老龄化和卫生政策研究前沿，发挥既有优势，坚持特色发展，围绕公共卫生与预防医学一流学科发展目标，致力于老年健康与养老、健康医疗大数据、卫生技术评估与卫生政策评价等方面的科学研究，建设成为"国内有特色、国际有影响"的一流中心。

尤其在老年健康与养老研究方面，鉴于积极应对人口老龄化是我国的一项长期战略任务，中心前期围绕该方向已具备较扎实研究基础，在国内产生了一定的影响力，今后也将继续着眼于老年健康发展的前沿及国家需要，以实现"健康老龄化"为团队工作愿景，深化失能、失智、慢性病、老年健康评定等老龄健康研究；围绕国家"健康中国"战略中提出的构建养老、孝老、敬老政策体系的总体目标，进一步为长期照护政策体系和整合型养老服务体系提供循证依据而努力。

中心通过老年健康研究为国家实现健康老龄化和积极老龄化提供重要的科技支撑与决策服务，并推进研究成果转化，促进有重大制度价值的卫生政策与保障举措落地。

在新型冠状病毒肺炎疫情冲击下，国家卫生服务体系面临巨大挑战。中心将进一步发挥优势特色，着力于重大传染病疫情传播的时空计量建模与风险预测、基于大数据的重大传染病监测预警、公共卫生服务体系建设等研究，为科学防控和应对疫情等重大突发公共卫生事件、完善国家应急管理体系和提升社会管理能力提供决策支撑和对策建议，为维护人民健康提供有力保障。

四、卫生毒理学课题组

毒理学是公共卫生与预防医学学科的主干基础学科之一，是研究环境中各种外源有害因素（化学、物理和生物因素）对生物系统的损害作用和生物学机制，进行安全性评价和风险评估的科学，对预防和控制外源有害因素对人类和环境的危害、改善环境质量和人类生存状况、保障人群健康、促进社会经济可持续发展具有重要作用。卫生毒理学课题组成立于 2013 年，团队现有教师 2 人，其中教授、博士生导师 1 人，副教授、硕士生导师 1 人（图 2-2-4）。

2012 年 6 月，课题组负责人林忠宁教授来到刚成立一年的厦门大学公共卫生学院，期间通过对学院和夏宁邵教授团队的了解，深深感受到学院勇于探索和创新的精神、高水平科研能力和团队协作的氛围，服务于国家传染病预防和控制、支撑国家生物医药产业、造福民生所做出的重大贡献，以及夏宁邵院长倡导“顶天立地”的办学理念。2013 年 3 月，林忠宁教授和林育纯副教授加盟学院。

课题组成立之初，主要培养掌握毒理学理论和实践技能的公共卫生与预防医学创新型人才，开展外源环境因素毒性作用及其机制的特色研究，为学科建设和毒理学应用转化提供学科支撑和技术支持。学院给予了启动经费的资助、学生指标的支持，课题组大步迈开了实验室基础建设的步伐。林忠宁教授入职 3 个月后，学院启动申报分子疫苗学和分子诊断学国家重点实验室，作为申报团队的核心成员，他承担了繁重的具体工作并为分子疫苗学和分子诊断学国家重点实验室成功获批做出了重要贡献。此后，课题组立足于学院学科建设平台，以分

图 2-2-4　卫生毒理学课题组师生合影

子疫苗学和分子诊断学国家重点实验室为依托，与国内外同行开展密切合作和广泛交流，致力于环境与健康相关毒理学人才培养、科学研究，以及毒理学关键技术平台建设和毒性评价应用的教学科研工作。

随着学校和生命医学部“双一流”建设和高水平平台的发展，课题组成立 7 年来，科研方面主要围绕环境因素与健康效应关联性进行探讨，在生化与分子毒理学、遗传毒理学和环境毒理学等研究方向形成了一些具有课题组特色的研究领域。主要研究内容包括：①环境因素诱导细胞毒性及其细胞器通信和质量控制机制研究；②环境应答基因调控区多态性的功能筛查和表观遗传调控研究；③外源物介导生物学效应和毒理学干预作用分析；④环境因素暴露监测与新材料生物安全性评价。课题组目前已建立主要外源物（有机污染物、重金属、生物因子、纳米材料等）暴露监测、靶器官（肝、肾、神经系统等）毒理学作用、抗肿瘤作用和化学预防、细胞器调控分子机制等关键技术平台，并积极推进环境因素诱导生物效应分析和危险性评价的应用平台建设等。课题组主持申请并获得了 1 项国家“973 计划”前期研究专项课题、5 项国家自然科学基金面上项目、2 项福建省自然科学基金项目和多项校级基金项目；合作和参与申请获得国家、省和市级等多项研究课题；在《高级功能材料》（*Advanced Functional Materials*）、《生物材料》(*Biomaterials*)、《诊断治疗》(*Theranostics*)、《纳米毒理》(*Nanotoxicology*)、《毒理学档案》(*Arch Toxicol*)、《环境与职业医学》、《癌变·畸变·突变》、《厦门大学学报(自然科学版)》等国内外学术期刊发表论文30余篇。

在教学和学生培养方面,课题组面向学院本科生开设"毒理学基础""生物毒素毒理学""环境生理学"3门针对环境化学—生物—物理因素相关毒理学理论的课程,以及"毒理学实验技术与方法"实验课程,加上毒理学方向的本科毕业专题设计和毕业论文、本科生创新训练项目和实验实践训练,逐步完善和形成较为完整的"理论—实验—实践"的毒理学课程体系;开设"公共卫生人文案例"课程,着力培养本科生的人文素养和人文情怀;参与"新生研讨课"教学;并且,面向全校各专业开设全校性选修课"环境因素与健康""人文与公共卫生",同时面向研究生开设"现代实验预防医学"和"毒理学教程"课程,参与"转化医学选论"课程教学;作为编委参加编写《毒理学基础》(第7版)、《职业卫生与职业医学》(第8版)、《毒理学实验方法与技术》(第4版)、《分子毒理学》等教材和专著10余本;在新型冠状病毒肺炎疫情期间,参与学校《疫情防控的历史回望与现实思考》专题系列学术视频讲座和专著编写,开展相关课程的线上教学。课题组还承担了学院本科生的全程导师工作,带教本科生50人,从学生的专业思想、学习和生活各方面加以引导和启发,在带教本科生同学进入课题组参加实践/实验技能训练的基础上,每年积极鼓励和带教本科生申请大学生创新训练项目。截至2020年9月,课题组带教的本科生已获得包括国家级项目11个、省级项目7个、校级项目8个等在内的共27个大创项目和2个校长基金本科生项目,连续获得第一届到第四届"厦门大学本科生创新创业年会优秀大学生创新训练计划项目"(共9人次)。课题组带教的研究生有7人次获得"国家奖学金",完成的硕士学位论文连续4年被评为"福建省优秀硕士学位论文"。

课题组积极参加中国毒理学会、中华预防医学会和中国环境诱变剂学会等专业学术团体,积极参与学术交流活动和相关社会服务。林忠宁老师于2013—2017年任中国毒理学会第六届理事会理事,现任中国毒理学会第六届免疫毒理专业委员会副主任委员、中国环境诱变剂学会毒性测试与替代方法专业委员会第一届委员会委员、中国毒理学会第七届生化与分子毒理专业委员会委员、中国毒理学会第三届神经毒理专业委员会常务委员等。课题组与郑州大学联合成功承办了中国毒理学会主办的“2018 年中国毒理学会免疫毒理专业委员会学术会议”，参与承办了“2019 年中国毒理学会呼吸毒理学专业委员会和中华预防医学会卫生毒理分会学术会议”，获得同行的广泛好评。

五、病原微生物与抗感染治疗课题组

学院在成立之初，就将加强学科布局作为建院初期的重要工作。2012 年 4 月，美国新泽西州立罗格斯大学赵西林博士来校进行学术交流。赵西林博士主要从事细菌感染及耐药、耐受机制的研究，经双方多次沟通，决定以兼职聘任的方式，由赵西林博士牵头组建学院的病原微生物与抗感染治疗课题组，以加强学院在微生物学科领域的布局。2012 年 12 月，赵西林博士受聘厦门大学兼职教授，在学院大力支持下，正式启动课题组的建设。

2013 年 1 月，毕业于英国爱丁堡大学的王岱博士全职加盟课题组，开启了实验室的规划建设。课题组从一张白纸开始起步，从如何安排水路、电路走向，到实验室的整体设计，再到实验台、仪器的采购与安装调试，仅用半年就初步完成了基础研究设施的建设。2013 年 7 月，课题组首批两名研究生提前来校，一边从事实验室建设，一边开展研究工作。同年，薛云新和廖逸群两位老师加入课题组，至此，课题组的核心初创团队成型（图 2-2-5）。

2013 年 9 月，课题组正常运行后，很多实验因缺少基础平台而无法开展研究，严重影响了科研工作的进度，因此搭建各种实验平台成为这个阶段的工作重点：2013 年 9 月建立抗菌药物筛选、鉴定及分子机理解析平台；2015 年 2 月建立细菌厌氧和细胞培养平台；2016 年 3 月建立大蜡螟生存模型；2017 年 3 月建立动物气管插管肺炎感染和组织笼培养及肠道菌群无创、实时、体内立体成像模型；2018 年 4 月建立动物皮肤感染和肠道感染模型；等等。这些平台的搭建，为开展高水平研究打下了坚实基础。课题组还积极与其他科研团队展开交流合作，如在 2016 年，与生命科学学院的邓贤明教授团队合作申请，并获国家自然科学基金中英合作项目 300 万元资助。

课题组主要进行病原细菌的研究，于 2018 年 10 月建成了有资质的生物安全二级实验室（biosafety level laboratory-2，BSL-2），也是校内首个用于细菌研

图 2-2-5　病原微生物与抗感染治疗课题组师生合影

究的生物安全二级实验室。BSL-2 实验室属于学院所有，由课题组管理，实行对外开放，面向校内外提供服务。实验室建成以来，已为厦门大学附属第一医院、厦门大学附属翔安医院、生命科学学院、材料学院等单位提供服务。课题组发挥专业所长，积极参与学校生物安全管理工作，王岱副教授担任学校生物研究工作安全指导委员会委员，同时承担学校病原微生物备案建议指导工作，面向全校师生进行生物安全管理宣讲。

截至 2020 年 9 月，课题组主持国家自然科学基金面上项目 3 个、国家自然科学基金青年项目 2 个、国家自然科学基金应急项目 1 个、国家科技重大专项子课题项目 1 个、福建省科技计划重大项目 1 个、福建省自然科学基金面上项目 2 个、厦门市科技计划项目 1 个、厦门大学校长基金项目 1 个、横向项目 3 个、省教育厅项目 1 个；参与国家自然基金国际合作项目 1 个、"973 计划"前期项目 1 个、厦门市产业链协同创新类项目 1 个等，总经费约 935 万元；在《美国国家科学院院刊》(*PNAS*)、《核酸研究》(*Nucleic Acids Research*)、《自然・微生物学》(*Nature Microbiology*)等期刊上合作发表论文 17 篇；获批国家医疗器械注册证 1 项。

六、生物基材料转化医学课题组

生物基材料转化医学课题组现有教授 1 名、助理教授 1 名、技术员 1 名，组长为许零教授。课题组致力于解决伤口出血、创面愈合等创伤修复问题，开展了一系列修复材料的研究和转化应用工作。

基于学院在生物医学制品的研发和转化方面具有丰富的经验，加上厦门市对生物医药与健康产业发展高度重视与支持，为了更好地开展生物基修复材料的转化工作，2017 年 9 月，许零教授从北京大学调入厦门大学公共卫生学院，组建生物基材料转化医学课题组。许零教授多年来从事生物高分子功能材料，如类细胞外基质材料、可降解吸收生物材料、纳米生物材料在组织工程中的基础及应用研究，曾获北京市科学技术奖三等奖，入选厦门市高层次人才“双百”计划、留学人员来闽创业支持计划。

2018 年 3 月，实验室改造施工完成，课题组正式开始运行，在团队师生的共同努力下，研究工作得以逐步开展。其中，复合大孔聚多糖可吸收止血材料的多中心临床研究在该年度正式启动，该临床试验由北京大学第三医院牵头，天津医科大学总医院、厦门大学附属第一医院、厦门大学附属中山医院共同展开。

2019 年 6 月，胡晓倩助理教授加入课题组。课题组承担福建省海洋经济发展补助资金、福建省卫生教育联合攻关计划项目、国家重点研发计划子课题、厦门市科技局成果落地转化项目等多项国家、省市级和企业横向课题，到位经费达 300 余万。

课题组坚持科研与实际应用紧密结合，通过绿色环保的辐照交联工艺制备新型生物医药材料，旨在解决伤口出血、创面愈合等创伤修复问题。在前期积累的研究成果基础上，课题组开展了医用修复材料的研发和产业化推广，并取得了一定进展，目前已开发出多种基于生物大分子材料的修复材料，其中壳聚糖水凝胶伤口敷料已经取得Ⅱ类医疗器械注册证及生产许可证；复合大孔聚多糖可吸收止血材料正在开展由北京大学第三医院牵头的多中心临床试验（图 2-2-6）；胶原基人工真皮正处于临床前试验阶段。

图 2-2-6 复合大孔聚多糖可吸收止血材料临床实验启动会

七、环境医学课题组

环境医学课题组的前身可追溯到 2009 年。那一年，申河清教授以中国科学院“百人计划”学者的身份被引进到中国科学院城市环境研究所，创建了暴露科学和环境健康研究组。次年，张洁副教授加入该研究组。经过 10 年的发展，研究组在典型环境污染物的健康效应和毒性机理研究方面取得了一系列创新性成果。期间，研究组与学院其他科研团队建立了较为紧密的合作关系。环境与健康既是典型的多学科交叉研究领域，又是急需从实验室基础研究走向实际疾病预防与风险防范的转化科学典范。为了促进事业更好地发展，经过与学院多次沟通，2019 年 4 月，申河清教授和张洁副教授以团队引进的方式加盟学院，组建了环境医学课题组。同年，林怡副教授加入课题组，进一步壮大了环境医学课题组的研究团队(图 2-2-7)。

图 2-2-7　环境医学课题组师生合影

在短短的一年时间内，环境医学课题组完成了实验室建设工作，承担了多门专业和选修课程的教学工作。截至 2020 年 9 月，课题组成员累计主持国家自然科学基金项目 8 个、科技部国家重点研发计划项目 1 个以及其他各类基金项目 10 余个；在《环境科学与技术》(*Environmental Science & Technology*)、《环境国际》(*Environment International*)、《环境污染》(*Environmental Pollution*)等环境/健康主流期刊上发表了百余篇论文，其中 2 篇论文被美国化学会《化学与化工新闻》(*Chemical & Engineering News*)和 Wiley 旗下的光谱学网站(www.spectroscopynow. com)作为研究亮点进行专题报道。

目前，环境医学课题组形成了两个代表性研究方向：环境系统流行病学研究和环境分子毒理学研究。未来，课题组将聚焦于环境污染导致的健康危害问题，整合流行病学、环境科学和毒理学等学科优势，按照“多元知识结构的团队集中攻关”的研究思路，协同开展环境污染导致健康危害的分子机制、风险预报预警、干预与消除、新技术方法及仪器开发等研究，为解决中国环境污染导致的健康问题提供理论和方法的支撑。

八、流行病学课题组

流行病学课题组的培育可以追溯到医学院预防医学系的成立之初，并伴随着公共卫生学院的成立而不断成长壮大，2020 年 6 月课题组正式成立。

（一）流行病学课题组形成前期(2002—2018 年)

团队形成前期为 2002—2018 年年底，其中，2002—2011 年，流行病学学科隶属于预防医学系，学科师资力量较为短缺，仅由赵本华副教授一人承担流行病学科相关的教学与科研任务，并在厦门市科技计划项目的资助下开展对原发性肝癌的环境暴露及分子流行病学方面的研究，期间发表 SCI 论文 4 篇。

2011—2018 年，学院成立以来，这一时期流行病学学科师资力量仍然较为短缺，由赵本华副教授和苏艳华助理教授负责流行病学学科相关的教研工作，在国家基金和省市基金的资助下，开展并完成了基于 3000 例妇幼出生队列的生命历程流行病学研究和基于 5000 例老年队列的慢性病流行病学研究。目前，两个队列的相关研究工作还在规范有序地开展，其中慢性病队列已累计随访 10 年，生物样本累计达 5 万多份。迄今为止，基于以上两个队列完成的国家及省市基金项目共 6 个，累计发表 SCI 论文 12 篇。

（二）流行病学课题组形成期(2019 年—　)

2019 年 3 月，随着陈田木博士的加入，流行病学研究团队初步形成，经过一年多的发展，于 2020 年 6 月正式组建课题组(图 2-2-8)。研究团队积极开拓传染病数学建模与传染病预测预警，采用多学科交叉的方法，以传染病数学建模为核心技术，以新发和突发传染病预测预警为技术需求，在阐明传染病流行规律、评估防控措施效果方面开展了系列研究。

图 2-2-8 流行病学课题组师生合影

2020 年 1 月，课题组建立了多种传播模式的新型冠状病毒肺炎传播动力学模型，为疫情的防控提供了技术支撑，并受到广泛关注。在疫情早期，课题组与中国疾病预防控制中心合作，基于疫情和人口流动大数据，采用数学模型及时研判武汉、湖北及全国新型冠状病毒肺炎传播能力、不同时间复工复产的疫情趋势；疫情逐步控制住后，受中央指导组指定，与中国疾病预防控制中心合作评估了武汉综合防控措施的效果，总结武汉及我国防控经验，形成评估报告并上报。在疫情期间，根据福建省和厦门市的疫情特点，采用数学模型每日预测疫情发展趋势，将结果每日上报省市有关机构。课题组还与吉林省、安徽省、湖南省，以及深圳市、南宁市、宁波市、恩施州等地的疾病预防控制中心合作，开展了疫情防控措施效果评估工作；协助吉林省疾病预防控制中心分析舒兰市聚集性疫情传播动力学特征并评估防控措施的效果。相关工作为国家和相关省市疫情防控和经验总结提供了重要的技术支撑，研究工作得到了盖茨基金会、福建省科技项目、厦门市科技项目的支持。

2020 年 5 月，新型冠状病毒肺炎疫情建模攻关小组获评院级“先进集体奖”；2020 年 9 月，课题组全员收到中国疾病预防控制中心感谢信；2020 年 9 月，课题组发表的新冠肺炎模型论文成为高被引论文，获得《贫困所致传染病》(*Infectious Diseases of Poverty*)期刊“优秀论文奖”；陈田木于 2020 年 6 月获评学院一等奖教金，2020 年 7 月获评厦门大学优秀共产党员；6 位同学同期分别获得校三好学生、优秀团总支书记、优秀毕业生、优秀运动员、养生堂十佳优秀学生奖学金、院级奖学金、优秀团员等奖项。

九、环境健康风险评价与微生物修复技术研究团队

2003年10月27日，范春教授入职厦门大学，着手开展了厦门西海域特征污染物的健康效应及其防治对策研究，并与日本环境省国立水俣病研究中心合作开展了厦门海域重金属污染及其特征污染物筛查的调研工作，为团队日后转型开展环境重金属健康风险评价和微生物修复技术研究奠定了基础。2006年，赵苒博士入职厦门大学，因研究方向近似、科研理念相同，遂与范春老师一起组成研究团队(图2-2-9)。2006—2011年，团队开展了近海及海产品环境激素污

图2-2-9　环境健康风险评价与微生物修复技术研究团队师生合影

染对健康的危害及去除技术的研究，围绕近岸海域环境中的重金属和持久性有机污染物等带来的可能健康风险，从人群、动物和细胞水平展开现场与实验室相结合的研究，系统地评价环境风险对人群的健康影响，逐渐确定了环境健康风险评价这一主要研究方向，为政府科学制定预防策略、提高人民生活质量提供了重要的数据支撑。2012—2020年，团队开展了水产品中重金属及持久性有机污染物的暴露风险评价和海洋微生物对靶标重金属类污染物的可处理性实验研究，并通过与自然资源部第三海洋研究所的科研合作，以解决环境污染为目标，拓展出利用近岸沉积物中土著微生物处理和去除重金属类污染物的微生物修复技术研究方向。至此，团队形成了两大主要研究方向：环境健康风险评价与微生物修复技术。2006年至今，团队成员已主持和参与国家自然科学基金、福建省自然科学基金、厦门市科技计划项目、厦门大学"新世纪优秀人才支持计划"、中国疾病控制中心环境卫生标准预研项目等各级科研项目10余项，发表了各类科研论文近40篇，授权专利3项。

范春教授主要社会(学术)兼职及荣誉：国家环境卫生标准委员会委员、中国卫生法学会理事、中国卫生监督协会团体标准委员会卫生产品标准委员会委员、中国环境诱变剂学会致癌专业委员会常委、中华预防医学会农村改水改厕专业委员会委员、中华预防医学会农村饮水与环境卫生专业委员会委员；2008年荣获福建省抗震救灾先进个人、厦门大学优秀共产党员。赵苒副教授主要社会(学术)兼职及荣誉：中国环境诱变剂学会第六届致癌专业委员会委员、福建省预防医学会第一届科学普及专业委员会委员。

在开展科学研究的同时，团队秉承教研相长的理念，积极将科研实践与专业课教学相结合。一方面，指导本科生开展实验研究、环境现场监测、现场流行病学调查等科研工作，组内的本科生已主持和参与国家级、省级和校院级大学生创新创业项目10余项，科研/实践能力得到大幅提升；另一方面，倾注大量精力在提升教学技能、更新教学手段、推行教学改革和出版教材方面。2009年，范春主编的《公共卫生学》作为普通高等教育"十一五"国家级规划教材出版。2011年，赵苒在厦门大学第六届青年教师教学技能比赛中获得一等奖，并荣获建设银行奖教金。2013年，范春入选厦门大学首届"我最喜爱的十位老师"候选人名单；赵苒在教育部全国高校网络培训中心主办的全国高校微课教学比赛中获得优秀奖。2014年，范春、赵苒参与的教学改革项目"预防医学专业综合实验课程体系的改革与实践”获得厦门大学高等教育教学成果二等奖。2016年，范春作为副主编参编的案例版《环境卫生学》(第二版)、《卫生法学》(第二版)由科学出版社出版。2017年，赵苒荣获国际银行奖教金；范春负责的“公共卫生学”获得厦门大学2017年度“十大活跃在线课程”并被确定为厦门大学第七批在线开放课程立项建设项目。2018年，范春主课、赵苒参与授课的“环境卫生学”“公共卫生学”课程被评为年度校级本科教学示范岗课程；赵苒带队的2014级预防医学专业本科生参加首届全国大学生公共卫生综合技能大赛获得三等奖。2019年，范春主持、赵苒参与的“以解决问题为导向的环境卫生学实验课程教学模式改革与实践”获厦门大学教学改革研究项目立项；范春主持、赵苒参加的“地震灾后重点病媒生物监测与评估虚拟仿真教学实验项目”获评为省级项目，并联合福建医科大学申报国家级虚拟仿真实验教学项目(评审中)；范春主课的“公共卫生学”课程获教育部产学合作协同育人立项，并入选福建省一流本科课程；范春、赵苒等主编的《环境卫生监测与评价实训》获厦门大学本科教材立项资助；范春主持的“‘公共卫生学’在线开放课程建设”被确定为教育部产学合作协同育人立项；范春主持、赵苒参加的“公共卫生学”课程获厦门大学一流本科课程建设计划立项，“公共卫生学”课程被确定为2019年福建省省级线下一流本科课程；赵苒指导学生完成的作品在公共卫生与预防医学专业教学指导委员会主办的大学生健康教育科普作品大赛中获得一等奖；范春负责、赵苒参加的“健康素养基本知识与技能”被确定为福建省继续教育网络课程建设。2020年，赵苒参与的教学改革项目“善用‘互联网＋智能手机＋虚拟仿真’于本科教学的探究”获得厦门大学教学成果二等奖并荣获邓子基奖教金；范春、赵苒等主编并获得厦门大学本科教材立项资助的《环境卫生监测与评价实训》和范春、赵苒所著的厦门大学“南强丛书”(第七辑)《公共卫生史》于2020年出版；在新型冠状病毒肺炎疫情期间，范春、赵苒分别在《厦门大学报》发表了文章《传染病隔离检疫制度的由来与社会公正性》《疫情防控形势持续向好，提升公民健康素养正当时》；赵苒指导学生创作厦门大学新型冠状病毒肺炎知识与防控系列推文、动画、视频等科普作品，参与应对师生返校的健康教育工作，并接受半月谈等媒体约稿和访谈，为疫情防控和复学复课建言献策。

研究团队通过开展环境健康风险评价研究，为政府和社会规避环境风险、建立预警机制提供了重要的科学依据，为促进公众健康提供了科学指导；通过开展微生物修复技术研究，为生态环境修复提供了技术支持，为"碧水、蓝天、净土"贡献了专业力量；通过寓教于科研、寓教于实践，引导学生聚焦国家政策、放眼全球卫生、关注公众健康、注重学以致用，努力培养致力于服务国家战略需求和人民健康需要的公共卫生人才。

十、营养学研究团队

营养与食品卫生学是从预防医学角度研究营养和食物与人类健康关系的学科，是预防医学的一个重要组成部分。2005 年，预防医学系引进李红卫副教授，开启了该学科领域的教学研究工作。2005—2008 年，预防医学系建立了完整的营养与食品卫生学理论教学体系，依托本系的实验教学平台，营养与食品卫生学的实验教学也基本得到保证，预防医学专业学生该学科的理论与实验教学得以有序进行。

2006 年，预防医学系获得福建省自然科学基金项目支持，启动了与厦门市妇幼保健院在妇幼营养方向的相关研究。2007 年，澳大利亚悉尼大学的王冰受聘我校兼职教授，开启了唾液酸营养的研究。2010 年，李蕾副教授入职，致力于食物天然活性物质的开发与应用、儿童营养缺乏病防治等方面的研究。至此，本系的营养学研究团队初步成形，聚焦于营养与食品卫生学科领域的教学与科研工作(图 2-2-10)。

团队承担了"营养与食品卫生学""营养与健康""科学饮食与健康""社区卫生学""卫生监督与卫生法规"和部分预防医学专业课程的教学工作，还面向全校所有专业开设选修课。团队共参编了《营养与食品卫生学(案例版)》《营养与食品卫生学实习指导》《公共卫生学》《营养与食品》《预防医学综合实验》《卫生法学》等一批高质量、高水平的教材。

团队研究方向包括营养与脑发育、膳食因素与慢性非传染性疾病的关系及防控措施、天然活性物质的开发与应用、儿童营养缺乏病防治等方面。截至 2020 年 6 月，团队在《营养学报》《中华预防医学杂志》《卫生研究》及《国际钙化组织》(*Calcified Tissue International*)、《植物性人体营养食品》(*Plant Food for Human Nutrition*)等国内外期刊发表论文 40 余篇，先后参与国家级项目 4

图 2-2-10　营养学研究团队师生合影

个，主持福建省自然科学基金、雀巢国际营养研究基金、达能营养宣教基金、中国营养学会研究基金、伊利营养研究基金等项目 9 个。

团队在做好教学科研工作的同时，也积极开展民众的营养宣传教育，为社区老人、大学生、学龄儿童等不同人群开展营养学科普讲座 20 余次，在普及营养知识，促进人群通过合理营养、平衡膳食预防疾病方面做了大量工作，在服务社会的同时，提高了居民的健康素养。

十一、肺癌机制和治疗方案研究团队

2005 年，张永兴教授入职预防医学系，致力于肿瘤相关的研究工作。2012 年，在前期工作基础上，张永兴教授和陈小旋高级工程师合作形成了集科研、教学和科研转化为一体的肺癌机制和治疗方案研究团队（图 2-2-11）。截至 2020 年 6 月，研究团队共申请国家自然科学基金、福建省科技基金项目数个，发表学术论文50余篇，其中以通讯作者发表SCI论文20余篇。

图 2-2-11　肺癌机制和治疗方案研究团队师生合影

团队一向注重本科生的创新与实验能力培养。8年来，累计培养了百余名具有优秀实验操作能力的本科生，本科生参与发表的学术论文达20余篇。团队从学生本科一年级进入导师组时就开始锻炼他们的实验动手能力，充分挖掘本科生对科学研究的兴趣，并积极锻炼本科生的动手能力。

本着科研和教学相辅相成、齐头并进、相互促进的发展模式，研究团队承担了预防医学专业本科生的专业课程“职业卫生与职业医学”“职业卫生与职业医学实践课”和医学院护理系专业课程“老年护理学”等，以及全校性选修课“职业环境与健康”等课程的讲授；完成了多篇教学改革相关的学术论文；参编“十一五”和“十二五”国家规划教材《职业卫生与职业医学》第二版和第三版；近年来，团队师生获得了多项荣誉，主要有福建省大学生课外学术科技作品竞赛一等奖、厦门大学优秀本科生指导教师奖、建行奖、贞德奖等。

第三节　分子疫苗学和分子诊断学国家重点实验室

2013年6月8日，时任中国人民政治协商会议全国委员会教科文卫体委员会副主任、科技部副部长陈小娅率全国政协调研组，在福建省科技厅厅长陈秋立和厦门市科技局局长沈灿煌的陪同下来到厦门大学，就"调研深化科技体制改革，促进新型研发组织发展"进行专题调研。调研组到国家传染病诊断试剂和疫苗工程技术研究中心（以下简称"中心"）调研，并认真听取了中心主任夏宁邵教授关于中心基本情况、主要业务和重点工作开展情况的汇报，深入了解了中心在科研管理、人才培养、队伍建设、运行机制等方面的好经验好做法，并实地参观了中心实验室。调研组充分肯定了中心在体制机制创新、管理创新以及业务模式创新等方面所取得的成绩，并指出，中心瞄准世界公共卫生科技创新前沿，坚持基础研究，坚持与市场、社会需求相结合，在重大疾病诊断与预防、创新疫苗研发方面走出了一条新路子，取得了突出成绩。调研组还对中心以应用为导向、基础研究与应用研究紧密结合的模式给予高度评价，并了解到中心目前的科研经费仍主要依靠竞争性课题，存在科研经费短缺、经费来源不稳定等困难。调研组强调，中心应从传染病防控存在的关键科学问题和技术难点入手，坚持走科技创新之路，力争取得更大的突破；同时，建议以部省市共建国家重点实验室的方式对中心提供较稳定的非竞争性经费支持，在基础研究的方面加大投入，深入研究支撑高水平原创性应用成果的相关科学问题，为未来发展提供更好更高的平台。

以此次调研指导为契机，学院领导班子根据调研组的指导意见，主动作为，结合学院自身优势和国家、福建省、厦门市发展的战略需求，积极谋划国家重点实验室申报工作。按照国家重点实验室相关要求组建科研团队和凝练学术方向，并获得福建省人民政府和厦门市人民政府的推荐，于2013年12月24日，部省市正式发文批准启动建设分子疫苗学和分子诊断学国家重点实验室（厦门大学）（以下简称"国重室"），首任主任为夏宁邵教授，学术委员会主任为曹雪涛院士，副主任为魏于全院士。

一、定位、目标与建设内容

国重室的建设要求明确了国重室的定位、目标以及建设内容。

(一)定位

国重室以国家和区域经济社会发展的重大需求为导向,针对疾病的主动预防、早期诊断和治疗监测,重点在分子层次上开展疫苗学和诊断学新靶点、新机理、新方法的基础研究;重点开展疫苗分子设计及其转化、生物标志物及其体内外检测等共性关键技术的应用基础研究。

(二)目标

国重室以产出国际有影响力的学术成果、解决国家重大需求问题和培养具有国际视野的科技人才为发展目标,构筑高层次疫苗和诊断制品原始创新研究基地,形成疫苗和诊断制品原始创新龙头,引领全国疫苗和诊断制品原始创新研究,努力创建国内一流、国际上有较大影响力的实验室。

(三)建设内容

国重室围绕四个研究方向,集中开展以下工作:

1.疫苗免疫靶点及其作用机制

(1)疫苗免疫靶点的筛选。

(2)疫苗免疫保护和免疫清除的作用机制。

(3)疫苗的外源表达调控机制和优化。

(4)细菌应激反应介导的程序性凋亡的分子机制研究。

(5)人乳头瘤状病毒传播模型研究、人乳头瘤状病毒疫苗接种策略研究。

2.疫苗的结构基础与分子设计

(1)疫苗相关的结构解析和结构基础。

(2)疫苗免疫相关的基因信息和临床信息研究。

(3)疫苗的免疫增强机制。

(4)疫苗相关的抗体进化和亲和力成熟机制。

3.生物标志物及其体外检测方法研究

(1)疾病发生、发展机制和机体应答机制的研究。

(2)抗原理化特征与免疫学特征的研究。

(3)新型免疫诊断技术或方法的研究。

(4)核酸扩增影响因素的理化基础。

(5)核酸扩增产物的检测模式。

(6)新靶标、新技术、新方法的临床意义研究。

4.分子影像诊断探针设计与成像研究

(1)特异性影像靶点标志物的筛选和验证。

(2)多功能影像探针构效关系研究及其构建策略。

(3)基于多模态影像的成像新模式和新方法研究。

(4)基于微纳米尺寸生物材料的影像诊断和治疗一体化研究。

二、发展阶段

按照国家重点实验室管理的有关规定,国重室认真贯彻执行“开放、流动、联合、竞争”的运行机制,聚焦基础研究和应用基础研究,截至2020年9月,国重室的建设发展历经了两个阶段:

(一)建设期(2014—2015年)

这一阶段主要任务为完成《国家重点实验室建设计划任务书》签订的各项任务要求,落实福建省、厦门市承诺的建设经费,有序稳妥地推进国重室各项建设工作;制定并不断完善国重室运行管理机制,积极探索国重室管理模式的创新,建立健全国重室各项规章制度以及开放运行机制(图2-3-1)。

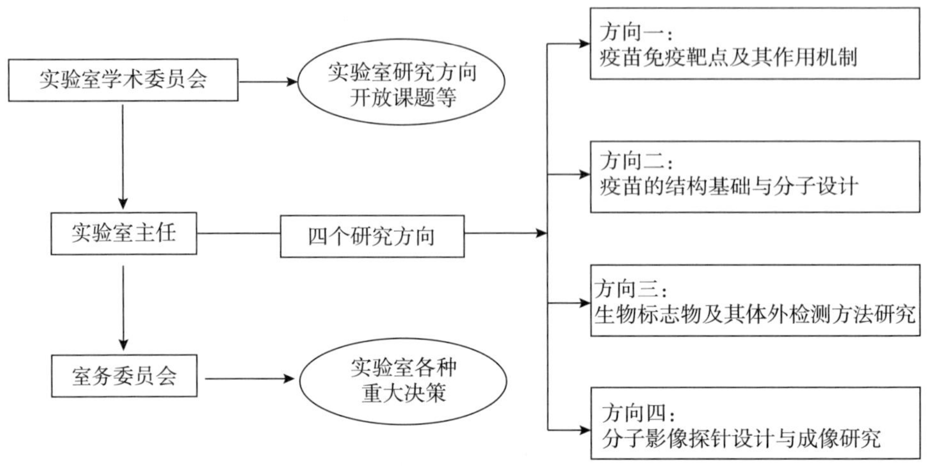

图 2-3-1　分子疫苗学和分子诊断学国家重点实验室组织结构

（二）建设运行期（2016—2020 年）

经过前两年建设，国重室的运行管理机制基本成形，自 2016 年起进入“边建设，边运行，边发展”阶段。根据科技部《省部共建国家重点实验室管理办法》的要求，制定了国重室建设与运行实施方案（2016—2020 年），得到了专家组的一致认可，为这一阶段的建设运行奠定了发展方向。

经过 7 年的建设发展，国重室在基础条件建设、队伍建设、科学研究、成果转化应用、对外合作交流等方面取得了明显成效，尤其在基础研究和应用基础研究上不断取得新的突破。

1.基础条件建设

国重室目前有约 2 万平方米科研用房，包括椭圆楼、曾宪梓楼、分子影像楼，设有诊断研究实验室、细胞生物学实验室、疫苗研究实验室、无特定病原体级（specific pathogen free，SPF）动物实验室、生物安全实验室（P2）、放射性药物与核医学实验室、数据挖掘与信息评价实验室等。

在技术平台与大型仪器方面，国重室构建了结构生物学平台、单克隆抗体平台、放射性药物与核医学成像平台以及高分辨成像平台和特殊药物（放射性药物和纳米药物）安全性评价平台、实验动物模型、细胞模型、临床样本库、生物信息分析平台等一系列实验技术平台；拥有冰冻电子显微镜、透射电子显微镜、分析型超速离心机、分析型流式细胞仪、分选型流式细胞仪、激光共聚焦型高内涵细胞成像分析系统、大型医用回旋加速器、核磁共振 MRI 成像系统、小动物正电子发射计算机断层显像系统（PET/CT）、单光子发射计算机断层成像系统（SPECT/CT）、生物发光小动物活体成像系统、DNA 测序仪、生物分子相互作用系统等先进科学研究设备，实验室设备资产约 1.56 亿元人民币，其中 50 万元以上的大型设备设施有 44 台（套），总价值 9081 万元。

2.队伍建设

国重室获得国家级人才称号 8 人次、省部级人才称号 10 人次。截至 2020 年 9 月，国重室有固定人员 61 人。固定人员中国家杰出青年科学基金获得者 3 名、海外高层次人才引进计划入选者 3 名、国家高层次人才特殊支持计划 4 名、国家“百千万人才工程”入选者 2 名、国家优秀青年科学基金获得者 2 名、教育部“新（跨）世纪优秀人才培养计划”入选者 4 名、“闽江学者”特聘教授 2 名、中国科学院“百人计划”学者 1 名、福建省特殊支持计划“双百计划”人才 4 名、福建省杰出青年科学基金获得者 5 名。

3.项目与经费

国重室先后获得科技部、福建省、厦门市配套建设运行费 2460 余万元，用于国重室基本科研业务费和开放运行。在争取竞争性科研项目方面，国重室累计承担了国家自然科学基金重大项目、杰出青年项目、优秀青年项目、重点项目、联合项目、国家重大专项、国家重点研发计划、“973 计划”、“863 计划”等国家级科研项目 150 余个和一大批部省市级项目及企业项目，年均到位科研经费约 5500 万元。

4.科研成果

国重室累计在《新英格兰医学杂志》（*New England Journal of Medicine*）、《科学转化医学》（*Science Translational Medicine*）、《自然·微生物学》（*Nature Microbiology*）、《自然·通讯》（*Nature Communications*）、《科学进展》（*Science Advances*）、《细胞宿主与微生物》（*Cell Host & Microbe*）、《消化道》（*Gut*）、《美国国家科学院院刊》（*PNAS*）、《美国化学学会杂志》（*Journal of the American Chemical Society*）、《细胞研究》（*Cell Research*）等国际重要学术刊物发表论文 700 余篇（图 2-3-2），其中 80 余篇论文发表于影响因子大于 10 的国际顶级刊物上；取得了 153 项国内外专利授权，其中境外专利 74 项；获得国家一类新药证书

2 个，实现了世界首个戊型肝炎疫苗和首个国产宫颈癌疫苗的成功转化并上市。在 2019 年年底新型冠状病毒肺炎疫情暴发后，国重室主动承担研发疫苗和检测试剂的应急攻关任务，截至 2020 年 9 月，团队快速研制出全球首个双抗原夹心法新冠病毒总抗体检测试剂等 15 种检测试剂，在中国、美国、欧盟各国以及世界卫生组织等国家、地区、国际组织获得 24 项注册证，为全球抗击疫情提供了科技支撑。

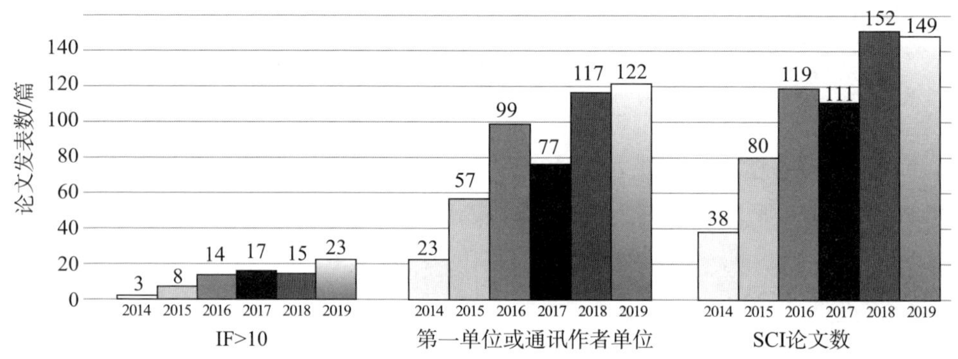

图 2-3-2 分子疫苗学和分子诊断学国家重点实验室历年发表论文情况

科研获奖及荣誉：荣获全国抗击新冠肺炎疫情先进集体、全国创新争先奖、求是杰出科技成就集体奖、国家科技进步奖二等奖、福建省科技重大贡献奖、福建省科技进步奖一等奖等重要科技奖励 10 余项；2017 年，夏宁邵教授、李少伟教授双双入选《自然·生物技术》（*Nature Biotechnology*）全球转化领域 Top 20，成为首次上榜的中国大陆学者。

5.对外合作与交流

国重室实行“开放、流动、联合、竞争”的运行机制，坚持“以我为主，互惠互利”的基本原则，先后承办了 10 余场相关领域国内外学术会议，不定期邀请国内外知名专家学者前来讲学、开展学术交流与合作研究。2016 年，国重室与我校细胞应激生物学国家重点实验室签署伙伴实验室合作协议。此外，国重室还通过设立开放课题基金及开放共享大型仪器等形式，为国内外本学科研究人员到国重室开展合作研究提供平台和机会，不断拓展与国内外一流科研机构合作。目前，国重室与美国国立卫生研究院、哈佛大学、英国卫生局、法国赛诺菲巴斯德公司、美国默克公司、英国葛兰素史克公司等国际一流机构有重要的科研合作，同时与我国台湾大学建立了良好的合作关系。

6.科学与传播

推动科学传播是国重室的一项重要工作，国重室在取得重大进展时，及时通过网站、微信公众号发布信息，向公众传递最新研究进展，满足公众对国重室科研工作进展了解的需求；此外，还通过科普活动日（图 2-3-3）、夏令营等多种形式，向社会公众开放，主动承担国家重点实验室的科学传播责任。

图 2-3-3　分子疫苗学和分子诊断学国家重点实验室举办的科普活动日

第三章
人才培养

第一节 人才培养体系及特色

一、人才培养体系

厦门大学于 2004 年创办公共卫生与预防医学学科并开始全日制本科学历教育，2011 年获批公共卫生与预防医学硕士学位授权一级学科点，自 2012 年开始招收公共卫生与预防医学学术型硕士研究生。该学科于 2012 年入选福建省重点学科（2016 年考核验收为“优秀”），2013 年获批以公共卫生与预防医学学科为主设立的“转化医学”交叉学科硕士学位授权点，同时涉及生物学、仪器科学与技术、临床医学和药学共 5 个一级学科，2014 年开始招收该学科硕士研究生。此外，公共卫生学院自 2012 年起依托生物学博士学位授权一级学科点独立培养生物化学与分子生物学专业博士研究生，2015 年起开始招收目录外二级学科生物制品学专业硕士研究生、博士研究生；2017 年起依托临床医学一级学科独立培养临床检验诊断学专业硕士研究生，2020 年起独立培养临床检验诊断学专业博士研究生。2020 年，经国务院学位委员会批准，厦门大学自主审核增列公共卫生与预防医学一级学科博士学位授权点，该学位点自 2021 年起列入研究生招生与培养专业目录对外招生。

二、人才培养特色

立德树人是大学的根本任务。本学科强化人才培养的核心地位，按照育人为本、德育为先、全面发展的要求，全面实施素质教育，把培养和践行社会主义核心价值观融入教书育人全过程，遵循研究生教育规律、研究生思想成长规律以及高校科学研究工作规律，紧扣国家重大战略需求和区域经济社会发展需求，坚持内涵发展，积极探索科教融合、产教结合、教研相长的新机制、新举措，全面提升学生教育的质量和水平，促进学生德智体美劳全面发展。

（一）公共卫生与预防医学学科

公共卫生与预防医学学科以人群为主要研究对象，以疾病预防和健康促进为主要目的，以医学为主要视角，探讨生物与遗传因素、物理与化学等环境自然因素以及心理、行为、社会等因素对人群健康的影响规律，研究健康促进与疾病预防的策略与技术。公共卫生与预防医学是厦门大学“双一流”重点建设学科群“生命科学与人类健康”的重要支撑学科和特色优势学科之一。

1.人才培养目标

公共卫生与预防医学学科致力于为我国社会主义现代化建设培养热爱社会主义祖国、热爱人民、拥护中国共产党；遵守国家法律、法规，具备良好的思想品德、社会公德和职业道德；恪守学术道德，崇尚学术诚信，又具备吃苦耐劳、勇于探索、善于创新、严谨求实的科学态度和学习作风；系统掌握公共卫生与预防医学专业和相关交叉学科的基础理论、基本知识和基本技能；深入掌握所学专业的前沿理论知识、实验技能、实验手段和实验方法；具备独立从事科学研究所必需的能力，具备宽广理论基础和扎实技能、德才兼备的一流公共卫生人才。本学科坚持学生创新能力的培养，不断深化以科学研究为导向的研究生培养机制改革，严控培养过程质量，注重提高学生的综合素质。

2.人才培养方向

公共卫生与预防医学是一门涉及范围广泛的科学，其理论体系处于不断发展的过程中。我院该学科人才培养主干学科方向包括：流行病与卫生统计学、儿少卫生与妇幼保健学、劳动卫生与环境卫生学、卫生毒理学、营养与食品卫生学、社会医学与卫生事业管理学等。

（1）流行病与卫生统计学。主要研究领域：传染病流行病学、慢性病流行病学、临床流行病学、健康医疗大数据挖掘分析方法、卫生统计学方法及应用等。

特色和优势：深入开展了关于病毒性肝炎、手足口病、流行性感冒等重要传染病以及宫颈癌、鼻咽癌等恶性肿瘤的流行病学研究以及疾病防控技术的流行病学评价研究，已建立涉及传染病流行病学、肿瘤早期筛查、环境暴露与健康、母婴健康等多个方面的长期研究队列；传染病数学建模与突发公共卫生实践应对策略研究；开展健康大数据挖掘，基于市民健康信息系统构建慢性病发病风险预测预警模型，为医疗卫生机构提供市民健康的实时监测可视化平台；建立突发传染病应急反应和新发传染病预警技术体系；等等。

(2)儿少卫生与妇幼保健学。主要研究领域：妇幼传染病防控技术研究、女性肿瘤防控技术研究、新生儿出生缺陷研究、儿童与青少年行为和心理健康促进等。

特色和优势：开展对呼吸道合胞病毒、手足口病、巨细胞病毒等与婴幼儿传染病有关的研究工作；开展对新生儿与妇幼健康有重大威胁的传染病疫苗研制研究，研制出全球首个上市的戊肝疫苗；研制出首个国产二价宫颈癌疫苗，目前已完成临床试验并申报上市；在第三代宫颈癌疫苗研制上率先取得重大突破；开展新生儿遗传代谢性疾病的筛查和诊治研究；开展孕妇和新生儿出生队列研究；开展两岸儿童与青少年的心理相关疾患研究、自杀意念与行为的影响因素探讨与干预研究，跨领域合作关注校园欺凌行为现况；开展孕前、产前和新生儿出生缺陷三级预防研究工作，以及相关分子诊断技术的研发和应用。

(3)劳动卫生与环境卫生学。主要研究领域：职业及环境污染物的暴露科学和健康效应研究、职业与环境污染物暴露监测、健康风险评价及污染去除研究等。

特色与优势：开展职业及环境污染物的暴露科学和健康效应研究，建立组学大数据驱动的分子流行病学、环境流行病学和毒理学研究体系，开展生物因素和外源化学物毒性效应及其分子机制研究、职业与环境污染物暴露监测、健康风险评价及污染去除研究。

(4)卫生毒理学。主要研究领域：分子与生化毒理学、环境毒理学、遗传毒理学等。

特色和优势：开展生物因素和外源化学物毒性效应及其分子机制研究，纳米生物制品研制及其毒性作用评价、外源物靶向细胞器毒性作用介导调节性细胞死亡和化学致癌的信号通路及其分子调控机制研究；病毒致癌因子与肿瘤干性调控、环境因素毒性生物效应检测及其评价；环境因素靶器官毒性的信号通路和遗传易感性的调控、毒性检测与评价等研究。

(5)营养与食品卫生学。主要研究领域:营养与发育、营养与慢性病等。

特色和优势:从事妇幼营养方面的研究工作,在儿童营养缺乏症,尤其是缺铁性贫血和维生素 A 缺乏等多种疾病,以及老年女性骨质疏松防治方面进行了深入研究;开展营养与脑发育、传统食材保健功能研究;开展膳食因素与慢性非传染性疾病的关系及防控措施的研究;等等。

(6)社会医学与卫生事业管理。主要研究领域:健康管理与卫生经济政策、健康老龄化、医药卫生体制改革、慢病防控管理等。

特色和优势:长期开展疫苗、临床技术、社区干预措施、医疗改革政策等相关评估工作,研究成果为国家及地方的卫生、疾控、医保等相关部门决策提供了科学循证参考;对宫颈癌疫苗、麻疹疫苗、乙肝疫苗、流感疫苗等疫苗与临床技术开展卫生经济学评价;聚焦老年健康与养老问题研究,推动老年人幸福安康险的落地实施,在社区开展老年人失能和失智干预试验,开展养老机构服务质量及等级管理研究;为政府应对健康老龄化、医药卫生体制改革、慢性病防控管理等方面及做出决策提供循证依据。

(二)"转化医学"交叉学科

转化医学是一门以发展促进健康的实践手段为根本目的的交叉学科,通过将科学和技术发现"转化"为诊断、治疗和预防药物、技术方法、公共政策和健康教育等干预手段,促进个体和群体健康,将基础研究成果转化为医学实践手段,同时将医学实践中遇到的问题反馈回实验室寻求科学答案。

1.人才培养目标

"转化医学"交叉学科致力于为我国社会主义现代化建设培养热爱社会主义祖国、热爱人民、拥护中国共产党;遵守国家法律、法规,具备良好的思想品德、社会公德和职业道德;恪守学术道德、崇尚学术诚信,又具备吃苦耐劳、勇于探索、善于创新、严谨求实的科学态度和学习作风;系统掌握转化医学专业和相关交叉学科的基础理论、基本知识和基本技能;深入掌握所学专业的前沿理论知识、实验技能、实验手段和实验方法;具备独立从事科学研究所必需的能力;具备宽广理论基础和扎实技能、德才兼备的一流转化医学人才。

2.人才培养方向

(1)1004J6 转化医学。主要研究领域:疾病预防转化医学等。该专业培养的硕士研究生授予医学硕士学位。

特色和优势:开展纳米生物制品研制及其毒性作用评价,通过建立高分辨率、高灵敏度的分子影像技术和平台,设计合成新颖的诊疗一体化多功能纳米材料,探索无创靶向药物、基因治疗及实时影像监测等技术,并将其应用于疾病的早期发现、早期诊断和早期治疗。

(2)0710J6 转化医学。主要研究领域:体外诊断转化医学、分子靶标与探针转化医学、抗体药物转化医学、纳米药物与器件转化医学等。该专业培养的硕士研究生授予理学硕士学位。

特色和优势:致力于放射增效荧光探针在癌症诊断与治疗中的研究;开展放射性分子探针研制,用于肿瘤的早期诊断并指导肿瘤精准治疗,已经研制出我国首个获得临床批件的正电子放射性药物一类新药;围绕高灵敏度、高特异性多功能分子影像探针的可控设计、构建及医学应用评价等方面开展研究工作,发展了一系列新型高灵敏的磁学、光学、光声分子影像探针,提高细胞、分子成像示踪监测的精确性;设计合成了新颖的诊疗一体化多功能纳米材料,探索无创靶向药物、基因治疗及实时影像监测;优化等离子光热、光动力协同治疗方法并增强治疗效果,为实现个体化医疗模式提供条件;围绕烧创伤、溃疡等伤口的修复开展生物医用材料研究,研制了一系列可促进伤口愈合的蛋白质—多糖仿生水凝胶、止血粉和组织工程材料。

(3)0804J6 转化医学。主要研究领域:生物医学光子学、成像系统与图像处理、体外诊断设备、医用微纳米机器人等。该专业培养的硕士研究生授予工学硕士学位。

特色和优势:研发病原体检测技术平台、生物活性原料和产品;探索高通量检测技术仪器,研制出全自动化学发光免疫分析仪;开展肿瘤的精准诊疗研究,自主研发可商业化的高分辨率光声显微镜,应用于肿瘤发生发展及治疗后的精准监测;开展医用微纳米机器人的研发与临床转化。

（三）生物学

1.人才培养目标

（1）博士学位培养目标：对从事的研究方向及相关学科有广泛而系统的知识体系，并理解这些体系的核心概念；对所学研究领域的历史与现状有全面系统的掌握，熟悉特定生物学科的文献，随时掌握其主要进展；有能力获得在该学科特定领域开展探索性研究所需要的背景知识和基本技能；能够在社会不同部门，特别是生命科学相关的教学、研究和应用开发部门独立承担开拓性的工作。

（2）硕士学位培养目标：对从事的研究方向及相关学科有广泛了解，这些知识包括涉及基础生物学的相关课程；对所学研究领域有比较系统的了解，熟悉相关科学的文献，并掌握其主要进展；有能力获得在该学科特定领域开展工作所需的背景知识和基本技能；能够在社会不同部门独立承担与生命科学相关的研发与管理工作。

2.人才培养方向

（1）生物化学与分子生物学。主要研究领域：病毒分子生物学、分子疫苗学、人源化动物模型、传染病感染机制研究等。

特色和优势：主要从事水痘—带状疱疹病毒感染致病机制研究、新型溶瘤病毒和人源化动物模型研究；肠道病毒广谱中和表位研究；等等。

（2）生物制品学：核心内涵从属于生物学一级学科，并与公共卫生预防医学、药学、基础医学、临床医学等一级学科紧密联系，涉及领域宽，基础研究和应用研究并重，是依托现代生物技术发展起来的一门新兴交叉学科。主要研究领域：生物大分子质量分析与新型佐剂方面的研究；医学病毒相关基因工程抗原、诊断试剂、疫苗、单克隆抗体等研发和产业化；生物医用检测技术与仪器；等等。

特色与优势：深入开展了关于病毒性肝炎、手足口病、流行性感冒等重要传染病以及宫颈癌、鼻咽癌等恶性肿瘤的疫苗研究；研发并上市了世界首个戊型肝炎疫苗、首个国产宫颈癌疫苗；开展第三代宫颈癌等传染病疫苗的研发；等等。

（四）临床检验诊断学

本院自 2017 年起依托临床医学专业独立招收培养临床检验诊断学专业硕士研究生，2020 年开始招收培养该学科的博士研究生。

1.人才培养目标

临床检验诊断学专业致力于培养能够掌握本学科坚实的基础理论和系统的专业知识，具有科学创新力和较高职业素养；掌握有关学科坚实的基础理论和系统的专门知识；具有从事科学研究工作或担负专门技术工作的能力；具备应用外语开展学术交流的能力；恪守学术道德、崇尚学术诚信、热爱科学研究，具有严谨的科研工作作风和勇攀科学高峰的钻研精神的高端医学科研人才。

2.人才培养方向

临床检验诊断学的主要研究领域：微生物检验诊断技术、免疫学检验诊断技术、分子影像学诊断技术、分子生物学诊断技术等。

优势与特色：传染病检测；分子影像技术在肿瘤早期诊断和精准诊疗中的应用；聚焦传染病与肿瘤标志物的研究，研发新的快速诊断技术、方法和试剂，提供成熟的商品化检测试剂盒；建立了全球新一代的戊肝血清学诊断“金标准”，研制出国内首个艾滋病第三代和第四代诊断试剂（全球累计用量超过 5 亿人次）。

三、研究生招生和学位授予情况

学院研究生招生和学位授予情况见表 3-1-1 和表 3-1-2。

表 3-1-1　2012—2020 年研究生招生情况

类别	专业＼年度	2012年	2013年	2014年	2015年	2016年	2017年	2018年	2019年	2020年
硕士	公共卫生与预防医学	19	32	27	13	12	8	8	10	22
	社会医学与卫生事业管理		2	1	2	2	3	3		1
	转化医学			18	24	15	16	11	16	24
	生物制品学				2	3	2		1	2
	临床检验诊断学						9	10	7	6
	公共卫生硕士				19	18	37	29	39	84
博士	生物化学与分子生物学	3	5	9	17	13	16	16	19	19
	生物制品学				3	3	3	3	3	2
	临床检验诊断学									7

表 3-1-2　2012—2019 年研究生授予学位情况

类别	专业＼年度	2012年	2013年	2014年	2015年	2016年	2017年	2018年	2019年
硕士	公共卫生与预防医学				18	28	27	13	10
	社会医学与卫生事业管理					1	1	2	2
	转化医学						17	16	13
	生物制品学							1	2
	公共卫生硕士							17	17

续表

类别	年度 专业	2012年	2013年	2014年	2015年	2016年	2017年	2018年	2019年
博士	生物化学与分子生物学				1	3	1	7	11
	生物制品学								3

四、福建省优秀学位论文

学院获得福建省优秀学位论文的具体情况见表 3-1-3。

表 3-1-3　2015—2019 年荣获福建省优秀学位论文清单

序号	作者姓名	专业	指导教师	论文题目	入学年份	参评层次
1	楚成超	生物学	陈小元	基于金属—有机自组装的光学治疗增强型纳米药物的制备及应用	2014	博士
2	张鹏飞	生物学	刘刚	基于生物表面展示策略的功能化纳米载体的构建和应用	2015	博士
3	陈炜	公共卫生与预防医学	方亚	厦门市老年人失能问题研究	2012	硕士
4	宋曼莉	公共卫生与预防医学	张现忠	新型二氧化锰纳米粒子诱导肿瘤相关巨噬细胞表型变化及改善肿瘤乏氧以增强化疗疗效的研究	2013	硕士
5	茅范贞	公共卫生与预防医学	方亚	社会参与和心理幸福感对老年人认知功能障碍发生风险的影响	2013	硕士

续表

序号	作者姓名	专业	指导教师	论文题目	入学年份	参评层次
6	庄群瑛	公共卫生与预防医学	林忠宁	miR-133b调控蛋白磷酸酶2A-B55δ亚基影响肝细胞癌化疗敏感性的机制研究	2013	硕士
7	周腾建	公共卫生与预防医学	林忠宁	环氧合酶2调控鼻咽癌细胞干性的线粒体动态学机制研究	2014	硕士
8	石昌荣	生物学	陈小元	活性氧纳米粒子调控肿瘤相关巨噬细胞功能介导肿瘤免疫治疗	2015	硕士
9	姚欢	公共卫生与预防医学	林育纯	环氧合酶2经由线粒体关联性内质网膜调控超顺磁氧化铁纳米颗粒诱导肝细胞凋亡的机制研究	2015	硕士
10	黄悦	公共卫生硕士	吴婷	健康女大学生与新生儿巨细胞病毒感染及排毒特征分析	2015	硕士
11	张力引	公共卫生与预防医学	林忠宁	环氧合酶2去磷酸化修饰调控黄曲霉毒素B1诱导肝细胞焦亡参与肝脏局部免疫反应的机制研究	2016	硕士
12	邱雨微	生物学	陈洪敏	多功能碳纳米粒子的制备及其在肿瘤诊断和光学治疗中的应用	2016	硕士
13	郭蒙	公共卫生硕士	吴婷	重组人乳头瘤病毒16/18型双价疫苗(大肠杆菌)对成年女性HPV感染的保护性研究	2016	硕士

第二节　本科专业建立时间、人才培养特色

一、本科专业建立时间

预防医学专业创办于2004年，同年开始招生，每年招生人数约50人。学院成立之后，面对本科新生招生人数翻番以及预防医学学士就业压力较大的双重矛盾，从2012年年初开始，学院便开始着手谋划申报检验方向本科专业。2012年6月，学院正式向学校递交了“医学检验”五年制、医学本科专业申请报告。为适应医学检验专业“五改四”的学制改革，学院调整申请本科专业为四年制、隶属于理学的“医学检验技术”专业。2013年4月，学院申报的医学检验技术本科专业获教育部批准，同年与预防医学专业按公共卫生与预防医学类招生。医学检验技术专业的正式获批并开始招生，标志着学院在探索以现场学科与实验学科相结合、坚持现场学科与实验学科“两条腿”走路办学模式的道路上迈出了坚实一步，为创建具有厦大特色的公共卫生学科取得了实质性进展。根据福建省教育厅2015年文件通知，从2016年起，经批准已取得学士学位授权的高校，当年有本科毕业生、尚无学士学位授予权的本科专业，可按程序自行开展学士学位授权专业的增列审核。2017年，医学检验技术专业顺利通过福建省学士学位授权专业实地评审，首届医学检验技术专业2013级50名同学拿到毕业证书和学位证书，顺利毕业。

二、人才培养特色

(一)预防医学

2004—2012版教学计划培养目标与基本规格：培养适应我国社会主义现代化建设需要，德、智、体、美全面发展，掌握基础医学、临床医学和预防医学的基本理论、知识和技能，能获得国家预防医学类执业医师资格，具有较高综合素质、较

强实践能力和初步科研基础的应用型预防医学人才；毕业后能从事疾病预防与控制、卫生监督管理、卫生保健、健康促进、社区卫生服务等工作，并为进一步深造打下良好的基础。本专业学生应具备良好的思想品德和职业道德；具有扎实丰富的自然学科、生命学科和人文学科的基本理论知识；通过疾病诊断、治疗和预防以及基础研究、专业研究方面的科学思维和科学实验等方面的系统训练，掌握基础医学、临床医学和预防医学的基本理论、基本知识和基本技能；具备初步解决预防医学与公共卫生实践中常见问题的能力；具备卫生管理、信息和数据处理的能力；熟练掌握一门外语，初步具备国际学术交流的能力。

2013 版教学计划培养目标与规格要求：培养适应我国医药卫生事业发展需要，具有良好职业道德、创新精神、实践能力和学习能力，掌握基础医学、临床医学和预防医学的基本理论、基本知识和技能，能够胜任疾病预防控制、疾病防治、健康促进等公共卫生相关领域的工作，从事公共卫生实践、预防与控制疾病的流行、保障公共卫生安全、促进人群健康的专业人才。预防医学专业学生主要学习基础医学、临床医学、预防医学的基本理论、基本知识，接受疾病控制和健康相关行为干预等方面的技术训练，进行创新能力、科研素质、国际化视野的培养，具有开展疾病预防控制、实施卫生监督监测、改进环境卫生、开展卫生保健和健康教育等工作的能力。

2019 版教学计划培养目标：围绕学校“宽口径、厚基础、跨学科、国际化、强实践、求创新”的总体人才培养目标，培养具有高度历史使命感和社会责任感、深厚人文底蕴和全球视野，适应社会发展与公共卫生事业需要，具备扎实的基础医学与临床医学基本知识，系统地掌握预防医学理论与实践技能，具备良好的职业素养和创新精神，能够自主学习，开展相关科研、教学以及公共卫生创业实践，具有从事公共卫生与预防医学实际工作能力的复合型专门人才。预防医学专业毕业生应达到 2018 年教育部《普通高等学校本科专业类教学质量国家标准》中的《公共卫生与预防医学类教学质量国家标准》对本科预防医学专业毕业生的基本要求，包括相应的素质、知识和技能要求。

（二）医学检验技术

2013 版教学计划培养目标与规格要求：培养适应我国医药卫生事业现代化

发展需要的德、智、体等方面全面发展；掌握基础医学、临床医学、检验医学的基本知识、基本理论和基本技能，掌握现代仪器设备及先进医学检验技术；能够从事医疗卫生机构及相关科研机构的临床医学检验、卫生检验、分子影像工作；具备初步现代医学检验能力、终身学习能力、批判性思维能力和良好职业素养，适应性强、综合素质高，能适应社会经济发展需要的品德高尚、基础扎实、技能熟练、素质全面，具有一定科研发展潜能的应用型实用医学专业人才。医学检验技术专业学生主要学习基础医学、医学检验基础及技术方面的基本理论知识，接受医学检验操作技能系统训练，进行创新能力、科研素质、国际化视野的培养，具备临床医学检验及实验医学研究的基本能力。

2019 版培养目标：培养品德高尚、基础扎实、科研思维良好、动手能力强，微观思维与宏观思维相结合，熟悉产业现况与发展趋势，具有创新创业精神，具有国际视野的复合型医学检验人才。2019 年医学检验技术专业申报并入选国家级一流专业建设点，调整本专业的教学计划培养目标为“培养品德高尚、基础扎实、科研思维良好、动手能力强，微观思维与宏观思维相结合，熟悉产业现况与发展趋势，具有创新创业精神，具有国际视野的德、智、体、美、劳全面发展的复合型（拔尖）医学检验人才”。调整后的培养目标要求学生掌握医学检验技术基本知识、基本理论和基本技能，以及与之关联的基础医学、临床医学及相关学科的基本知识；掌握先进医学检验技术，具备初步的医学检验岗位的胜任能力；具有良好的人生观、价值观、终身学习能力、批判性思维能力、创新能力和一定的科研发展潜能；能够胜任医疗卫生机构实验室的工作，能够满足医学检验相关行业的基本人才需求，能够适应我国医药卫生事业和社会现代化发展需要；掌握文献检索、相关专业信息获取的基本方法，具有一定的科学研究能力。

第三节　课程体系

一、研究生课程体系与培养环节

研究生课程体系包含必修课和选修课，必修课包括公共必修课和专业必修课。其中，公共必修课包括政治、外语；专业必修课包括一级学科最为核心的基础理论课程、研究方法论课程等。选修课包括公共选修课和专业选修课，其中，专业选修课由二级学科培养方向的选修课程组成。培养环节是研究生培养过程当中的重要环节。培养环节主要包括：学术规范教育、文献综述与科研报告、开题报告、中期考核、学术讲座、社会实践、教学实践、校外学术交流学习等。

（一）公共卫生与预防医学专业

学院自 2012 年开始招收公共卫生与预防医学学术型硕士研究生。培养方案要求学生在学期间至少应修满 31 个学分，其中，公共学位课程 7 个学分（包含“英语”“中国特色社会主义理论与实践研究”“自然辩证法概论”），专业学位课程 12 个学分（包含“高级流行病学”“高级卫生统计学”“SPSS 在生物医学研究中的应用”“转化医学”），选修课程 8 个学分（“公共卫生学”“文献检索”“高级免疫学”“循证医学”“现代细胞分子生物学研究方法”），其他培养环节 4 个学分（学术报告与学术讲座、社会实践、教学实践、科研实践活动）。

为深化研究生培养机制改革，提高研究生培养质量，经过 2014 年、2017 年和 2020 年对该专业培养方案进行修订后，课程类型由学位课和选修课两大类，调整为必修课程和选修课程两大类。硕士生总学分至少 22 个学分，其中，公共必修课程 5 个学分（包含“第一外国语”“中国特色社会主义理论与实践研究”“自然辩证法”）；专业课程不少于 18 个学分，其中专业必修课程不少于 7 个学分[包含“高级卫生统计学”“高级流行病学”“现代实验预防医学”“高级卫生事业管理”“科学写作（所有学生必修）”“现代公共卫生研究实例]，取消对专业选修课最低学分的要求（专业选修课包含“卫生经济学”“转化医学选论”“生物制品学”“分子影像学基础”“SAS 统计分析应用”“高级职业病学”“现代营养学”“现代环境卫生学”“毒理学教程”“体外诊断仪器”“放射性药物与健康”“结构生物学”“健康组织行为学”“理论流行病学前沿与实践”“实验动物学”“高级免疫学”“临床流行病学”“分子细胞生物学”“分子细胞生物学技术”“分子病毒与诊断学”“中国公共政策”“高等数理统计”“高等概率论”“数据挖掘与分析”）；其他培养环节不少于 4 个学分（学术规范教育、开题报告、学术讲座、文献综述与科研报告中期考核制度，强化研究生学术交流，将其设为博士生和硕士生的必修环节；加强研究生创新能力的培养，将社会实践与创新实践作为硕士研究生必修培养环节列入培养方案，将教学实践作为博士研究生必修培养环节列入培养方案；将实验室轮转制以“学科实验基础”其他培养环节的形式规范到研究生培养方案）。

（二）转化医学专业

2014 年，学院积极探索交叉学科人才培养，首次跨学科招收转化医学专业硕士研究生，并制订了 2014 级转化医学交叉学科硕士研究生培养方案，授予医学、理学、工学学位。硕士生总学分要求至少 22 个，其中，公共必修课程 4 个学分（包含“英语”“中国特色社会主义理论与实践研究”“自然辩证法概论”），专业必修课程不少于 5 个学分（包含“转化医学选论”“医学统计学”“现代医学研究实例”），专业选修课程不少于 6 个学分（包含“科学写作”“生物制品学”“分子影像学基础”“SAS 统计分析应用”“结构生物学”“实验动物学”“分子细胞生物学技术”“分子细胞生物学”“分子病毒学与诊断学”“高级免疫学”“临床流行病学”“纳米材料制备与表征”“高等药剂学”“生物分子计算”），其他培养环节不少于 4 个学分[学科实验基础、学术讲座与学术报告（必选）、中期考核（必选）、开题报告（必选）、教学实践或科研实践或社会实践（必选）、校外学习、交流经历]。

2020 年对该专业培养方案进行进一步修订，按照一级学科原则制订培养方案，兼顾二级学科要求，多学科交叉培养，鼓励学生跨学科、跨专业修读课程；强化对研究生思想品德、学术诚信等方面的要求，将思想政治教育贯穿于研究生培养全过程；加强对研究生的学术规范和学术道德教育，将科学写作课程设置为专业必修课；加强对研究生的国家意识、法治意识、社会责任意识教育和民族团结进步教育、国家安全教育、科学精神教育，并将其纳入日常教学内容与课程体系中。硕士生总学分要求至少 25 个学分，其中，公共必修课程 5 个学分；专业课程学分不少于 21 个学分，其中专业必修课程不少于 8 个学分（在 2014 版培养方案基础上增加了“现代实验预防医学”“分子影像学基础”“放射性药物与健康”“影像学与核医学进展”“生物制品学”“仪器科学与技术前沿”“体外诊断仪器”“分子细胞生物学”“高精度光学元件设计与制造”“科学写作”），取消对专业选修课最低学分的要求（在 2014 版培养方案基础上增加了“健康组织行为学”“理论流行病前沿与实践”“高级人工智能”“微弱信号检测”“生物医学测量与仪器”“测试信号分析与处理”“智能机器人”），其他培养环节不少于 4 个学分（培养环节要求同

2020 级公共卫生与预防医学专业)。

(三)公共卫生硕士专业

学院自 2015 年开始招收全日制公共卫生硕士专业学位研究生。学院结合公共卫生硕士专业学位指导性培养方案要求,制订了公共卫生硕士专业学位培养方案,要求硕士生在学期间应修满不少于 42 个学分,其中,课程学分不少于 18 个(公共必修课程不少于 4 个学分,专业必修课程不少于 8 个学分,包含"高级卫生统计学""高级流行病学""高级卫生事业管理",专业选修课程不少于 6 个学分),其他培养环节不少于 18 个学分(必选培养环节不少于 8 个学分,专业实践 10 个学分,规定学生在学期间参加不少于 6 个月的专业实践)。

2020 年,根据学校专业学位研究生培养方案修订整体工作安排,为推进专业学位与学术学位研究生分类培养,构建专业学位研究生创新实践能力的培养体系,突显专业型硕士重应用、重实践的培养要求,学院对公共卫生硕士专业学位研究生培养方案进行修订。修订后总学分要求不变,其中,课程学分不少于 23 个,公共必修课程不变,专业课程设置更突出实践性和应用性,加强案例教学比重;专业必修课程要求不少于 15 个学分,在 2015 版培养方案的基础上调整原专业选修课程为专业必修课程,包含"现代实验预防医学""科学写作""卫生经济学""SAS 统计分析应用""高级职业病学""现代营养学""毒理学教程""理论流行病学前沿与实践""临床流行病学""现代公共卫生研究实例";取消对专业选修课最低学分的要求,包含"转化医学选论""生物制品学""分子影像学基础""放射性药物与健康""结构生物学""健康组织行为学""实验动物学""高级免疫学""分子细胞生物学""分子细胞生物学技术""分子病毒与诊断学""中国公共政策""高等数理统计""高等概率论""数据挖掘与分析";其他培养环节不少于 16 个学分(学术规范教育、开题报告、行业前沿讲座、文献综述与科研报告和中期考核制度,设为专业学位研究生的必修环节;加强专业实践教学计划,规范专业实践教学管理,要求学生在校期间至少安排 6 个月时间到公共卫生及其他有关机构进行实践)。

二、本科生课程体系

(一)2005—2012 年

2005 年,完成并修订了第一版《预防医学系教学计划·公共卫生和预防医学类(预防医学)》。在当时的教学计划中,突出了“三个特点”“四个打通”和“三个加强”,即合理定位培养规格、增强学生的发展后劲、以就业为导向整合专业课程;数学和物理课程与全校打通,化学课程与生物系打通,生物课程与生物系打通,基础医学和临床课程基本上与临床医学专业打通;加强实验技能训练,加强专业技能训练,加强科研能力训练。2010 年,调整并制订了厦门大学《预防医学专业教学计划》,主要课程包括“系统解剖学”“生物化学”“分子生物学”“生理学”“医学免疫学”“病理学”“药理学”“诊断学”“内科学”“外科学”“妇产科学”“儿科学”“传染病学”“皮肤与性病学”“卫生统计学”“毒理学基础”“流行病学”“环境卫生学”“职业卫生与职业医学”“营养与食品卫生学”“儿少卫生学”“循证医学”“预防医学综合实验”等。

(二)2012—2019 年

2012 年,学校启动了新一轮本科培养方案修订工作。学院修订了公共卫生与预防医学类大类培养教学计划,一、二年级大类招生,大类培养,共同修读公共基本课程、学科通修课程,三年级分流后进入专业课程学习,该培养方案自 2013 级起开始实施。

1.大类课程具体要求

(1)公共基本课程:必修 31 个学分,选修 0 学分;课程包括“大学英语”“公共计算机”“大学体育”及思想政治理论课程等。课程设置遵循厦门大学公共基本课程教学改革方案。

(2)通识教育课程:必修 8 个学分,包括全校通识课程(“大学语文”“高等数学”“大学生心理健康”)和院系通识课程(“新书研讨课”“公共卫生人文案例”);选修课程包括跨学科基本课程(全校性选修课)10 个学分。

(3)学科通修课程:必修52个学分,选修0学分;课程包括“无机化学”“有机化学”“分析化学(含仪器分析)”“大学物理”“生物化学”“分子生物学”“医学微生物学”“医学免疫学”“系统解剖学”“细胞生物学”“组织学与胚胎学”“生理学”“病理学”以及“医学遗传学”的理论课程和实验课程。

2.预防医学专业课程具体要求

(1)专业方向性课程:必修课程61个学分,包括“仪器分析实验”“病理生理学”“药理学”“机能学实验”“诊断学”“内科学”“外科学”“妇产科学”“儿科学”“传染病学”“皮肤性病学”“卫生统计学”“SPSS应用”“流行病学”“毒理学基础”“毒理学实验技术与方法”“医学科研设计与论文撰写”“职业卫生与职业病医学”“营养与食品卫生学”“环境卫生学”“儿少卫生学”“循证医学”“卫生法学与卫生监督”“预防医学综合实验”“社会医学”25门课程,其中,“预防医学综合实验”于2017年调整为“营养与食品卫生学实验与实践”“环境卫生学实验与实践”“卫生微生物学实验与实践”“职业卫生与职业医学实验与实践”4门课程,课程总学时160个、总学分6个不变;选修课程要求修满12个学分,在医学类选修课中根据意向和兴趣选修课程。

(2)其他教学环节:必修37个学分,课程包括军事训练3个学分、临床实习16个学分、实践/实验技能训练4个学分、走近名家2个学分、专业实习6个学分、毕业实习及毕业论文6个学分;创新实践学分,2013级、2014级为任意选修课,不计入毕业学分要求,2015级起为必修课程,每名本科生应至少取得2个学分。

3.医学检验技术专业课程具体要求

(1)专业方向性课程:必修40个学分,课程包括“卫生统计学”“SPSS应用”“临床血液学检验”“临床检验基础”“临床医学概要”“临床检验仪器学”“医学影像成像原理”“临床免疫学检验”“临床实验室管理学”“临床微生物学检验”“临床生物化学检验”“临床分子生物学检验”“临床输血检验”等14门课程;选修课程要求修满12个学分,在医学类选修课中根据意向和兴趣选修课程。

(2)其他教学环节:必修23个学分,课程包括军事训练3个学分、实践/实验技能训练3个学分、走近名家2个学分、专业实习8个学分、毕业实习或毕业论文6个学分;创新实践学分,2013级、2014级为任意选修课,不计入毕业学分要求,2015级起为必修课程,每名本科生应至少取得2个学分。

(3)2015 年,根据实际教学工作过程中发现的问题和借鉴其他高校的教学经验,学院对培养方案中部分专业方向性课程进行了调整,原毕业要求总学分 173 个学分更改为 165 个学分,其中,专业方向性课程必修学分调整为 33 个学分,其他教学环节调整为 22 个学分。

(三)2019 年至今

2018 年 8 月,为了全面落实立德树人根本任务,坚持"以本为本、推进四个回归",适应国家社会经济发展需要和建设中国特色世界一流大学的需要,进一步深化本科教育教学改革,提升人才培养质量,学校决定启动新一轮培养方案修订工作。

预防医学专业根据 2018 年教育部《普通高等学校本科专业类教学质量国家标准》中的《公共卫生与预防医学类教学质量国家标准》,修订预防医学专业培养方案,大类学科通修课程:调整原"无机化学"(3 学分/48 学时)、"无机及分析化学实验"(2 学分/60 学时)为"普通化学"(2 学分/32 学时)、"普通化学实验"(1 学分/32 学时);"大学物理"(5 学分/80 学时)、"大学物理实验"(2 学分/64 学时)调整为"大学物理(医科)"(5 学分/96 学时);专业方向性课程,新增必修课程"卫生化学""健康教育学";调整增加"毒理学基础""职业卫生与职业医学""营养与食品卫生学""环境卫生学"等课程的学时学分(图 3-3-1)。

医学检验技术专业以国家专业教学质量标准为基础,同时突出特色创新,在传统医学检验技术专业主要培养医院检验科专业人才的基础上,在以多门临床检验课程为主干的体系中,加入"体外诊断产业技术""分子影像检测技术"特色课程,突出科研反哺教学的特色,同时符合教育部对专业改制的初衷,更加注重技术内容的教学,从而拓宽人才培养领域和就业领域,鼓励人才向高层次发展;加入"临床检验医学"特色课程,解决原有各门课程间内容冲突重复的问题,以及按细分方向教学脱离临床实际应用的情况;并且,围绕"临床检验医学"特色课程的开设,对各门核心课程教学内容和课程体系进行改革(图 3-3-2)。

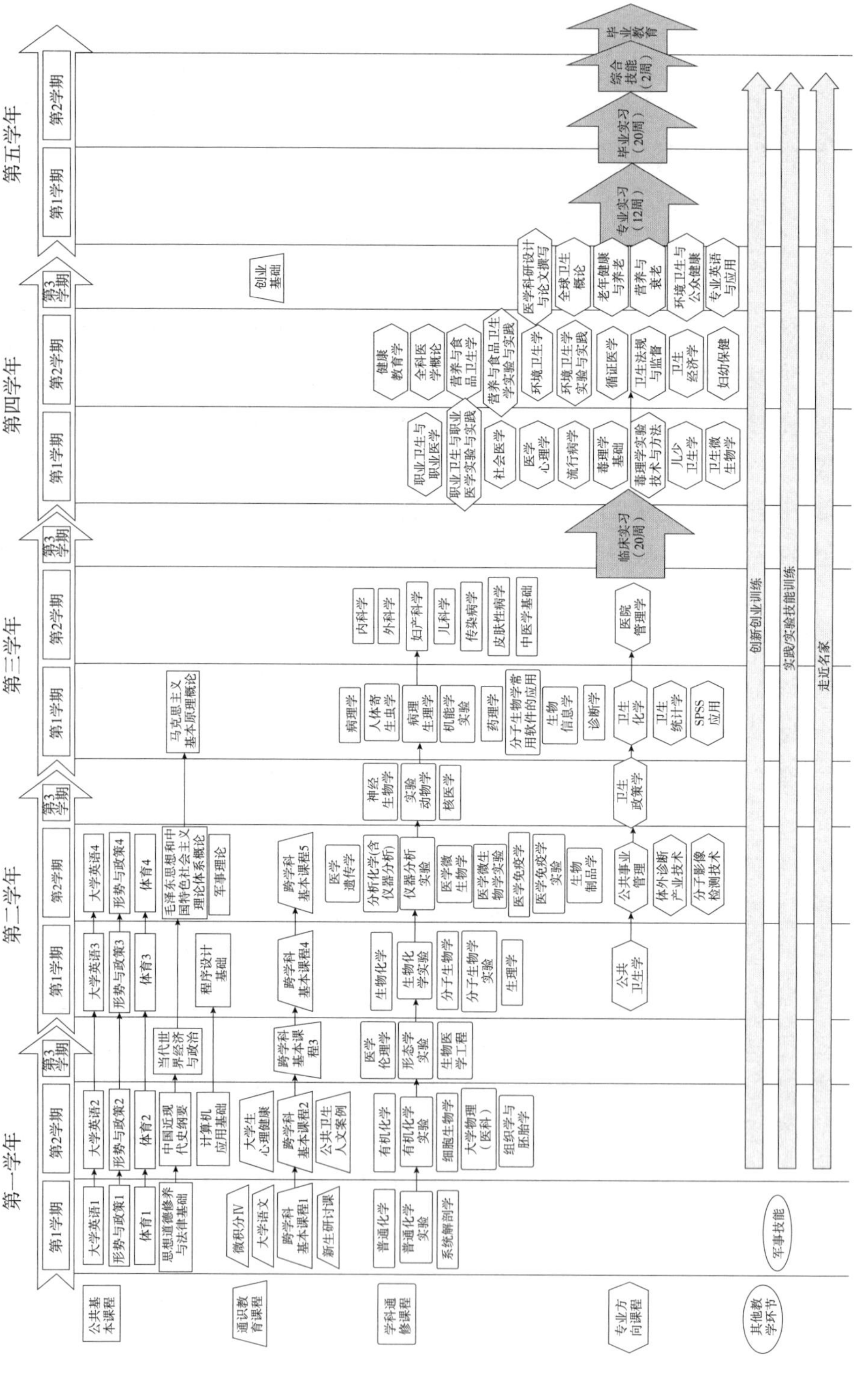

图 3-3-1 预防医学专业培养流程示意图

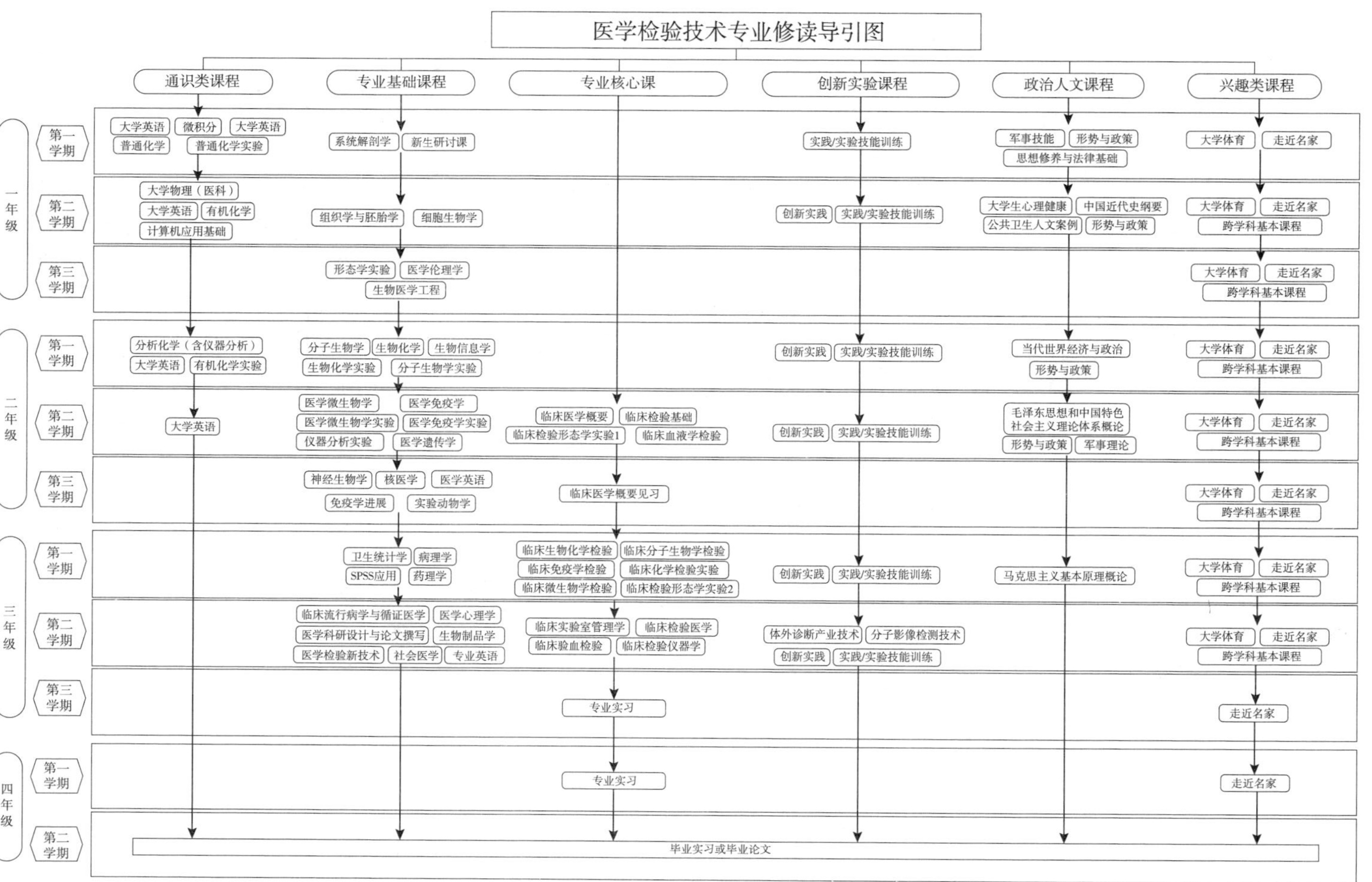

图 3-3-2　医学检验技术专业修读导引图

第四节　教学设施建设

一、实验室建设

(一)公共卫生学院成立前的实验室建设

2004 年,在厦门大学预防医学系首任主任范春教授的组织下,预防医学系启动了专业实验室的建设工作。预防医学专业实验室打破预防医学原有的二级学科界限和格局,进行重新优化和整合,合理、充分地利用了实验资源,将实验室划分为 5 个功能实验区:理化因素监测检验室、生物因素监测检验室、环境因素生物学效应检测室、分子流行病学实验室、疾病预防控制与数据处理中心。此外,还配套建设有样品储藏室、材料室、准备室等辅助实验室,投入教学用房使用面积近 1200 平方米,基本满足了预防医学系当时的办学需要。

确定好实验分区和功能定位后,预防医学系迅速启动专项办学经费,先后通过招投标程序购置了 150 多万元的教学设备,包括显微镜、水浴锅、摇床、紫外分光光度计、天平、离心机等,购置数量以满足开展实验教学所需的最少设备台/套数为核算标准,确保建设经费的有效利用;添置了 500 多万元的大型仪器设备,包括 ICP-MS、GC-MS、液相色谱仪、溶剂快速萃取系统、离子色谱仪等,既可以满足本科实验教学的需要,还可以为系里的科研工作提供支撑和服务。预防医学系在创办之初,师资人员较为紧张,在实验室及仪器设备管理上,采取了实验工程系列人员与专任教师相结合的方式,实验室的安全卫生、实验室普通教学仪器设备的管理主要由实验工程系列人员负责,大型贵重仪器设备由实验工程系列和专任教师共同管理,确保了各仪器设备管理落实到人,实验室持续高效地良性运行。

(二)公共卫生学院成立后的实验室建设

2011 年 5 月,学校以国家传染病诊断试剂与疫苗工程技术研究中心和医学院原预防医学系为基础组建成立公共卫生学院，预防医学系纳入公共卫生学院，原医学院预防医学系的全部教学仪器、部分大型仪器设备及家具划入公共卫生学院管理。2012 年 9 月，学校正式启用厦门大学翔安校区，学院按照学校规划入驻翔安校区。曾宪梓楼一楼和二楼全部规划用于教学，建筑面积达 3000 余平方米，房间近百间。

2012 年，学校通过招投标程序购置了 155 万余元实验家具和 281 万元的教学仪器设备用于更新、完善与提升公共卫生学院的办学条件；建成 1 间 60 机位的数据挖掘与信息处理计算机机房（201）、2 间标准教学实验室（107/225）、2 间显微镜室（203/205）、3 间理化仪器室、5 间精密仪器室（110/112/207/209/211）、6 间辅助实验室；新增倒置荧光显微镜、荧光分光光度计、石墨炉/火焰原子吸收仪等 3 台大型仪器设备。教学仪器按照微生物实验仪器、理化实验仪器、物理因素检测仪器和毒效应分析仪器四大模块进行分类管理。

2013 年 4 月，为了整合学院办学资源、规范实验教学管理、提高实验教学质量，经学院党政联席会研究，决定成立学院实验教学中心，统筹管理教学资源，统一规划实验教学用房。2013 年 10 月，学院申报的医学检验技术专业获得教育部批准，当年开始招生，首批医学检验技术专业本科生的实验教学课程计划于 2015 年秋季学期开课，因此必须解决开展实验教学所需的场地和器材问题。2014 年年初，在副院长兼首任实验教学中心主任林忠宁教授的带领下，实验教学中心经过充分的调研与论证，提出在曾宪梓楼南楼建设实验教学示范区的方案，预算 27 万元，改造出 3 间标准教学实验室和 1 间检验仪器室，将原 203/205、206/208、207/209 分别打通融合为大间实验室，配备上多媒体教学设备、实验台与实验凳、常规实验教学器材，建设专业通用的教学实验室。加设的观察窗增加了实验室的自然采光和整体观感，提升了学生学习的舒适度，有利于展示实验教学过程，是迈向示范中心的第一步。

实验装备不断升级和实验设备的多样化对实验室工作人员的管理水平也提出了更高的要求，做好实验室管理工作可以提高实验教学效率，并提升学生的实验素养与实践能力。2015 年 5 月，学校开始在全校推广教学实验室“6S”管理，学院组织实验教学中心人员积极参加有关培训，认真落实教学实验室“6S”管理工作。在时任实验教学中心主任刘衡川教授的带领下，中心人员重点对标准教学实验室开展了整理（seiri）、整顿（seiton）、清扫（seiso）、清洁（seikeisu）、素养

(shitsuke)、安全(safety)六方面的管理工作，"6S"管理对规范实验室运行、改善实验室环境、提升实验室形象、消除实验室安全隐患和培养学生良好品质有着极为重要的作用。

2014—2017年，在中央级普通高校修购专项资金的支持下，通过学校招投标程序，学院累计购置教学仪器设备777台套，价值816万余元，添置的仪器设备包括全自动凯氏定氮仪、荧光定量PCR仪、荧光分光光度计、流式细胞仪、荧光显微镜、高效液相色谱仪等大型仪器设备，还包括血球分析仪、血凝分析仪、尿化学分析仪、酶标仪、全湿转印仪、蛋白质电泳仪、索氏提取仪、渗透压仪、稳压稳流电泳仪等检验类普通教学仪器设备，以及测振仪、风速仪、微波漏能仪、氮吹仪、超声破碎仪、比浊仪、温湿度仪、空气正负离子检测仪、微风速仪、CO测定仪、自动旋转式混匀仪、漩涡混合仪等预防医学专业教学仪器设备。该专项经费的支持很大程度上解决了学院实验教学硬件短缺的问题。

信息技术与手段的革新带给教学诸多利好，虚拟仿真技术的日趋成熟为其在实验教学上的应用敲开了大门。2016年，医学检验技术虚拟仿真实验教学中心获得校级立项建设，通过与山东泽众科技有限公司的合作，实验医学系研发出多个虚拟仿真教学软件，并在此基础上于2018年获批为福建省医学检验技术虚拟仿真实验教学中心建设单位，陆续获得近30万元的建设经费。2017年，公共卫生与预防医学虚拟仿真实验教学中心获得校级立项建设。经过两年的孵化，2019年范春教授研发的地震灾后病媒生物的监测与评价虚拟仿真教学软件获评为省级项目，并联合福建医科大学申报国家级虚拟仿真教学项目。

学院高度重视本科生创新实践能力的训练与提升。2019年，学院申报的本科生创新实践平台获得校级立项，建设经费为10万元，在曾宪梓楼107挂牌运行。该平台完全面向本科生开放，取得实验室安全考试证书的同学，在网上预约系统预约后，均可自行前往平台开展创新能力训练，并可在工作日预约指导教师。创新实践平台为有能力、有兴趣、有时间的同学提供了提升的渠道和空间，经过系统的训练，2015级预防医学专业本科生王楷在2019年福建省大学生挑战杯中获得一等奖的好成绩。创新实践平台因在学校答辩中获得认可，于2020年获得15万元的建设经费支持。平台不断优化创新训练环境，提供了一定数量的开放创新训练课题，为更多的学生提供了创新训练的机会。

二、档案与图书室建设

随着学院事业的发展，学院在办学过程中产生的各类档案资料、学科建设资料、专业办学资料等存放不规范、凌乱、易丢失及难以查询的问题越发突出，建设档案与图书资料室的紧迫性逐渐突显出来。2013 年，学院投入 5 万多元经费将曾宪梓楼 305 室改造为档案存放与图书资料室，使用面积 52 平方米。档案与图书室配备了 8 列 32 组移动密集架，可存放近 50 立方米的档案资料，可满足学院未来 20 年的档案存放需要；配备了 2 列 10 组钢制书架，用于存放可供师生借阅的期刊书籍、毕业论文及专业资料近 5 万册；配备了保障房间干燥的除湿机和信息化管理的计算机。建成后的图书室收到了师生们热情的图书捐赠，其中，范春教授捐赠环境卫生学相关专业书籍 50 余册，各年级本科生捐赠各类教材 80 余册。档案与图书室的建成，改善了学院的办学条件，为师生查阅资料提供了方便。

第五节 精品课程与教改项目

一、精品课程

公共卫生学院历年获批精品课程详情见表 3-5-1。

表 3-5-1 历年获批精品课程

序号	课程名称	类别	年份	级别	授予部门	负责人
1	公共卫生学	省级线下一流本科课程	2020	省级	福建省教育厅	范春
2	地震灾后重点病媒生物监测与评估虚拟仿真教学实验项目	省级虚拟仿真实验教学项目（虚拟仿真“金课”）	2019	省级	福建省教育厅	范春

续表

序号	课程名称	类别	年份	级别	授予部门	负责人
3	全自动生化分析仪虚拟仿真实验教学项目	省级虚拟仿真实验教学项目(虚拟仿真“金课”)	2018	省级	福建省教育厅	郑铁生

二、教学改革项目

公共卫生学院历年获批教学改革项目详情见表 3-5-2。

表 3-5-2　历年获批教学改革项目

序号	项目名称	类别	年份	级别	授予部门	负责人
1	“公共卫生学”在线开放课程	2018 年第二批产学合作协同育人项目	2019	省部级	教育部高教司	范春
2	临床检验医学虚拟仿真案例分析	2018 年第二批产学合作协同育人项目	2019	省部级	教育部高教司	郑铁生
5	医学检验技术	福建省 2016 年高等学校创新创业教育改革项目	2016	省级	福建省教育厅	夏宁邵
6	预防医学	“本科教学工程”“专业综合改革试点”项目	2011	省级	福建省教育厅	滕伯刚

第六节　教学成果奖

2020年，学院《医学检验技术专业创新人才培养体系的构建与实践》项目获得建院后首个校级高等教育教学成果奖特等奖，项目同时获学校推荐申报省级教学成果奖（表3-6-1）。该项目通过构建医学检验技术专业教育新型专业核心课程体系、专业拓展课程体系、创新创业培养体系、一流实验实践教学体系等重大改革举措与实践，形成了具有厦大特色的“四体合一”的产、学、研融合培养“新医科”理念下的创新人才培养体系，对医学检验技术专业创新人才培养具有重要作用。学院共获得教学成果奖4项，其中校级特等奖1项、校级二等奖3项。

表3-6-1　历年获教学成果奖

序号	成果名称	奖项名称	年份	授予部门	成果完成人
1	医学检验技术专业创新人才培养体系的构建与实践	推荐省级	2020		郑铁生、夏宁邵、刘刚、葛胜祥、安然、林忠宁、李志勇、王厚照

第七节　主要教材和专著

学院两个本科专业课程主要使用人民卫生出版社出版的国家规划教材。学院一直致力于加强教材建设和改革，从2004年预防医学系成立至今，总主编/主编的新版、修订版教材已出版13本（图3-7-1）。

为培养学生的实际工作能力和创新能力，提高学生发现问题、分析问题和解决问题的能力，使培养的毕业生能够尽快适应公共卫生与预防医学实际工作的需要，学院的《公共卫生学》教材于2007年4月立项并启动编写，并于2009年1月出版，主编为范春教授，预防医学系李红卫、赵苒、苏艳华、王娟等老师参加编写。《公共卫生学》是学院建院前主编的第一本规划教材。

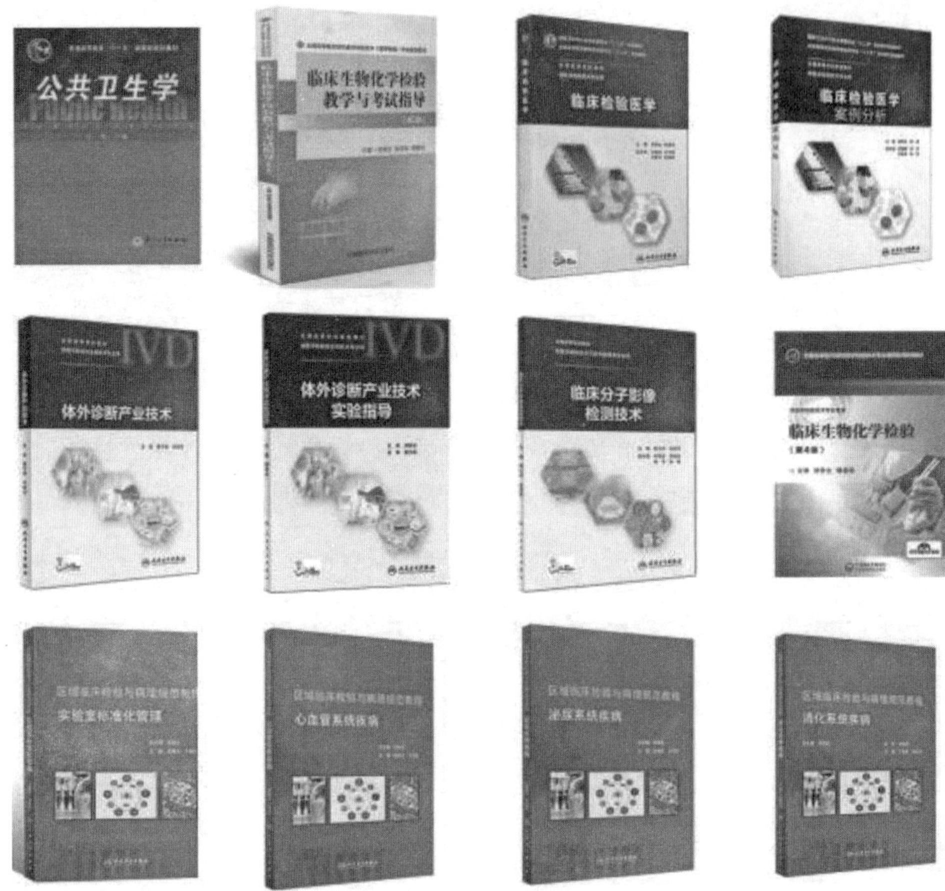

图 3-7-1　主编出版教材

《临床检验医学》于 2017 年 8 月出版，是建院后主编的第一本教材。该书由人民卫生出版社出版，学院郑铁生教授和上海交通大学医学院倪培华教授担任教材主编。《临床检验医学》及其配套教材《临床检验医学案例分析》《临床检验医学学习指导与习题集》与《临床检验医学》数字化与网络增值服务 PPT 是全国高等学校医学检验专业第六轮暨医学检验技术专业第一轮规划教材的补充。2017—2018 学年第二学期，学院新开设“临床检验医学”课程，该课程为专业选修课程，共 64 个学时、4 个学分，第一次面向三年级的医学检验技术专业本科生开放。该课程的开展丰富了学生的临床检验基础知识，课程配套的临床检验案例分析提高了学生的临床检验思维能力，并最终提高了学生的整体素质。

在医学检验教育“五改四”的背景下，学院抓住机遇、立足自身优势，主编出版特色专业教材《体外诊断产业技术》及其配套教材和《临床分子影像检测技术》。《体外诊断产业技术》于 2018 年 9 月由人民卫生出版社正式出版，学院夏宁邵教授和郑铁生教授主编，张忠英教授和葛胜祥教授参编。该书面向医学检验和生物技术专业的读者人群，是我国体外诊断领域内的第一本教材。全书共 694 千字，并以融合教材的形式提供了彩图、视频等增值服务，配套教材《体外诊断产业技术实验指导》于 2018 年 12 月由人民卫生出版社出版。《体外诊断产业技术》在编写模式上也进行了创新，依托全国体外诊断产业技术创新联盟和全国医学检验界知名高校进行编写，首次吸纳国内体外诊断行业知名企业、科研院所、监管机构的专家作为编委。全书的 46 位编委来自国内的 24 家高校、1 家科研院所、4 家管理机构和 12 家企业，实现了高校编委和产业界编委的优势互补。

表 3-7-1　历年出版教材和专著

序号	出版年度	教材或专著名称	作者	出版单位	参编形式	备注
1	2020	《区域临床检验与病理规范教程：泌尿系统疾病》	郑铁生	人民卫生出版社	总主编	
2	2020	《区域临床检验与病理规范教程：消化系统疾病》	郑铁生	人民卫生出版社	总主编	
3	2020	《区域临床检验与病理：机构与运行》	郑铁生	人民卫生出版社	主编	
4	2020	《临床生物化学检验》(第 4 版)	郑铁生	中国医药科技出版社	主编	全国高等医药院校医学检验技术专业第四轮规划教材

续表

序号	出版年度	教材或专著名称	作者	出版单位	参编形式	备注
5	2019	《区域临床检验与病理规范教材：心血管系统疾病》	郑铁生	人民卫生出版社	总主编 主编	
6	2019	《区域临床检验与病理规范教材：实验室标准化管理》	郑铁生	人民卫生出版社	总主编	
7	2019	《临床分子影像检测技术》	陈小元 刘　刚 郑铁生	人民卫生出版社	主编 副主编 副主编	
8	2019	《医学统计学》(英文版)	方　亚	郑州大学出版社	副主编	“十三五”国家重点出版物出版规划项目“一带一路”背景下国家化医学人才培养丛书
9	2019	《医学统计学》(第2版)	方　亚	科学出版社	副主编	中国科学院教材建设专家委员会规划教材；全国高等医药院校规划教材
10	2018	《体外诊断产业技术实验指导》	郑铁生	人民卫生出版社	主编	
11	2018	《体外诊断产业技术》	夏宁邵 郑铁生	人民卫生出版社	主编 主编	
12	2018	《医学统计学》(第2版)	韩耀风	江苏凤凰科学技术出版社	副主编	全国医学高等专科教育“十三五”规划教材

续表

序号	出版年度	教材或专著名称	作者	出版单位	参编形式	备注
13	2017	《临床检验医学案例分析》	郑铁生	人民卫生出版社	主编	国家卫生和计划生育委员会“十二五”规划教材配套教材；全国高等医药教材建设研究会“十二五”规划教材配套教材
14	2017	《临床检验医学》	郑铁生 张忠英 李志勇	人民卫生出版社	主编	国家卫生和计划生育委员会“十二五”规划教材；全国高等医药教材建设研究会“十二五”规划教材
15	2017	《临床生物化学检验教学与考试指导》	郑铁生	中国医药科技出版社	主编	全国高等医药院校医学检验技术（医学检验）专业规划教材
16	2017	《医学统计学与SPSS软件实现办法》（第2版）	方　亚	科学出版社	副主编	普通高等教育“十三五”规划教材
17	2017	《卫生法学（案例版）》	范　春	科学出版社	副主编	中国科学院教材建设专家委员会规划教材；全国高等医药院校规划教材

续表

序号	出版年度	教材或专著名称	作者	出版单位	参编形式	备注
18	2016	《医学现场调查技术（案例版）》	方亚	科学出版社	副主编	中国科学院教材建设专家委员会规划教材；全国高等医药院校规划教材
19	2016	《环境卫生学（案例版）》	范春	科学出版社	副主编	中国科学院教材建设专家委员会规划教材；全国高等医药院校规划教材
20	2014	《医学统计学》	方亚	科学出版社	副主编	中国科学院教材建设专家委员会规划教材；全国高等医药院校规划教材
21	2009	《公共卫生学》	范春	厦门大学出版社	主编	普通高等教育“十一五”国家级规划教材

第八节　人才培养基地

学院注重理论与实践并重发展的人才培养模式，坚持高起点办学，在福建、北京、上海、广东、浙江、江苏等地建设了高水平基地，促进理论与现场实践相融合、科研与教学相结合，为培养和提升学生的综合实践能力和创新精神搭建了良好的平台。

从 2004 级预防医学专业的临床实习基地厦门大学附属东南医院，到如今的 27 家教学科研合作基地、校外实践教学基地，以及 14 家公共卫生硕士实践教学基地（表 3-8-1），公共卫生学院的人才培养发展离不开所有基地的支持和帮助。

各实习基地已累计完成12届学生的实习带教任务。

实践教学基地是本科学习重要的专业实习场所，基地导师指导学生进行专业实习和毕业实习，同时指导实习生开展专业学业竞赛。2017—2019年，在基地带教老师的指导下，学生连续参加三届全国医学检验技术专业大学生在线形态读片大奖赛，先后获得三等奖3项、优胜奖3项；2018年，由学院与厦门市疾病预防控制中心、厦门大学附属第一医院联合指导的本科生团队参赛队伍获首届全国大学生公共卫生综合技能大赛三等奖；2019年，在学院和基地带教老师的指导下，实习生参加华东六省一市高等院校医学检验技术专业技能大赛，获团体三等奖。

2019年12月，学院召开首届“医学检验技术专业实习基地带教研讨会”，来自北京、上海、杭州、广州、福州和厦门等地的16家知名三甲医院实习基地负责人与院校相关领导、老师参加会议，与会人员就一流学科建设背景下如何进一步夯实实习基地建设、提升带教水平和人才培养质量进行了深入研讨。

表3-8-1　本科实践教学基地

序号	基地名称	所在地	备注
1	江苏省东台市疾病预防控制中心	江苏省东台市	2005建立东台教学科研合作基地，2011年公共卫生学院成立后揭牌
2	厦门大学附属东南医院（中国人民解放军第一七五医院）	福建省漳州市	2006—2011年，临床实习基地
3	厦门大学附属第一医院	福建省厦门市	2012年—至今，临床实习基地
4	厦门市疾病预防控制中心	福建省厦门市	2013年获批校级校外实习基地

续表

序号	基地名称	所在地	备注
5	北京市朝阳区疾病预防控制中心	北京市	2015年学院共建教学科研合作基地,同年获批校级校外实习基地
6	江苏省柳州市疾病预防控制中心	江苏省柳州市	2015年学院共建教学科研合作基地
7	浙江省疾病预防控制中心	浙江省杭州市	2016年签约,专业实习基地
8	北京大学航天医院	北京市	2016年签约,专业实习基地
9	中山大学附属第三医院	北京市	2016年签约,专业实习基地
10	广州中医药大学附属广东省中医院	广东省广州市	2016年签约,专业实习基地
11	浙江大学医学院附属第一医院	浙江省杭州市	2016年签约,专业实习基地
12	厦门大学附属第一医院	福建省厦门市	2016年分别签约院级基地,2017年联合获批校级校外实习基地
13	厦门大学附属中山医院	福建省厦门市	
14	厦门大学附属成功医院	福建省厦门市	
15	厦门大学附属妇女儿童医院(厦门市妇幼保健院)	福建省厦门市	
16	厦门大学附属东方医院	福建省福州市	2016年签约

续表

序号	基地名称	所在地	备注
17	东方肝胆外科医院	上海市	2016 年签约
18	北京大学肿瘤医院	北京市	2016 年签约
19	浙江大学医学院附属第一医院	浙江省杭州市	2016 年签约
20	浙江大学医学院附属第二医院	浙江省杭州市	2016 年签约
21	中山大学附属第一医院东院	广东省广州市	2016 年签约
22	北京大学国际医院	北京市	2017 年签约
23	上海长征医院	上海市	2017 年签约
24	北京协和医院	北京市	2018 年签约
25	上海第十人民医院	上海市	2018 年签约
26	福建省疾病预防控制中心	福建省福州市	2019 年签约
27	福建省职业病与化学中毒预防控制中心	福建省福州市	2019 年签约
28	江苏省疾病预防控制中心	江苏省南京市	2020 年签约
29	中山大学附属第六医院	广东省广州市	2020 年签约

学院在专业学位研究生的培养过程中，坚持公共卫生社会实践与现场教学相结合的原则，强调案例教学，完善了“做中学”“研中学”的创新人才培养模式。学院研究生的培养实行双导师制，由校外导师和校内导师共同指导。各实践教学基地具备良好的实践条件，拥有先进的仪器设备，教室、实验室数量充足，具备

良好的食宿条件，基础设施配备齐全，并保证水电供应，学生在实践期间的住宿费由培养单位支付(表 3-8-2)。

表 3-8-2 公共卫生硕士实践教学基地

序号	名称	所在地	建设时间
1	浙江省疾病预防控制中心	浙江省杭州市	2016 年签约
2	北京市朝阳区疾病预防控制中心	北京市	2015 年签约
3	厦门市疾病预防控制中心	福建省厦门市	2013 年签约
4	浙江省衢州市疾病预防控制中心	浙江省衢州市	2018 年签约
5	广西省柳州市疾病预防控制中心	广西省柳州市	2015 年签约
6	江苏省东台市疾病预防控制中心	江苏省东台市	2016 年签约
7	江苏省盐城市疾病预防控制中心	江苏省盐城市	2016 年签约
8	福建省厦门市妇幼保健院	福建省厦门市	2015 年签约
9	福建省厦门大学附属中山医院	福建省厦门市	2016 年签约
10	福建省厦门市翔安区卫生和计划生育监督所	福建省厦门市	2017 年签约
11	福建省厦门市翔安区健康医疗大数据管理中心	福建省厦门市	2017 年签约
12	福建省公共卫生和转化医学研究生教育创新基地	福建省厦门市	2013 年签约
13	江苏省阜宁县疾病预防控制中心	江苏省阜宁县	2016 年签约
14	江苏省射阳县疾病预防控制中心	江苏省射阳县	2016 年签约
15	厦门万泰沧海生物技术有限公司	福建省厦门市	2013 年签约

第九节 国际化人才的培养

学院秉承“互利共赢，以我为主”的宗旨，坚持开放和国际化办学理念，通过自身科研优势，不断寻求与国（境）外高水平高校、科研院所、国际组织的合作，加强国际化人才的培养。

一、教学合作、交流

学院国际化人才培养起步较晚，于2012年与美国德雷塞尔大学签订合作备忘录，2013年与美国德克萨斯大学休斯敦健康科学中心签订合作确认函（图3-9-1），2016年与美国德克萨斯A&M大学签订合作备忘录，2017年与美国天普大学签订“4+2”本硕联合培养合作协议；并以科研合作为基础，积极推动与世界卫生组织（WHO）的合作，派送实习生前往WHO总部开展实习。

图3-9-1　与德克萨斯大学公共卫生学院签订合作确认函

学院本科生、研究生出国（境）交流日益频繁。除短期交流项目以外，多位本科生分别赴荷兰安特卫普大学、日本筑波大学、台湾大学、台湾阳明大学等开展长学期交流。2014年，学院与美国德克萨斯大学休斯敦健康科学中心共同举办教授论坛活动,促进科研合作(图 3-9-2)。

图 3-9-2　公共卫生学院与德克萨斯大学休斯敦健康科学中心教授论坛暨第二届优秀大学生暑期夏令营

2017—2018 年,学院与美国德克萨斯 A&M 大学公共卫生学院开展暑期夏令营活动,双方互派本科生进行交流。

2019 年,首次有本科生参与学院与美国天普大学开展的“4+2”本硕双学位联合培养项目(Dual Bachelor's Master's Program,DBMD)。近 5 年来,共有 8 名博士研究生通过参与国家留学基金委员会联合培养项目赴美国国立卫生研究院、美国哈佛大学、美国加州理工学院、德克萨斯大学休斯敦健康科学中心等单位交流学习。

二、国(境)外学者来访交流

随着科研合作的推进以及师生交流人数的提升,国(境)外学者来访频繁,自 2012 年起,学院平均每年来访交流达 30 人次。来访学者除学术交流、探讨合作以外,还为学院本科生、研究生带来了精彩的学术报告,平均每年由国(境)外专家开设的讲座约 20 场,有力地推动了学院国际化教学的进程。

三、选派学生到世界卫生组织

通过与 WHO 的合作，自 2018 年起，学院连续派送 3 位研究生前往 WHO 驻瑞士日内瓦总部开展实习。首位实习生陈佳于 2018 年 3 月开始在 WHO 艾滋病部门(HIV/AIDS Department)展开为期 4 个月的实习工作，主要参与了《2018 艾滋病病毒全球报告》(“*HIV Global Report* 2018”)的数据分析工作，并且协助全球基金会(The Global Fund to Fight AIDS, Tuberculosis and Malaria)更新 HIV 数据库，撰写相关报告。第二位实习生黄悦于 2018 年 6 月前往 WHO“家庭、妇女、儿童和青年部门”(Family, Women, Children and Adolescents)开展为期 6 个月的实习，主要从事为不同研究团体提出提高疫苗接种覆盖率的建议，通过国家及地区免疫覆盖数据监测、分析，探索新方法提高免疫监测数据质量及利用率，进而为各国提供指导。第三位实习生卫飞雪于 2019 年 7 月前往 WHO“妇女、儿童、青少年健康部门”(Maternal, Newborn, Child, and Adolescent Health, MCA)开展为期 3 个月的实习，主要从事中国健康与养老追踪调查(China Health and Retirement Longitudinal Study, CHARLS)数据的编码、协助 WHO 宫颈癌消除专家协作组会议的筹备，以及 HPV 疫苗全球接种覆盖率影响因素的系统研究等工作。

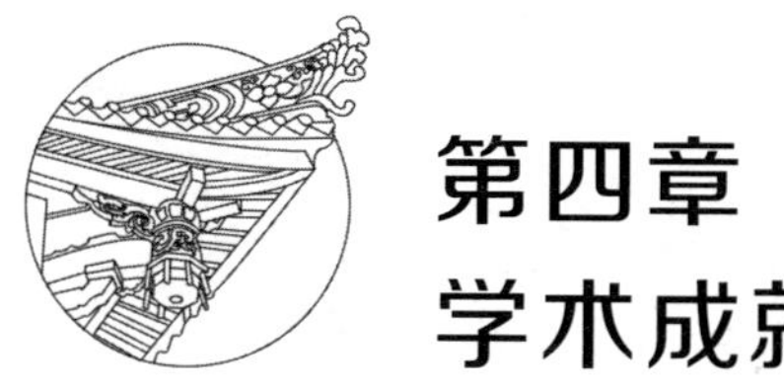

第四章
学术成就

第一节　获奖学术成果与荣誉

2011 年至今，学院获得全国抗击新冠肺炎疫情先进集体、全国创新争先奖、求是杰出科技成就集体奖、国家科技进步二等奖、福建省科技重大贡献奖、福建省科技进步一等奖等科技奖励和荣誉 35 项(表 4-1-1)。

一、国家级获奖成果

(一)全国抗击新冠肺炎疫情先进集体

2020 年 9 月 8 日，全国抗击新冠肺炎疫情表彰大会在北京人民大会堂隆重举行。夏宁邵教授领衔的厦门大学国家传染病诊断试剂与疫苗工程技术研究中心被表彰为全国抗击新冠肺炎疫情先进集体。新型冠状病毒肺炎疫情暴发后，厦门大学国家传染病诊断试剂与疫苗工程技术研究中心第一时间投入科研攻关，承担检测试剂和疫苗国家应急攻关项目。团队快速研制的全球首个双抗原夹心法新型冠状病毒总抗体检测试剂等 15 种检测试剂，在中国、美国、欧盟各国，以及世界卫生组织等国家、地区、国际组织获得 26 项注册证。研发的总抗体试剂用于雷神山医院、北京医院、上海瑞金医院等多家医疗机构和口岸以及国家卫生健康委员会临床检验中心组织的健康献血者的血清学流行病学调查，在国内疫情应急防控和“外防输入、内防反弹”等阶段发挥了重要作用；在丹麦、荷兰、奥地利、比利时等国组织的抗体试剂性能评估中获评最优；在 WHO 发布的新型冠状病毒肺炎血清学流行病学调查方案中受到优先推荐。

表 4-1-1 代表性科技奖励和荣誉(2011—2020 年)

序号	成果名称	奖励/荣誉名称	完成人/获奖人	等级	年份
1	“863 计划”项目“重组戊型肝炎疫苗Ⅲ期临床试验”	2011 年度“十一五”国家科技计划优秀执行团队奖	重组戊型肝炎疫苗三期临床研究团队	集体奖	2011
2	—	中国青年科技奖	张军	个人奖	2011
3	—	第八届福建省青年五四奖章集体标兵	国家传染病诊断试剂与疫苗工程技术研究中心	集体奖	2011
4	戊型肝炎病毒单克隆抗体及其用途	中国专利奖	夏宁邵(1/6)、张军(2/6)、顾颖(3/6)、李少伟(4/6)、葛胜祥(5/6)	金奖	2012
5	重组戊型肝炎疫苗(大肠杆菌)的研制	2012 年度中国高等学校十大科技进展	—	—	2012
6	手足口病系列免疫诊断试剂的研究与应用	福建省科技进步奖	葛胜祥(1/8)、陈毅歆(3/8)、程通(8/8)	一等奖	2015
7	—	第十一届福建青年五四奖章集体	厦门大学分子影像暨转化医学研究中心	集体奖	2014
8	开辟了基因工程疫苗新途径	求是杰出科技成就集体奖	夏宁邵教授等 18 人	集体奖	2015

续表

序号	成果名称	奖励/荣誉名称	完成人/获奖人	等级	年份
9	—	全国创新争先奖	夏宁邵	奖状	2017
10	基于磁共振成像的多模态分子影像与功能影像的研究与应用	国家科技进步奖	刘刚(6/6)	二等奖	2017
11	—	入选 *Nature Biotechnology* 全球转化领域 *Top*20 研究者	夏宁邵、李少伟	—	2017
12	传染病创新疫苗和诊断试剂的成果转化	药明康德生命化学研究奖科技成果转化奖	夏宁邵	个人奖	2017
13	影像探针功能化设计与细胞/分子标记示踪	福建省自然科学奖	刘刚(1/5)、王骁勇(4/5)	三等奖	2017
14	流感广谱表位的发现及流感抗原免疫诊断试剂的研制与应用	福建省科技进步奖	陈毅歆(1/7)、袁权(4/7)、葛胜祥(5/7)	二等奖	2018
15	厦门市老年健康状况与养老意愿调查及流行病学研究	福建医学科技奖	方亚、曾雁冰、周鼒、韩耀风、袁满琼	二等奖	2018

续表

序号	成果名称	奖励/荣誉名称	完成人/获奖人	等级	年份
16	预防宫颈癌的人乳头瘤病毒16/18型双价疫苗	第十届紫金科技创新奖	李少伟	个人奖	2018
17	—	入选中国高被引学者榜单(医科领域)	夏宁邵	—	2014—2019
18	—	入选科睿唯安“高被引科学家”(跨学科领域)	刘刚	—	2019
19	—	全国抗击新冠肺炎疫情先进集体	厦门大学国家传染病诊断试剂与疫苗工程技术研究中心	—	2020
20	—	全国创新争先奖	张军	奖状	2020
21	—	第二届中国细胞生物学学会—CST卓越创新转化奖	夏宁邵	个人奖	2020

(二)全国创新争先奖

全国创新争先奖于 2017 年由人力资源和社会保障部、中国科学技术协会、科技部、国务院国有资产监督管理委员会共同设立,表彰奖励在创新争先行动中做出突出成绩的科技工作者和集体,是继“国家自然科学奖”“国家技术发明奖”“国家科学技术进步奖”之后,国家批准设立的又一个重要的科技奖项,是国家科技奖励体系的重要组成部分和补充,是国家科技奖项与国家重大人才计划的有机衔接,是仅次于国家最高科技奖的科技人才大奖,每三年评选表彰一次。学院夏宁邵教授和张军教授分别于 2017 年、2020 年获此殊荣。

(三)戊型肝炎病毒单克隆抗体及其用途

2012 年,夏宁邵教授团队发明专利“戊型肝炎病毒单克隆抗体及其用途”获得国家知识产权局颁发的中国专利金奖。戊型肝炎是一种重要的急性病毒性肝炎,但长期缺乏系统性研究和有效的诊治手段。从 20 世纪 90 年代末开始,夏宁邵教授团队围绕戊型肝炎进行攻关,获得了戊型肝炎疫苗和诊断试剂的核心专利“戊型肝炎病毒单克隆抗体及其用途”(ZL02822218.0,中国、澳大利亚、印度、印度尼西亚、美国、韩国、墨西哥七国授权)。该专利以抗体识别位点为出发点,发明诊断试剂和疫苗用途的重组抗原,且采用了高效、简便、快速、低廉的大肠杆菌表达系统,具有高度自主的原创性。基于该专利的戊型肝炎系列诊断试剂和戊型肝炎疫苗实现了产业化,突破了戊型肝炎防控的关键技术难题。检测 IgG、IgM 和总抗体的诊断试剂(IgG 试剂、IgM 试剂分别获得中国注册证和欧盟 CE 认证)对戊型肝炎的诊断准确性从 60%～70%提高到 95%,实现了国内外戊型肝炎诊断试剂的升级换代,成为国内外戊型肝炎诊断的主要方法之一,较好地解决了戊型肝炎防控领域中至关重要的诊断准确性问题。2010 年,该戊型肝炎诊断试剂成果获得国家技术发明二等奖;戊型肝炎疫苗则是全球首个基于大肠杆菌表达系统研制的基因工程疫苗,使戊型肝炎成为疫苗可预防的疾病,赢得了国内外医学界和产业界的广泛赞誉。

(四)基于磁共振成像的多模态分子影像与功能影像的研究与应用

刘刚教授作为第六完成人参与的“基于磁共振成像的多模态分子影像与功能影像的研究与应用”,获得2017年国家科学技术进步奖二等奖。该研究项目由东南大学、香港中文大学、厦门大学等单位共同完成。项目针对磁共振多模态分子影像和功能影像的瓶颈问题,应用新材料、新设计和新方法,成功研制出具有高敏感性、特异性和稳定性的分子探针,实现干细胞标记和在体示踪,并应用于肿瘤、动脉粥样硬化中,取得了突破性成果;开发磁共振功能影像关键技术,构建基于临床疾病的功能影像大数据库,为疾病的早期诊断和评价体系提供了新的客观依据。该项目共发表SCI论文151篇,授权发明专利9项,相关成果已在数十家医院推广。

二、省部级获奖成果

(一)福建省科技重大贡献奖

福建省科技重大贡献奖是福建最高的科技荣誉。学院夏宁邵教授获此殊荣,摘得2013年度科技重大贡献奖,其主要贡献:带领团队在国内率先研制出能完全满足生产需要的艾滋病病毒重组抗原,并研制成功国内第一个第三代艾滋病病毒抗体诊断试剂盒,获得国家科技进步奖二等奖(2001年);主持研制出国际领先的戊型肝炎系列诊断试剂并在国内外推广应用,获得国家技术发明二等奖(2010年);带领团队成功研制出世界上第一个上市的戊型肝炎疫苗,赢得了国内外学术界的广泛认可;吸引投资者在厦门建立了福建省第一家疫苗产业基地,显著提升了福建省在生物医药创新领域的影响力;戊型肝炎疫苗成果入选“2012年中国十大科技进展”“中华人民共和国成立60周年科技成果展”,核心专利荣获“2012年中国专利金奖”;2005年启动组建福建省第一批国家级工程技术研究中心“国家传染病诊断试剂与疫苗工程技术研究中心”,并逐步发展成为全国诊断试剂与疫苗领域的领头创新团队之一;2009年牵头组建全国“传染病诊断试剂产业技术创新战略联盟”，成为福建省唯一牵头组建的全国性产业技术创新战略联盟；2011年促成了厦门市“闽台诊断产品创新创业园”重大公共技术服务平台的建设，并吸引了多个国家特聘专家等高层次创新创业人才在厦门从事诊断技术创新工作或创办诊断企业，推动了厦门高端诊断产业集群的初步形成。此外，由夏宁邵教授参与合作的一项针对导致儿童肺炎的病毒研究科研成果，被美国《科学》(*Science*)期刊评选为2013年十大科学突破。

(二)中国高等学校十大科技进展

夏宁邵教授团队研制的重组戊型肝炎疫苗(大肠杆菌)成果入选2012年度中国高等学校十大科技进展。戊型肝炎是危害人类健康的重要传染病，夏宁邵教授带领团队历经14年的原始创新研究和产学研合作，率先发现了戊型肝炎病毒的主要保护性抗原表位，从病毒学、免疫学和结构生物学角度系统阐明了该表位在机体抗病毒免疫过程中的作用和规律，发展出独特的原核表达技术，研制出高质量的诊断试剂以及安全、有效的基因工程疫苗，并完成了12万人的大规模临床试验，在《柳叶刀》(*Lancet*)、《美国国家科学院院刊》(*PNAS*)、《消化道》(*Gut*)等国际著名学术期刊上陆续发表了29篇论文，取得7个国家的3项发明专利授权，成为国际公认的戊型肝炎研究领域的前沿团队之一。夏宁邵教授所带领的研究团队研制的戊型肝炎诊断试剂盒已成为国内外戊型肝炎诊断的标准试剂盒之一，被英国、法国、德国等西方发达国家大量应用于临床诊断，2010年获得国家技术发明奖二等奖。2012年10月，团队研制的戊型肝炎疫苗正式上市销售，世界上第一个商业化的戊型肝炎疫苗在我国问世。这是继乙肝疫苗、人乳头瘤状病毒疫苗之后世界上第三个成功的基因工程病毒疫苗，以及第一个采用原核表达系统研制成功的病毒疫苗。

(三)手足口病系列免疫诊断试剂的研究与应用

夏宁邵教授团队牵头申报的“手足口病系列免疫诊断试剂的研究与应用”成果获2015年福建省科技进步一等奖。自2008年安徽阜阳手足口病暴发以来，我国手足口病报告病例与死亡病例逐年上升，已成为我国儿童健康的长期重要威胁。2008 年手足口病暴发时，国内外尚无适用于临床单位（特别是基层临床单位）的商品化诊断试剂。手足口病的主要病原体为肠道病毒 71 型（EV71）和柯萨奇病毒 A16 型（CA16）。手足口病病原的快速鉴定对临床患者的管理与治疗、疫情的防控至关重要。夏宁邵教授团队牵头承担国家应急攻关任务，在国内率先研制出手足口病系列免疫诊断试剂，为各级医疗卫生机构和研究机构，特别是基层第一线临床单位，提供了可靠、价廉、高效的 EV71/CA16 诊断工具，为疫情防控提供了重要技术支撑。项目成功研制出 4 个免疫诊断试剂盒，获得了 4 项国家食品药品监督管理总局（China Food and Drug Administration，CFDA）医疗器械注册证和 1 项台湾卫生署注册证，在国内百余家医院、疾病预防控制中心推广使用。

（四）流感广谱表位的发现及流感抗原免疫诊断试剂的研制与应用

夏宁邵教授团队牵头申报的“流感广谱表位的发现及流感抗原免疫诊断试剂的研制与应用”获 2017 年福建省科技进步奖二等奖。流感病毒高度变异且多型别共流行，全球每年有 1/3 人群感染流感，造成重症 300 万～500 万人，致死 25 万～50 万人。夏宁邵教授团队建立了完备的流感病毒广谱单抗及广谱表位的发现技术平台，研制的流感系列诊断试剂为各级医疗卫生机构和研究机构，特别是基层第一线临床单位，提供了快速的诊断工具。

（五）影像探针功能化设计与细胞/分子标记示踪

刘刚教授团队牵头申报的“影像探针功能化设计与细胞/分子标记示踪”获 2017 年福建省自然科学三等奖。该研究以构建医学影像探针标记细胞/分子的表面/界面，提高对细胞/分子的识别标记效率为出发点，深入而系统地研究影像探针的分子结构、纳米尺度的微结构、表面构型及亲疏水性等理化因素对细胞/分子的识别标记相关性及其规律，探索影像探针功能化设计对细胞/分子识别标记的影响，以及细胞标记对其生长、增殖、分化等功能的影响和作用，研究提高影像探针对细胞/分子选择性识别效能的技术和方法，为促进医学影像探针在生物医学领域的应用,特别是多模态无创可视化细胞/分子标记与示踪奠定了理论基础,进行了技术创新。

三、其他重要获奖与荣誉

(一)求是杰出科技成就集体奖

2015 年 9 月,夏宁邵教授带领的原核表达类病毒颗粒疫苗团队,因其在原核表达类病毒颗粒疫苗(VLP)方面所取得的卓越成就,而获得空缺了 3 年的“求是杰出科技成就集体奖”,杨振宁先生亲自为夏宁邵教授团队颁奖(图 4-1-1)。原核表达类病毒颗粒疫苗研究团队由夏宁邵教授于 1995 年创建,经过 20 年的发展壮大,现已成为我国疫苗领域重要的创新团队。团队构建了贯穿疫苗基础研究、技术创新、工艺开发、质量控制、临床试验等各个关键环节的较完整创新链条,在类病毒颗粒(VLP)疫苗领域取得了重要技术突破,在国内外首次成功应用大肠杆菌原核表达系统研制出重组 VLP 疫苗,在真核表达系统之外开辟了疫苗研制的新途径。此前,国内外学术界和工业界一般认为原核系统缺乏真核系统

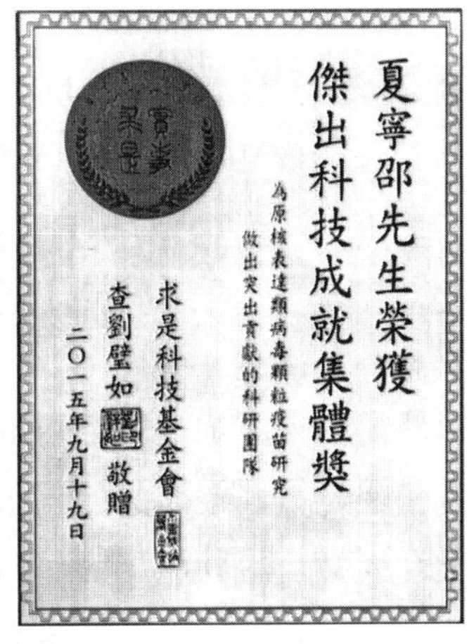

图 4-1-1 求是杰出科技成就集体奖

的复杂翻译后修饰过程，使重组 VLP 难以维持复杂中和表位所必需的高级空间构象，因此不适用于疫苗的工业化。夏宁邵教授团队对大肠杆菌重组表达技术进行了系统研究和改进，建立了独特的原核表达 VLP 疫苗技术体系，显著降低了生产成本，提高了安全保障。现代基因工程药物奠基人、乙肝基因工程疫苗发明人威廉·路特(William Rutter)对此给予了高度评价，认为原核表达类病毒颗粒疫苗技术体系提供了一个生产疫苗的非常廉价和直接的方法。基于这一独特技术体系，团队成功研制出全球首个重组戊型肝炎疫苗和人乳头瘤病毒(HPV)系列多价重组 VLP 疫苗。

(二)入选 *Nature Biotechnology* 全球转化领域 Top20 研究者

2017 年 12 月，*Nature Biotechnology* 公布的 2016 年度全球转化研究人员 TOP20 榜单上，首次出现了两位中国大陆地区学者——厦门大学公共卫生学院夏宁邵教授和李少伟教授，分别位列第七和第十二。夏宁邵教授和李少伟教授 2016 年度获得的美国发明专利授权数量分别为 13 项和 12 项，涉及流感病毒(FLU)、戊型肝炎病毒(HEV)、人乳头瘤病毒(HPV)、乙型肝炎病毒(HBV)、人类免疫缺陷病毒(HIV)等多个研究方向，体现了我校在国际生物技术领域的影响力正在快速提升。2013 年至今，*Nature Biotechnology* 于每年年底公布前一年度全球转化研究排名前 20 名的研究人员，在全球范围内产生了广泛影响。该榜单优先基于候选人前一年度的美国和欧洲授权发明专利数量从高到低进行排名，再综合最高被引的发明专利引用情况、候选人 H-index(高引用次数指数)等指标进行最终排名。

(三)中国细胞生物学学会-CST 卓越创新转化奖

2020 年 6 月，经中国细胞生物学学会和 Cell Signaling Technology(CST)公司组织特邀专家评选，夏宁邵教授获第二届中国细胞生物学学会-CST 卓越创新转化奖，以奖励他在病毒研究及疫苗技术体系、成果转化等方面取得的系列成果。中国细胞生物学学会-CST 卓越创新转化奖，是为响应“健康中国 2030”国家重大战略，由 CST 中国与中国细胞生物学学会共同设立的，以奖励过去 5 年中在生物医学重大领域(癌症、免疫、代谢、神经科学等)的应用基础研究或转化研究中有重大突破的优秀华人科学家,年龄在 18 周岁以上,具有极高的论文影响力,或者拥有发明专利,具有较大的成果转化潜力和社会影响力。该奖项设立于 2018 年,每两年评选一次,每次一个人。2018 年首届获奖学者为陈列平教授。

(四)药明康德生命化学研究奖

2017 年 12 月,夏宁邵教授获第 11 届"药明康德生命化学研究奖—科技成果转化奖",以表彰其在全世界范围首先研发出戊型肝炎疫苗,并成功实现产业化,为防治戊型肝炎做出了杰出贡献。"药明康德生命化学研究奖"是全球领先的医药、生物制药以及医疗器械研发服务企业——药明康德于 2007 年初由科技部批准设立的一个奖项,旨在奖励中国医药研发领域在科研创新、成果推广及高新技术产业化等方面取得重大成果的优秀中青年科技人才。"科技成果转化奖"是药明康德生命化学研究奖当年新增设的奖项,重点关注从基础科研到临床转化跨领域的突出成果,表彰对科研成果转化身体力行、卓有成效的科学家。

(五)厦门市老年健康状况与养老意愿调查及流行病学研究

方亚教授团队申报的"厦门市老年健康状况与养老意愿调查及流行病学研究"获福建省 2018 年医学科技奖二等奖和 2019 年厦门市科技进步奖三等奖。团队自 2011 年以来,在厦门市开展老年人健康和养老流行病学纵向调查,较为全面地掌握了厦门市老年人健康状况、养老需求的基本情况及影响因素,并进一步研制出了老年健康综合量表,为有效防控老年健康问题及积极应对养老等提供了数据支持,加强了老年人及全社会对老年健康和养老问题的重视;获得了全国及福建省老龄政策调研成果优秀奖,调研报告被新闻媒体连载报道;系列成果在 SCI、SSCI 等国内外重要期刊上发表学术论文 30 余篇,获知识产权一项;对策建议被国家和地方政府采纳,促成了首个由政府主导的老年人保险项目"幸福安康险"的推行,突显政、学、研的有机融合,对实现健康老龄化具有重大意义,产生了重大的社会效益。

第二节 主要学术成果

一、论文与著作

2012—2019年,学院发表的论文被SCI收录及中国科学引文数据库收录的统计情况如表4-2-1所示。

建院以来,以学院为第一署名单位或通讯作者单位在影响因子10(含*PNAS*)以上的期刊发表论文86篇,其中以学院为第一署名单位在医学顶级期刊*New England Journal of Medicine*、*Nature*子刊、*Science*子刊上发表论文9篇;2020年截至9月,已在*Cell*子刊、*Nature*子刊发表论文4篇。以下是在NSC(*Nature*、*Science*、*Cell*的简称)子刊及以上期刊上发表论文的主要学术贡献简介:

(1)夏宁邵教授团队揭示戊型肝炎疫苗的长期保护效果。2015年3月5日,国际顶尖医学期刊*New England Journal of Medicine*刊发了夏宁邵教授团队最新研究成果《戊型肝炎疫苗的长期保护效果》("Long-Term Efficacy of a Hepatitis E Vaccine"),实现我校研究团队在该期刊发表学术论文的突破。论文通过翔实的数据,证实我校自主研发的世界上第一个戊型肝炎疫苗能够使接种者产生良好的持久免疫力,显著降低人群罹患戊型肝炎的风险。在同期刊发的题为《使戊型肝炎成为"疫苗可预防的疾病"》的评论中,美国疾病预防控制中心Eyasu Teshale博士认为"戊型肝炎疫苗可以成为预防控制戊型肝炎疾病和传播的新工具",并提出"基于该研究给出的戊型肝炎疫苗持久保护证据,现在已到了实现戊型肝炎疫苗的公共卫生应用的时候"。

表 4-2-1　发表论文数统计(2012—2019 年)

单位:篇

年份	SCI 收录论文							CSCD 收录论文数（第一作者单位）
	影响因子 ≥10 或 *PNAS*		影响因子≥5		SCI 收录数	累计影响因子	第一作者或通讯作者单位篇均影响因子	
	第一作者或通讯作者单位	参与发表	第一作者或通讯作者单位	参与发表				
2012	4	4	11	10	35	260	7.60	2
2013	4	7	17	17	67	431	5.21	1
2014	6	8	22	16	82	492	5.64	8
2015	6	1	27	6	82	479	5.87	14
2016	14	3	31	7	122	677	5.83	26
2017	16	6	29	9	95	587	6.45	28
2018	15	6	49	25	168	959	5.35	37
2019	21	11	53	22	163	1037	6.36	33

(2)聂立铭教授团队发现影响 T2 MRI 造影性能的关键因素。2017 年 5 月 18 日，*Nature* 子刊《自然·通讯》(*Nature Communications*)刊发了聂立铭教授团队的研究论文——“Artificial Local Magnetic Field Inhomogeneity Enhances T2 Relaxivity”。文章指出了探针聚集体中局域磁场不均匀性是影响 T2 弛豫效能的关键因素。同时，通过引入尺寸和形貌不同的氧化铁颗粒构建了混合组分的聚集体，结果显示尺寸和形貌不匹配引起的局域磁场不均匀性大大地提高了探针聚集体的 R2 值。该文章首次利用磁场不均匀性因素阐明了单个探针和它们聚集体的 MRI 造影剂之间的相互关系，弥补了探针聚集体的造影剂理论的空白，并为发展新型高效的 MRI 造影剂提供了重要参考。

(3)夏宁邵教授团队发现乙型流感病毒广谱抗体。2017 年 10 月 18 日，*Science* 子刊《科学·转化医学》(*Science Translational Medicine*)发表了夏宁邵教授团队的研究论文——“A Multi-Mechanistic Antibody Targeting Receptor-Binding Sites Potently Cross-Protects Against Influenza B Viruses”。研究报道了一个特异识别乙型流感病毒表面抗原血凝素(HA)受体结合区(receptor binding region, RBS)高度保守性表位的广谱中和抗体 C12G6，在体内外均证实了其广谱和高效的抗病毒活性，并揭示出 HA 蛋白头部区存在一种能够诱发机体产生多功能抗病毒抗体的广谱表位。该发现为研制能抵抗各种变异株的乙型流感特效治疗药物和通用疫苗带来了新希望。

(4)夏宁邵教授团队揭示 CVA6 的病毒颗粒及其与中和抗体形成的复合物的精确三维结构。2017 年 9 月 11 日，*Nature* 子刊 *Nature Communications* 刊发了夏宁邵教授团队的研究论文——“Atomic Structures of Coxsackievirus A6 and Its Complex with a Neutralizing Antibody”。该研究首次揭示了手足口病重要病原体柯萨奇病毒 A 组 6 型(CVA6)病毒颗粒及其与中和抗体形成的复合物的精确三维结构，为新型疫苗和治疗药物的研制提供了重要的理论基础。研究发现并精确描绘了 CVA6 的病毒颗粒及其与优势中和抗体形成的复合物的结构特征，首次完成了对 CVA6 的高精度“成像”，为新型疫苗和治疗药物研制提供了关键基础。该研究首次成功解析了 CVA6 两种病毒颗粒的近原子分辨率结构，分辨率为 0.33 nm 和 0.31 nm。

(5)夏宁邵教授团队揭示并描绘 CVA10 的病毒颗粒及其优势中和表位的精确特征。2018 年 9 月 20 日，夏宁邵教授团队在 *Science* 子刊《科学·进展》

(*Science Advances*)上发表了研究论文——“Discovery and Structural Characterization of a Therapeutic Antibody Against Coxsackievirus A10”。该研究首次发现手足口病重要病原体柯萨奇病毒A组10型(CVA10)不同类型病毒颗粒共有的优势中和表位,揭示了病毒颗粒及其与优势中和抗体形成的复合物的精确三维结构,阐明了中和抗体的功能与作用机制,为新型疫苗和治疗药物的研制提供了重要的理论基础。研究首次揭示并描绘了CVA10的病毒颗粒及其优势中和表位的精确特征,发现了具有良好应用潜能的治疗性中和抗体,为新型疫苗和特异性治疗药物的研究提供了关键基础。

(6)夏宁邵教授团队成功解析EV-D68病毒颗粒及其免疫复合物高分辨结构。2018年11月5日,夏宁邵教授团队在*Nature*子刊《自然·微生物学》(*Nature Microbiology*)上发表了研究论文——“Atomic Structures of Enterovirus D68 in Complex with Two Monoclonal Antibodies Define Distinct Mechanisms of Viral Neutralization。”该研究通过解析肠道病毒D组68型(EV-D68)不同类型病毒颗粒及其免疫复合物的高分辨率结构,系统阐明了EV-D68病毒的生活周期及各时期的病毒中和机制,进一步完善了小RNA病毒的吸附入胞及感染机制理论,为EV-D68新型疫苗、抗病毒治疗药物的研发提供了重要的理论指导。

(7)夏宁邵教授团队发表新一代人乳头瘤病毒疫苗的研究成果。2018年12月18日,*Nature*子刊*Nature Communications*刊发了夏宁邵教授团队发表的研究论文——“Rational Design of a Triple-Type Human Papillomavirus Vaccine by Compromising Viral-Type Specificity”。该研究基于人乳头瘤病毒(human papillomavirus,HPV)的型别特异性结构基础以及HPV型别分子进化和结构保守性的关系,设计出能够针对3种型别HPV同时产生交叉保护效果的嵌合类病毒颗粒(virus-like particle,VLP),为研发涵盖所有高危型别HPV的更广谱的新一代HPV疫苗奠定了关键技术基础,为多型别病毒疫苗的研制提供了新的思路。

(8)李子婧博士团队发现一种快速一步水相^{18}F标记方法。2019年3月1日,*Nature*子刊*Nature Communications*刊发了青年教师李子婧博士团队的研究论文——“Rapid One-Step ^{18}F-Radiolabeling of Biomolecules in Aqueous Media by Organophosphine Fluoride Acceptors”。该研究开创性地设计、合成

了一系列有机膦氟受体，首次提出了一种快速、温和、一步、水相标记多肽和蛋白的^{18}F 的标记新方法，为制备和研究各种^{18}F 标记的生物分子、开发潜在的 PET 示踪剂提供了一种有效方法。

(9)夏宁邵教授团队揭示对于乙型肝炎病毒复制至关重要的结构。2019 年 7 月 19 日，*Nature* 子刊 *Nature Communications* 刊发了夏宁邵教授团队发表研究论文——"Structural and Functional Analyses of Hepatitis B Virus X Protein BH3-Like Domain and Bcl-XL Interaction"。该论文解析了乙型肝炎病毒(HBV)X 蛋白(HBx)BH3-like 基序与宿主抗凋亡蛋白 Bcl-xL 的复合物晶体结构，在体内外模型中证实了该基序对 HBV 复制的重要性；基于此发现设计的短肽 HBx-aa118-127 可抑制 HBV，为靶向 HBx 的抗 HBV 新药设计提供了结构和功能方面的创新见解。

(10)夏宁邵教授团队揭示手足口病主要病原体中和表位结构信息。2020 年 2 月 5 日，夏宁邵教授团队在 *Cell* 子刊《细胞・宿主与微生物》(*Cell Host & Microbe*)上发表了研究论文——"Identification of Antibodies with Non-overlapping Neutralization Sites That Target Coxsackievirus A16"。该研究首次揭示了手足口病主要病原体柯萨奇病毒 A 组 16 型(CVA16)3 种衣壳颗粒形式与 3 种不同类型的治疗性中和抗体的全面相互作用细节和非重叠的中和表位结构信息，阐明了 CVA16 成熟颗粒是疫苗候选主要保护性免疫原的理论基础，建立了可指导疫苗研制的免疫原特异检测方法，为 CVA16 疫苗及抗病毒药物的研究提供了关键基础理论指导。

(11)夏宁邵教授团队发表新型多价宫颈癌疫苗的研究成果。2020 年 6 月 5 日，*Nature* 子刊 *Nature Communications* 刊发了夏宁邵教授团队发表的研究论文——"Rational Design of a Multi-Valent Human Papillomavirus Vaccine by Capsomere-Hybrid Co-assembly Of Virus-Like Particles"。该研究基于对人乳头瘤病毒(HPV)的类病毒颗粒(VLP)组装机制的深入认识，设计了一种能够针对多种型别 HPV 同时产生保护效果的杂合类病毒颗粒(capsomere-hybrid VLP，chVLP)，为研发涵盖所有高危型别 HPV 的更广谱的新一代多价宫颈癌疫苗奠定了关键技术基础，为其他高变异病毒疫苗和靶向肿瘤新抗原的疫苗设计提供了新的思路。

(12)夏宁邵教授团队揭示戊型肝炎疫苗跨型广谱保护分子基础。2020 年 8

月 7 日，*Nature* 子刊 *Nature Communications* 刊发了夏宁邵教授团队发表的研究论文——“Quantitative Evaluation of Protective Antibody Response Induced by Hepatitis E Vaccine in Humans”。该研究将单个 B 细胞研究技术与低偏差抗体组测序技术相结合，以小样本的戊肝疫苗接种者为研究对象，实现了对戊肝疫苗接种全程中抗体的分子演化特征、质量及数量的精准分析，从而成功重建了戊肝疫苗诱导的特异性抗体应答的时相特征，从抗体分子层面揭示了戊型肝炎疫苗跨型别广谱保护的分子基础。

（13）夏宁邵教授团队首次揭示了疱疹病毒 α 家族病毒的关键结构。2020 年 9 月 7 日，夏宁邵教授团队在 *Nature* 子刊 *Nature Microbiology* 上发表了研究论文——“Near-Atomic Cryo-electron Microscopy Structures of Varicella-zoster Virus Capsids”。该研究首次揭示了疱疹病毒 α 家族的水痘带状疱疹病毒（VZV）不同类型核衣壳的近原子分辨率结构，阐明了 VZV 核衣壳不同组成蛋白的相互作用网络与衣壳装配机制，为进一步开展新型载体疫苗设计及抗病毒药物等研究提供了重要支持。

表 4-2-2　代表性高水平论文一览表（2012—2019 年）

序号	论文信息	年份
1	Kamar N, Bendall R, Legrand-Abravanel F, Xia N S, Ijaz S, Izopet J, Dalton H R. Hepatitis E. *Lancet*, 2012, 379(9835): 2477-2488. (IF=39.060)	2012
2	Huang P, Lin J, Wang X, Wang Z, Zhang C, He M, Wang K, Chen F, Li Z, Shen G, Cui D, Chen X. Light-Triggered Theranostics Based on Photosensitizer-Conjugated Carbon Dots for Simultaneous Enhanced-Fluorescence Imaging and Photodynamic Therapy. *Adv Mater*, 2012, 24(37): 5104-5410. (IF=14.829)	2012
3	Wu T, Zhu F C, Huang S J, Zhang X F, Wang Z Z, Zhang J, Xia N S. Safety of Hepatitis E Vaccine for Pregnant Women: A Preliminary Analysis. *Hepatology*, 2012, 55(6): 2038. (IF=12.003)	2012

续表

序号	论文信息	年份
4	Geng X, Huang C, Qin Y, McCombs J E, Yuan Q, Harry B L, Palmer A E, Xia N S, Xue D. Hepatitis B Virus X Protein Targets Bcl-2 Proteins to Increase Intracellular Calcium, Required for Virus Replication and Cell Death Induction. *Proc Natl Acad Sci USA*, 2012, 109(45): 18471-18476. (IF=9.737)	2012
5	Liu D, Huang X, Wang Z, Jin A, Sun X, Zhu L, Wang F, Ma Y, Niu G, Hight Walker A R, Chen X. Gold Nanoparticle-Based Activatable Probe for Sensing Ultra-Low Levels of Prostate Specific Antigen. *ACS Nano*, 2013, 7(6): 5568-5576. (IF=12.062)	2013
6	Zhou Z, Wang L, Chi X, Bao J, Yang L, Zhao W, Chen Z, Wang X, Chen X, Gao J. Engineered Iron-Oxide-Based Nanoparticles as Enhanced T1 Contrast Agents for Efficient Tumor Imaging. *ACS Nano*, 2013, 7(4): 3287-3296. (IF=12.062)	2013
7	Zhao Z H, Zhou Z J, Bao J F, Wang Z Y, Hu J, Chi X Q, Ni K Y, Wang R F, Chen X Y, Chen Z, Gao J H. Octapod Iron Oxide Nanoparticles as Highperformance T2 Contrast Agents for Magnetic Resonance Imaging. *Nature Communications*, 2013, 4: 2266. (IF=10.742)	2013
8	Yuan Q, Song L W, Liu C J, Li Z, Liu P G, Huang C H, Yan Y, Ge S X, Wang Y B, Peng C Y, Zhang J, Kao J H, Chen D S, Chen P J, Xia N S. Quantitative Hepatitis B Core Antibody Level May Help Predict Treatment Response in Chronic Hepatitis B Patients. *Gut*, 2013, 62(1). (IF=10.732)	2013
9	Nie L, Chen X. Structural and Functional Photoacoustic Molecular Tomography Aided by Emerging Contrast Agents. *Chem Soc Rev*, 2014, 43(20): 7132-7170. (IF=30.425)	2014

续表

序号	论文信息	年份
10	Lin L S,Cong Z X,Cao J B,Ke K M,Peng Q L,Gao J,Yang H H,Liu G,Chen X. Multifunctional Fe_3O_4 @ polydopamine Core-Shell Nanocomposites for Intracellular mRNA Detection and Imaging-Guided Photothermal Therapy. *ACS Nano*, 2014,8(4):3876-3883.(IF=12.033)	2014
11	Sun X,Huang X,Yan X,Wang Y,Guo J,Jacobson O,Liu D,Szajek L P,Zhu W,Niu G,Kiesewetter D O,Sun S,Chen X.Chelator-Free Cu-64-Integrated Gold Nanomaterials for Positron Emission Tomography Imaging Guided Photothermal Cancer Therapy. *ACS Nano*, 2014,8(8):8438-8446.(IF=12.033)	2014
12	Nie L,Huang P,Li W,Yan X,Jin A,Wang Z,Tang Y,Wang S,Zhang X,Niu G,Chen X. Early-Stage Imaging of Nanocarrier-Enhanced Chemotherapy Response in Living Subjects by Scalable Photoacoustic Microscopy. *ACS Nano*, 2014,8(12):12141-12150.(IF=12.033)	2014
13	Zhang L,Gao S,Zhang F,Yang K,Ma Q,Zhu L.Activatable Hyaluronic Acid Nanoparticle as a Theranostic Agent for Optical/Photoacoustic Image-Guided Photothermal Therapy. *ACS Nano*, 2014,8(12):12250-12258.(IF=12.033)	2014
14	Wang Z,Wang Z,Liu D,Yan X,Wang F,Niu G,Yang M,Chen X. Biomimetic RNA-Silencing Nanocomplexes: Overcoming Multidrug Resistance in Cancer Cells. *Angew Chem Int Ed Engl*, 2014,53(7):1997-2001.(IF=11.336)	2014
15	Zhang J,Zhang X F,Huang S J,Wu T,Hu Y M,Wang Z Z,Wang H,Jiang H M,Wang Y J,Yan Q,Guo M,Liu X H,Li J X,Yang C L,Tang Q,Jiang R J,Pan H R,Li Y M,Shih J W,Ng M H,Zhu F C,Xia N S. Long-Term Efficacy of a Hepatitis E Vaccine. *N Engl J Med*, 2015,372(10):914-922. (IF=55.873)	2015

续表

序号	论文信息	年份
16	Sun X,Cai W,Chen X. Positron Emission Tomography Imaging Using Radiolabeled Inorganic Nanomaterials. *Acc Chem Res*, 2015,48(2):286-294.(IF=22.323)	2015
17	Song X R,Wang X,Yu S X,Cao J,Li S H,Li J,Liu G,Yang H H,Chen X. Co9 se8 Nanoplates as a New Theranostic Platform for Photoacoustic/Magnetic Resonance Dual-Modal-Imaging-Guided Chemo-Photothermal Combination Therapy. *Adv Mater*, 2015,27(21):3285-3291.(IF=17.493)	2015
18	Gu Y,Tang X,Zhang X,Song C,Zheng M,Wang K,Zhang J,Ng M H,Hew C L,Li S,Xia N,Sivaraman J. Structural basis for the neutralization of hepatitis E virus by a cross-genotype antibody. *Cell Res*, 2015,25(5):604-620.(IF=12.413)	2015
19	Zhu C,Yang Y,Luo M,Yang C,Wu J,Chen L,Liu G,Wen T,Zhu J,Xia H. Stabilizing Two Classical Antiaromatic Frameworks:Demonstration of Photoacoustic Imaging and the Photothermal Effect in Metalla-aromatics. *Angew Chem Int Ed Engl*, 2015,54(21):6181-6185.(IF=11.261)	2015
20	Zhang P,Chen Y,Zeng Y,Shen C,Li R,Guo Z,Li S,Zheng Q,Chu C,Wang Z,Zheng Z,Tian R,Ge S,Zhang X,Xia N S,Liu G,Chen X. Virus-mimetic nanovesicles as a versatile antigen-delivery system. *Proc Natl Acad Sci USA*, 2015,112(45):E6129-6138.(IF=9.674)	2015
21	Zhou Z,Song J,Nie L and Chen X. Reactive Oxygen Species Generating Systems Meeting Challenges of Photodynamic Cancer Therapy. *Chemical Society reviews*,2016,45:6597-6626. (IF=34.09)	2016

续表

序号	论文信息	年份
22	Guo Z D,Gao M N,Song M L,Li Y S,Zhang D L,Xu D,You L Y,Wang L L,Zhuang R Q,Su X H,Liu T,Du J and Zhang X Z. Super fluorinated Pei Derivative Coupled with Tc-99m for Asgpr Targeted F-19 Mri/Spect/Pa Tri-Modality Imaging.*Advanced Materials*,2016,28:5898-5906. (IF=18.96)	2016
23	Liu Y,Kang N,Lv J,Zhou Z J,Zhao Q L,Ma L C,Chen Z,Ren L and Nie L M. Deep Photoacoustic/Luminescence/Magnetic Resonance Multimodal Imaging in Living Subjects Using High-Efficiency Upconversion Nanocomposites. *Advanced Materials*-2016, 28: 6411-6419. (IF=18.96)	2016
24	Fan F,He Z,Kong L L,Chen Q,Yuan Q,Zhang S,Ye J,Liu H,Sun X,Geng J,Yuan L,Hong L,Xiao C,Zhang W,Sun X,Li Y,Wang P,Huang L,Wu X,Ji Z,Wu Q,Xia N S,Gray N S,Chen L,Yun C H,Deng X and Zhou D. Pharmacological Targeting of Kinases Mst1 and Mst2 Augments Tissue Repair and Regeneration.*Science Translational Medicine*,2016,8:352ra108. (IF=16.264)	2016
25	Zhang T Y,Yuan Q,Zhao J H,Zhang Y L,Yuan L Z,Lan Y,Lo Y C,Sun C P,Wu C R,Zhang J F,Zhang Y,Cao J L,Guo X R,Liu X,Mo X B,Luo W X,Cheng T,Chen Y X,Tao M H,Shih J W,Zhao Q J,Zhang J,Chen P J,Yuan Y A,Xia N S. Prolonged Suppression of HBV in Mice by a Novel Antibody That Targets a Unique Epitope on Hepatitis B Surface Antigen. *Gut*, 2016,65(4):658-671.(IF=16.658)	2016

续表

序号	论文信息	年份
26	Fan R, Sun J, Yuan Q, Xie Q, Bai X, Ning Q, Cheng J, Yu Y, Niu J, Shi G, Wang H, Tan D, Wan M, Chen S, Xu M, Chen X, Tang H, Sheng J, Lu F, Jia J, Zhuang H, Xia N, Hou J. Chronic Hepatitis, B. S. C. Baseline Quantitative Hepatitis B Core Antibody Titre Alone Strongly Predicts HBeAg Seroconversion Across Chronic Hepatitis B Patients Treated with Peginterferon or Nucleos(t)ide Analogues. *Gut*, 2016, 65 (2): 313-320. (IF=16.658)	2016
27	Wang J Q, Mi P, Lin G, Wang Y X J, Liu G and Chen X Y. Imaging-Guided Delivery of Rnai for Anticancer Treatment. *Advanced Drug Delivery Reviews*, 2016, 104: 44-60. (IF=15.606)	2016
28	Song M L, Liu T, Shi Ch R, Zhang X Z and Chen X Y. Bioconjugated Manganese Dioxide Nanoparticles Enhance Chemotherapy Response by Priming Tumor-Associated Macrophages Toward M1-Like Phenotype and Attenuating Tumor Hypoxia. *ACS Nano*, 2016, 10(3): 3872. (IF =13.334)	2016
29	Chen H L, Song M L, Tang J, Hu G F, Xu S Y, Guo Z D, Li N N, Cui J B, Zhang X Z, Chen X Y and Wang L Y. Ultrahigh F-19 Loaded Cu1. 75s Nanoprobes for Simultaneous F-19 Magnetic Resonance Imaging and Photothermal Therapy. *ACS Nano*, 2016, 10: 1355-1362. (IF =13.334)	2016
30	Wang Z T, Huang P, Jacobson O, Wang Z, Liu Y J, Lin L S, Lin J, Lu N, Zhang H M, Tian R, Niu G, Liu G and Chen X Y. Biomineralization-Inspired Synthesis of Copper Sulfide-Ferritin Nanocages as Cancer Theranostics. *ACS Nano*, 2016, 10: 3453-3460. (IF=13.334)	2016
31	Liu Y J, Nie L M and Chen X Y. Photoacoustic Molecular Imaging: from Multiscale Biomedical Applications Towards Early-Stage Theranostics. *Trends in Biotechnology*, 2016, 34: 420-433. (IF=12.065)	2016

续表

序号	论文信息	年份
32	Ai X Z, Jun C, Ho H, Aw J X, Amalina B E A, Mu J, Wang Y, Wang X Yong, Wang Yong, Liu X G, Chen H B, Gao M Y, Chen X Y, Edwin K L Y, Liu G, Olivo M and Xing B G. In vivo Covalent Cross-linking of Photon-converted Rare-earth Nanostructures for Tumor Localization and Theranostics. *Nature Communications*, 2016, 7: 10432. (IF =11.47)	2016
33	Nguyen D V, Jiang S W, He C Y, Lin Z N. Lin N B, Nguyen A T, Kang L F, Han M Y and Liu X Y. Bioinspiration Making Possible from the Impossible: Elevating Biomedical Performance of ZnO/SiO2@Amorphous Calcium Phosphate. *Advanced Functional Materials*, 2016, 26: 6921-6929. (IF=11.382)	2016
34	Wang J, Shen T, Huang X B, Kumar G R, Chen X M, Zeng Z Z, Zhang R Y, Chen R, Li T, Zhang T Y, Yuan Q, Li P C, Huang Q, Colonno R, Jia J D, Hou J L, McCrae M A, Gao Z, Ren H L, Xia N S, Zhuang H and Lu F M. Serum Hepatitis B Virus Rna is Encapsidated Pregenome RNA That May Be Associated with Persistence of Viral Infection and Rebound. *Journal of Hepatology*, 2016, 65: 700-710. (IF=10.59)	2016
35	Shen C, Chen J, Li R, Zhang M, Wang G, Stegalkina S, Zhang L, Chen J, Cao J, Bi X, Anderson S F, Alefantis T, Zhang M, Cai X, Yang K, Zheng Q, Fang M, Yu H, Luo W, Zheng Z, Yuan Q, Zhang J, Wai-Kuo Shih J, Kleanthous H, Chen H, Chen Y, Xia N. A Multimechanistic Antibody Targeting the Receptor Binding Site Potently Cross-Protects Against Influenza B Viruses. *Sci Transl Med*, 2017, 9(412). (IF =16.761)	2017
36	Hong Y, Li L, Luan G, Drlica K, Zhao X. Contribution of Reactive Oxygen Species to Thymineless Death in Escherichia Coli. *Nat Microbiol*, 2017, 2(12): 1667-1675. (IF=14.174)	2017

续表

序号	论文信息	年份
37	Zhou Z, Tian R, Wang Z, Yang Z, Liu Y, Liu G, Wang R, Gao J, Song J, Nie L, Chen X. Artificial Local Magnetic Field Inhomogeneity Enhances T2 Relaxivity. *Nat Commun*, 2017, 8:15468. (IF=12.124)	2017
38	Xu L, Zheng Q, Li S, He M, Wu Y, Li Y, Zhu R, Yu H, Hong Q, Jiang J, Li Z, Li S, Zhao H, Yang L, Hou W, Wang W, Ye X, Zhang J, Baker T S, Cheng T, Zhou Z H, Yan X, Xia N. Atomic Structures of Coxsackievirus A6 and Its Complex with a Neutralizing Antibody. *Nat Commun*, 2017, 8(1):505. (IF=12.124)	2017
39	Huang X, Zheng M, Wang P, Mok B W, Liu S, Lau S Y, Chen P, Liu Y C, Liu H, Chen Y, Song W, Yuen K Y, Chen H. An NS-segment Exonic Splicing Enhancer Regulates Influenza A Virus Replication in Mammalian Cells. *Nat Commun*, 2017, 8:14751. (IF=12.124)	2017
40	Tian D, Battles M B, Moin S M, Chen M, Modjarrad K, Kumar A, Kanekiyo M, Graepel K W, Taher N M, Hotard A L, Moore M L, Zhao M, Zheng Z Z, Xia N S, McLelLan J S, Graham B S. Structural Basis of Respiratory Syncytial Virus Subtype-Dependent Neutralization by an Antibody Targeting the Fusion Glycoprotein. *Nat Commun*, 2017, 8(1):1877. (IF=12.124)JCR1 区	2017
41	Dai Y, Xu C, Sun X, Chen X. Nanoparticle Design Strategies for Enhanced Anticancer Therapy by Exploiting the Tumour Microenvironment. *Chem Soc Rev*, 2017, 46(12):3830-3852. (IF=38.618)	2017
42	Chu C, Lin H, Liu H, Wang X, Wang J, Zhang P, Gao H, Huang C, Zeng Y, Tan Y, Liu G, Chen X. Tumor Microenvironment-Triggered Supramolecular System as an In Situ Nanotheranostic Generator for Cancer Phototherapy. *Adv Mater*, 2017, 29(23). (IF=18.96)	2017

续表

序号	论文信息	年份
43	Zhang P, Liu G and Chen X. Nanobiotechnology:Cell Membrane-Based Delivery Systems. *Nano Today*,2017,13:7-9. (IF=17.753)	2017
44	Zhou Z, Bai R, Munasinghe J, Shen Z, Nie L, Chen X. T1-T2 Dual-Modal Magnetic Resonance Imaging:From Molecular Basis to Contrast Agents. *ACS Nano*,2017, 11(6):5227-5232. (IF=13.942)	2017
45	Yang T,Tang Y,Liu L,Lv X,Wang Q,Ke H,Deng Y,Yang H,Yang X,Liu G,Zhao Y,Chen H. Size-Dependent Ag2S Nanodots for Second Near-Infrared Fluorescence/Photoacoustics Imaging and Simultaneous Photothermal Therapy. *ACS Nano*, 2017, 11(2): 1848-1857. (IF=13.942)	2017
46	Yang Z,Tian R,Wu J,Fan Q,Yung B C,Niu G,Jacobson,O,Wang Z, Liu G, Yu G, Huang W, Song J, Chen X. Impact of Semiconducting Perylene Diimide Nanoparticle Size on Lymph Node Mapping and Cancer Imaging. *ACS Nano*,2017, 11(4):4247-4255. (IF=13.334)	2017
47	Zhang J,Yang C,Zhang R,Chen R,Zhang Z,Zhang W,Peng S H,Chen X, Liu G, Hsu C S, Lee C S. Biocompatible D-A Semiconducting Polymer Nanoparticle with Light-Harvesting Unit for Highly Effective Photoacoustic Imaging Guided Photothermal Therapy. *Adv Funct Mater*,2017, 27(13). (IF=12.124)	2017
48	Sun X,Li Y,Liu T,Li Z,Zhang X,Chen X. Peptide-Based Imaging Agents for Cancer Detection. *Adv Drug Deliv Rev*,2017, 110-111:38-51. (IF=11.764)	2017
49	Zhou Z,Song J,Tian R,Yang Z,Yu G,Lin L,Zhang G,Fan W,Zhang F,Niu G,Nie L,Chen X. Activatable Singlet Oxygen Generation from Lipid Hydroperoxide Nanoparticles for Cancer Therapy. *Angew Chem Int Ed Engl*,2017, 56(23):6492-6496. (IF=11.709)	2017

续表

序号	论文信息	年份
50	Ai X, Lyu L, Zhang Y, Tang Y, Mu J, Liu F, Zhou Y, Zuo Z, Liu G, Xing B. Remote Regulation of Membrane Channel Activity by Site-Specific Localization of Lanthanide-Doped Upconversion Nanocrystals. *Angew Chem Int Ed Engl*, 2017, 56(11): 3031-3035. (IF=11.709)	2017
51	Li Z, Song S, He M, Wang D, Shi J, Liu X, Li Y, Chi X, Wei S, Yang Y, Wang Z, Li J, Qian H, Yu H, Zheng Q, Yan X, Zhao Q, Zhang J, Gu Y, Li S and Xia N. Rational Design of a Triple-Type Human Papillomavirus Vaccine by Compromising Viral-Type Specificity. *Nature Communications*, 2018, 9: 5360. (IF=12.353)	2018
52	Zhu R, Xu L F, Zheng Q B, Cui Y X, Li S W, He M Z, Yin Z C, Liu D X, Li S X, Li Z Z, Chen Z Q, Yu H, Que Y Q, Liu C, Kong Z, Zhang J B, Baker T S, Yan X D, Zhou Z H, Cheng T and Xia N S. Discovery and Structural Characterization of a Therapeutic Antibody against Coxsackievirus A10. *Science Advances*, 2018, 4: eaat7459. (IF=11.511)	2018
53	Chen H M, Qiu Y W, Ding D D, Lin H R, Sun W J, Wang G D, Huang W C, Zhang W Z, Lee D, Liu G, Xie J and Chen X. Gadolinium-Encapsulated Graphene Carbon Nanotheranostics for Imaging-Guided Photodynamic Therapy. *Advanced Materials*, 2018, 30: e1802748. (IF=21.95)	2018
54	Shan W J, Chen R H, Zhang Q, Zhao J, Chen B B, Zhou X, Ye S F, Bi S L, Nie L M and Ren L. Improved Stable Indocyanine Green (ICG)-Mediated Cancer Optotheranostics with Naturalized Hepatitis B Core Particles. *Advanced Materials*, 2018, 30: 1707567. (IF=21.95)	2018
55	Zhang P F, Zhang L, Qin Z E, Hua S H, Guo Z D, Chu C C, Lin H R, Zhang Y, Li W G, Zhang X Z, Chen X Y and Liu G. Genetically Engineered Liposome-Like Nanovesicles as Active Targeted Transport Platform. *Advanced Materials*, 2018, 30: 1705350. (IF=21.95)	2018

续表

序号	论文信息	年份
56	Zhang P, Wang J, Chen H, Zhao L, Chen B, Chu C, Liu H, Qin, Z, Liu J, Tan Y, Chen X and Liu G. Tumor Microenvironment-Responsive Ultrasmall Nanodrug Generators with Enhanced Tumor Delivery and Penetration. *Journal of the American Chemical Society*, 2018, 140: 14980-14989. (IF=14.357)	2018
57	Li W T, Chen R H, Lv J, Wang H K, Liu Y, Peng Y, Qian Z Y, Fu G and Nie L M. In Vivo Photoacoustic Imaging of Brain Injury and Rehabilitation by High-Efficient near-Infrared Dye Labeled Mesen-Chymal Stem Cells with Enhanced Brain Barrier Permeability. *Advanced Science*, 2018, 5: 1700277. (IF=12.441)	2018
58	Liu H, Chu C C, Liu Y, Pang X, Wu Y Y, Zhou Z J, Zhang P F, Zhang W G, Liu G and Chen X Y. Novel Intrapolymerization Doped Manganese-Eumelanin Coordination Nanocomposites with Ultrahigh Relaxivity and Their Application in Tumor Theranostics. *Advanced Science*, 2018, 5: 1800032. (IF=12.441)	2018
59	Miao T X, Wang J Q, Zeng Y, Liu G and Chen X Y. Polysaccharide-Based Controlled Release Systems for Therapeutics Delivery and Tissue Engineering: from Bench to Bedside. *Advanced Science*, 2018, 5: 1700513. (IF=12.441)	2018
60	Wang J Q, Wang A Z, Lv P, Tao W and Liu G. Advancing the Pharmaceutical Potential of Bioinorganic Hybrid Lipid-Based Assemblies. *Advanced Science*, 2018, 5: 1800564. (IF=12.441)	2018
61	Liu X, Yuan L Z, Zhang L, Mu Y L, Li X L, Liu C, Lv P, Zhang Y L, Cheng T, Yuan Q, Xia N S, Chen X Y and Liu G. Bioinspired Artificial Nanodecoys for Hepatitis B Virus. *Angewandte Chemie-International Edition*, 2018, 57: 12499-12503. (IF=12.102)	2018

续表

序号	论文信息	年份
62	Wang J Q and Liu G. Imaging Nano-Bio Interactions in the Kidney: Toward a Better Understanding of Nanoparticle Clearance. Angewandte Chemie-International Edition, 2018,57:3008-3010.(IF=12.102)	2018
63	Shi C, Liu T, Guo Z, Zhuang R, Zhang X and Chen X. Reprogramming Tumor-Associated Macrophages by Nanoparticle-Based Reactive Oxygen Species Photogeneration. *Nano Letters*, 2018, 18: 7330-7342. (IF=12.08)	2018
64	Wang D, McAteer S P, Wawszczyk A B, Russell C D, Tahoun A, Elmi A, Cockroft S L, Tollervey D, Granneman S, Tree J J and Gally D L. An RNA-Dependent Mechanism for Transient Expression of Bacterial Translocation Filaments. *Nucleic Acids Research*, 2018,46:3366-3381. (IF=11.561)	2018
65	Yin X, Ying D, Lhomme S, Tang Z M, Walker C M, Xia N S, Zheng Z Z and Feng Z D. Origin, Antigenicity, and Function of a Secreted Form of ORF2 in Hepatitis E Virus Infection. *Proceedings of the National Academy of Sciences of the United States of America*, 2018,115:4773-4778.(IF=9.504)	2018
66	Zheng Q, Zhu R, Xu L, He M, Yan X, Liu D, Yin Z, Wu Y, Li Y, Yang L, Hou W, Li S, Li Z, Chen Z, Li Z, Yu H, Gu Y, Zhang J, Baker T S, Zhou Z H, Graham B S, Cheng T, Li S and Xia N. Atomic Structures of Enterovirus D68 in Complex with two Monoclonal Antibodies Define Distinct Mechanisms of Viral Neutralization. *Nature Microbiology*, 2019,4:124-33. (IF=14.3)	2019
67	Hong H, Zhang L, Xie F, Zhuang R, Jiang D, Liu H, Li J, Yang H, Zhang X, Nie L and Li Z. Rapid One-Step (18)F-radiolabeling of Biomolecules in Aqueous Media by Organophosphine Fluoride Acceptors. *Nature Communications*, 2019,10:989. (IF=11.878)	2019

续表

序号	论文信息	年份
68	Zhang T Y, Chen H Y, Cao J L, Xiong H L, Mo X B, Li T L, Kang X Z, Zhao J H, Yin B, Zhao X, Huang C H, Yuan Q, Xue D, Xia N S and Yuan Y A. Structural and Functional Analyses of Hepatitis B Virus X Protein BH3-Like Domain and Bcl-xL Interaction. *Nature Communications*, 2019, 10: 3192. (IF=11.878)	2019
69	Sun W, Shi T, Luo L, Chen X, Lv P, Lv Y, Zhuang Y, Zhu J, Liu G, Chen X and Chen H. Monodisperse and Uniform Mesoporous Silicate Nanosensitizers Achieve Low-Dose X-Ray-Induced Deep-Penetrating Photodynamic Therapy. *Advanced Materials*, 2019, 31: e1808024. (IF=25.809)	2019
70	Liu X, Liu C, Zheng Z, Chen S, Pang X, Xiang X, Tang J, Ren E, Chen Y, You M, Wang X, Chen X, Luo W. Liu G and Xia N. Vesicular Antibodies: A Bioactive Multifunctional Combination Platform for Targeted Therapeutic Delivery and Cancer Immunotherapy. *Advanced Materials*, 2019, 31: e1808294. (IF=25.809)	2019
71	Pang X, Liu X, Cheng Y, Zhang C, Ren E, Liu C, Zhang Y, Zhu J, Chen X, and Liu G. Sono-Immunotherapeutic Nanocapturer to Combat Multidrug-Resistant Bacterial Infections. *Advanced Materials*, 2019, 31: e1902530. (IF=25.809)	2019
72	Yuan L, Jiang J, Liu X, Zhang Y, Zhang L, Xin J, Wu K, Li X, Cao J, Guo X, Shi D, Li J, Jiang L, Sun S, Wang T, Hou W, Zhang T, Zhu H, Zhang J, Yuan Q, Cheng T. Li J and Xia N. HBV Infection-Induced Liver Cirrhosis Development in Dual-Humanised Mice with Human Bone Mesenchymal Stem Cell Transplantation. *Gut*, 2019, 68: 2044-2056. (IF=17.943)	2019

续表

序号	论文信息	年份
73	Zhu J, Chu C, Li D, Pang X, Zheng H, Wang J, Shi Y, Zhang Y, Cheng Y, Ren E, Cheng J, Chen X, and Liu G. Fe(Ⅲ) - Porphyrin Sonotheranostics: a Green Triple - Regulated ROS Generation Nanoplatform for Enhanced Cancer Imaging and Therapy. *Advanced Functional Materials*, 2019, 29, 36: 1904056. (IF=15.621)	2019
74	Liu Y, Liu H, Yan H, Liu Y, Zhang J, Shan W, Lai P, Li H, Ren L, Li Z and Nie L. Aggregation-Induced Absorption Enhancement for Deep Near-Infrared Ⅱ Photoacoustic Imaging of Brain Gliomas In Vivo. *Advanced Science*, 2019, 6: 1801615. (IF=15.804)	2019
75	Cai W. Wang J, Chu C, Chen W, Wu C and Liu G. Metal-Organic Framework-Based Stimuli-Responsive Systems for Drug Delivery. *Advanced Science*, 2019, 6: 1801526. (IF=15.804)	2019
76	Ji M F, Sheng W, Cheng W M, Ng M H, Wu B H, Yu X, Wei K R, Li F G, Lian S F, Wang P P, Quan W, Deng L, Li X H, Liu X D, Xie Y L, Huang S J, Ge S X, Huang S L, Liang X J, He S M, Huang H W, Xia S L, Ng P S, Chen H L, Xie S H, Liu Q, Hong M H, Ma J, Yuan Y, Xia N S, Zhang J and Cao S M. Incidence and Mortality of Nasopharyngeal Carcinoma: Interim Analysis of a Cluster Randomized Controlled Screening Trial (PRO-NPC-001) in Southern China. *Annals of Oncology*, 2019, 30: 1630-1637. (IF=14.196)	2019
77	Huang W, Chen R, Peng Y, Duan F, Huang Y, Guo W, Chen X and Nie L. In Vivo Quantitative Photoacoustic Diagnosis of Gastric and Intestinal Dysfunctions with a Broad pH-Responsive Sensor. *ACS Nano*, 2019, 13: 9561-9570. (IF=13.903)	2019

续表

序号	论文信息	年份
78	Pang X, Xiao Q, Cheng Y, Ren E, Lian L, Zhang Y, Gao H, Wang X, Leung W, Chen X, Liu G and Xu C. Bacteria-Responsive Nanoliposomes as Smart Sonotheranostics for Multidrug Resistant Bacterial Infections. *ACS Nano*, 2019, 13: 2427-2438. (IF=13.903)	2019
79	Lv P, Liu X, Chen X, Liu C, Zhang Y, Chu C, Wang J, Wang X, Chen X and Liu G. Genetically Engineered Cell Membrane Nanovesicles for Oncolytic Adenovirus Delivery: a Versatile Platform for Cancer Virotherapy. *Nano Letters*, 2019, 19: 2993-3001. (IF=12.279)	2019
80	Chu C, Ren E, Zhang Y, Yu J, Lin H, Pang X, Zhang Y, Liu H, Qin Z, Cheng Y, Wang X, Li W, Kong X, Chen X and Liu G. Zinc(Ⅱ)-Dipicolylamine Coordination Nanotheranostics: Toward Synergistic Nanomedicine by Combined Photo/Gene Therapy. *Angewandte Chemie International Edition*, 2019, 58: 269-272. (IF=12.257)	2019
81	Huang Y, Li M, Huang D, Qiu Q, Lin W, Liu J, Yang W, Yao Y, Yan G, Qu N, Tuchin V V, Fan S, Liu G, Zhao Q and Chen X. Depth-Resolved Enhanced Spectral-Domain OCT Imaging of Live Mammalian Embryos Using Gold Nanoparticles as Contrast Agent. *Small*, 2019, 15: e1902346. (IF=10.856)	2019
82	Shen Z, Fan W, Yang Z, Liu Y, Bregadze V I, Mandal S K, Yung B C, Lin L, Liu T, Tang W, Shan L, Liu Y, Zhu S, Wang S, Yang W, Bryant L H, Nguyen D T, Wu A and Chen X. Exceedingly Small Gadolinium Oxide Nanoparticles with Remarkable Relaxivities for Magnetic Resonance Imaging of Tumors. *Small*, 2019, 15: e1903422. (IF=10.856)	2019
83	Chen H, Qin Z, Zhao J, He Y, Ren E, Zhu Y, Liu G, Mao C and Zheng L. Cartilage-Targeting and Dual MMP-13/pH Responsive Theranostic Nanoprobes for Osteoarthritis Imaging and Precision Therapy. *Biomaterials*, 2019, 225: 119520. (IF=10.273)	2019

续表

序号	论文信息	年份
84	Qiao Y L,Wu T,Li R C,Hu Y M,Wei L H,Li C G,Chen W,Huang S J,Zhao F H,Li M Q,Pan Q J,Zhang X,Li Q,Hong Y,Zhao C,Zhang W H,Li Y P,Chu K,Li M,Jiang Y F,Li J,Zhao H,Lin Z J,Cui X L,Liu W Y,Li C H,Guo D P,Ke L D,Wu X,Tang J,Gao G Q,Li B Y,Zhao B,Zheng F X,Dai C H,Guo M,Zhao J,Su Y Y,Wang J Z,Zhu F C,Li S W,Pan H R,Li Y M,Zhang J and Xia N S. Efficacy,Safety,and Immunogenicity of an Escherichia Coli-Produced Bivalent Human Papillomavirus Vaccine: an Interim Analysis of a Randomized Clinical Trial. *Journal of the National Cancer Institute*, 2019.112(2):*djz*074. (IF=10.211)	2019
85	Hong Y,Zeng J,Wang X,Drlica K and Zhao X. Post-Stress Bacterial Cell Death Mediated by Reactive Oxygen Species. *Proceedings of the National Academy of Sciences of the United States of America*, 2019,116:10064-71. (IF=9.58)	2019
86	Zheng Q,Jiang J,He M,Zheng Z,Yu H,Li T,Xue W,Tang Z,Ying D,Li Z,Song S,Liu X,Wang K,Zhang Z,Wang D,Wang Y,Yan X,Zhao Q,Zhang J,Gu Y,Li S and Xia N. Viral Neutralization by Antibody-Imposed Physical Disruption. *Proceedings of the National Academy of Sciences of the United States of America*, 2019,116(52):26933-26940. (IF=9.58)	2019

二、主要专利

2012—2019 年,学院共取得授权专利 169 项,其中发明专利 157 项(国际专利 73 项、中国专利 78 项、中国香港专利 6 项),实用新型专利 12 项(表 4-2-3 和表 4-2-4)。

表 4-2-3　专利授权数统计(2012—2019 年)

国家/地区名称	2012	2013	2014	2015	2016	2017	2018	2019	合计
中国	4	6	2	13	7	15	14	17	78
美国		2	2	1	5	6	5	4	25
欧洲			1	2	6	1	1	3	14
日本		1		3	2		1	3	10
澳大利亚					1	2	1	4	8
印度						2	1	4	7
印度尼西亚						1			1
韩国	1					1	2	1	5
墨西哥						1			1
巴西						1			1
加拿大							1		1
中国香港		1				2	2	1	6
发明专利	5	10	5	19	21	32	28	37	157
实用新型专利	1		1		2	1	4	3	12
发明＋实用新型专利	6	10	6	19	23	33	32	40	169

表 4-2-4 国际专利一览表(2012—2019 年)

序号	专利名称	授权国别	完成人	年份
1	用于预防、诊断及治疗戊型肝炎病毒的多肽,及它们作为诊断试剂和疫苗	韩国	夏宁邵,张军,李少伟,葛胜祥,顾颖,何志强	2012

续表

序号	专利名称	授权国别	完成人	年份
2	H5 亚型禽流感病毒血凝素蛋白的单克隆抗体或其结合片段及其用途	美国	陈毅歆,罗文新,张军,夏宁邵,管轶,陈鸿霖	2013
3	诊断及治疗戊型肝炎病毒的多肽,及它们作为诊断试剂和疫苗	美国	夏宁邵,张军,李少伟,葛胜祥,顾颖,何志强	2013
4	戊型肝炎病毒单克隆抗体或其结合活性片段及其用途	日本	夏宁邵,张军,顾颖,李少伟,葛胜祥,何志强	2013
5	用于预防、诊断及治疗戊型肝炎病毒的多肽,及它们作为诊断试剂和疫苗	欧洲	夏宁邵,张军,李少伟,葛胜祥,顾颖,何志强	2014
6	用于预防、诊断及治疗戊型肝炎病毒的多肽,及它们作为诊断试剂和疫苗	美国分案 3	夏宁邵,张军,李少伟,葛胜祥,顾颖,何志强	2014
7	一种截短的人乳头瘤病毒 6 型 L1 蛋白	美国	李少伟,潘晖榕,刘波,张军,苗季,夏宁邵	2014
8	用于预防、诊断及治疗戊型肝炎病毒的多肽,及它们作为诊断试剂和疫苗	日本	夏宁邵,张军,李少伟,葛胜祥,顾颖,何志强	2015
9	用于预防、诊断及治疗戊型肝炎病毒的多肽,及它们作为诊断试剂和疫苗	日本分案	夏宁邵,张军,李少伟,葛胜祥,顾颖,何志强	2015
10	ORF7 缺陷型水痘病毒、含有该病毒的疫苗及应用	欧洲	朱桦,李益民,夏宁邵,程通,叶祥忠	2015

续表

序号	专利名称	授权国别	完成人	年份
11	ORF7缺陷型水痘病毒、含有该病毒的疫苗及应用	日本	朱桦，李益民，夏宁邵，程通，叶祥忠	2015
12	截短的人乳头瘤病毒58型L1蛋白	欧洲	李少伟，魏旻希，孔祥林，王颖彬，张军，夏宁邵	2015
13	截短的人乳头瘤病毒16型L1蛋白	美国	顾颖，李少伟，魏闵希，鲜阳凌，罗文新，夏宁邵	2015
14	戊型肝炎病毒单克隆抗体及其用途	欧洲分案	夏宁邵，张军，顾颖，李少伟，葛胜祥，何志强	2016
15	戊型肝炎病毒单克隆抗体及其用途	日本	夏宁邵，张军，顾颖，李少伟，葛胜祥，何志强	2016
16	截短的人乳头瘤病毒33型L1蛋白	美国	李少伟，孔祥林，魏旻希，潘晖榕，张军，夏宁邵	2016
17	特异性结合H5亚型禽流感病毒血凝素蛋白的单克隆抗体或其结合活性片段及其用途	欧洲	陈毅歆，罗文新，张军，夏宁邵，管轶，陈鸿霖	2016
18	特异性结合H5亚型禽流感病毒血凝素蛋白的单克隆抗体或其结合活性片段及其用途	欧洲分案	陈毅歆，罗文新，张军，夏宁邵，管轶，陈鸿霖	2016
19	截短的人乳头瘤病毒18型L1蛋白	美国	李少伟，沈文通，李仲艺，谢明辉，潘晖榕，夏宁邵	2016
20	截短的人乳头瘤病毒11型L1蛋白	欧洲	张军，王晋，杨春燕，顾颖，李少伟，夏宁邵	2016
21	截短的人乳头瘤病毒11型L1蛋白	欧洲分案	张军，王晋，杨春燕，顾颖，李少伟，夏宁邵	2016

续表

序号	专利名称	授权国别	完成人	年份
22	截短的人乳头瘤病毒 58 型 L1 蛋白	美国	李少伟，魏旻希，孔祥林，王颖彬，张军，夏宁邵	2016
23	截短的人乳头瘤病毒 16 型 L1 蛋白	美国	顾颖，李少伟，魏闵希，鲜阳凌，罗文新，夏宁邵	2016
24	截短的人乳头瘤病毒 52 型 L1 蛋白	欧洲	李少伟，莫小兵，魏旻希，潘晖榕，张军，夏宁邵	2016
25	截短的人乳头瘤病毒 52 型 L1 蛋白	美国	李少伟，莫小兵，魏旻希，潘晖榕，张军，夏宁邵	2016
26	包含白喉毒素无毒突变体 CRM197 的融合蛋白	日本	李少伟，宋翠灵，杨春燕，顾颖，罗文新，夏宁邵	2016
27	包含白喉毒素无毒突变体 CRM197 的融合蛋白	澳大利亚	李少伟，宋翠灵，杨春燕，顾颖，罗文新，夏宁邵	2016
28	截短的人乳头瘤病毒 11 型 L1 蛋白	美国	张军，王晋，杨春燕，顾颖，李少伟，夏宁邵	2017
29	截短的人乳头瘤病毒 11 型 L1 蛋白	印度	张军，王晋，杨春燕，顾颖，李少伟，夏宁邵	2017
30	戊型肝炎病毒单克隆抗体及其用途	巴西	夏宁邵，张军，顾颖，李少伟，葛胜祥，何志强	2017
31	截短的人乳头瘤病毒 6 型 L1 蛋白	印度	李少伟，潘晖榕，刘波，张军，苗季，夏宁邵	2017
32	截短的人乳头瘤病毒 6 型 L1 蛋白	美国分案	李少伟，潘晖榕，刘波，张军，苗季，夏宁邵	2017
33	截短的人乳头瘤病毒 33 型 L1 蛋白	欧洲	李少伟，孔祥林，魏旻希，潘晖榕，张军，夏宁邵	2017

续表

序号	专利名称	授权国别	完成人	年份
34	包含白喉毒素无毒突变体CRM197的融合蛋白	澳大利亚	李少伟,宋翠灵,杨春燕,顾颖,罗文新,夏宁邵	2017
35	包含白喉毒素无毒突变体CRM197的融合蛋白	墨西哥	李少伟,宋翠灵,杨春燕,顾颖,罗文新,夏宁邵	2017
36	包含白喉毒素无毒突变体CRM197的融合蛋白	美国分案1	李少伟,宋翠灵,杨春燕,顾颖,罗文新,夏宁邵	2017
37	包含白喉毒素无毒突变体CRM197的融合蛋白	美国分案2	李少伟,宋翠灵,杨春燕,顾颖,罗文新,夏宁邵	2017
38	包含白喉毒素无毒突变体CRM197的融合蛋白	印度尼西亚	李少伟,宋翠灵,杨春燕,顾颖,罗文新,夏宁邵	2017
39	识别流感病毒血凝素蛋白HA1结构域的广谱单克隆抗体	美国	陈毅歆,郑清炳,李睿,沈晨光,罗文新,陈鸿霖,夏宁邵	2017
40	Anti-HBc定量检测方法及其在监控慢性乙肝患者病情发展和预测治疗疗效中的用途	韩国	袁权,宋浏伟,周文彬,翁祖星,徐飞海,葛胜祥,张军,夏宁邵	2017
41	用于治疗HBV感染及相关疾病的多肽及抗体	澳大利亚	袁权,张天英,罗文新,陈毅歆,张军,夏宁邵	2017
42	用于治疗HBV感染及相关疾病的多肽及抗体	美国	袁权,张天英,罗文新,陈毅歆,张军,夏宁邵	2017
43	RSV融合蛋白的表位以及识别其的抗体	美国	郑子峥,贾森·麦克莱伦,陈曼,赵敏,黄粱敏,巴尼·格雷厄姆,夏宁邵	2018
44	体外制备轮状病毒双层类病毒颗粒的方法	美国	葛胜祥,李廷栋,郭清顺,徐飞海,张军,夏宁邵	2018

续表

序号	专利名称	授权国别	完成人	年份
45	Anti-HBc 定量检测方法及其在监控慢性乙肝患者病情发展和预测治疗疗效中的用途	日本	袁权,宋浏伟,周文彬,翁祖星,徐飞海,葛胜祥,张军,夏宁邵	2018
46	Anti-HBc 定量检测方法及其在监控慢性乙肝患者病情发展和预测治疗疗效中的用途	澳大利亚	袁权,宋浏伟,周文彬,翁祖星,徐飞海,葛胜祥,张军,夏宁邵	2018
47	Anti-HBc 定量检测方法及其在监控慢性乙肝患者病情发展和预测治疗疗效中的用途	美国	袁权,宋浏伟,周文彬,翁祖星,徐飞海,葛胜祥,张军,夏宁邵	2018
48	ORF7 缺陷型水痘病毒、含有该病毒的疫苗及应用	美国	朱桦,李益民,夏宁邵,程通,叶祥忠	2018
49	包含白喉毒素无毒突变体 CRM197 的融合蛋白	欧洲	李少伟,宋翠灵,杨春燕,顾颖,罗文新,夏宁邵	2018
50	包含白喉毒素无毒突变体 CRM197 的融合蛋白	韩国	李少伟,宋翠灵,杨春燕,顾颖,罗文新,夏宁邵	2018
51	包含白喉毒素无毒突变体 CRM197 的融合蛋白	韩国分案	李少伟,宋翠灵,杨春燕,顾颖,罗文新,夏宁邵	2018
52	截短的人乳头瘤病毒 11 型 L1 蛋白	美国分案	张军,王晋,杨春燕,顾颖,李少伟,夏宁邵	2018
53	用于治疗 HBV 感染及相关疾病的多肽及抗体	加拿大	袁权,张天英,罗文新,陈毅歆,张军,夏宁邵	2018
54	截短的人乳头瘤病毒 52 型 L1 蛋白	印度	李少伟,莫小兵,魏旻希,潘晖榕,张军,夏宁邵	2018
55	体外制备轮状病毒双层类病毒颗粒的方法	欧洲	葛胜祥,李廷栋,郭清顺,徐飞海,张军,夏宁邵	2019

续表

序号	专利名称	授权国别	完成人	年份
56	抗 Flu B 的广谱单克隆抗体及其用途	日本	陈毅歆，沈晨光，陈俊煜，王国松，张梦娅，夏宁邵	2019
57	抗 Flu B 的广谱单克隆抗体及其用途	澳大利亚	陈毅歆，沈晨光，陈俊煜，王国松，张梦娅，夏宁邵	2019
58	用于治疗 HBV 感染及相关疾病的多肽及抗体	日本	袁权，张天英，罗文新，陈毅歆，张军，夏宁邵	2019
59	Anti-HBc 定量检测方法及其在监控慢性乙肝患者病情发展和预测治疗疗效中的用途	欧洲	袁权，宋浏伟，周文彬，翁祖星，徐飞海，葛胜祥，张军，夏宁邵	2019
60	Anti-HBc 定量检测方法及其在监控慢性乙肝患者病情发展和预测治疗疗效中的用途	澳大利亚	袁权，宋浏伟，周文彬，翁祖星，徐飞海，葛胜祥，张军，夏宁邵	2019
61	RSV 融合蛋白的表位以及识别其的抗体	澳大利亚	郑子峥，贾森・麦克莱伦，陈曼，赵敏，黄粱敏，巴尼・格雷厄姆，夏宁邵	2019
62	RSV 融合蛋白的表位以及识别其的抗体	日本	郑子峥，贾森・麦克莱伦，陈曼，赵敏，黄粱敏，巴尼・格雷厄姆，夏宁邵	2019
63	RSV 融合蛋白的表位以及识别其的抗体	印度	郑子峥，贾森・麦克莱伦，陈曼，赵敏，黄粱敏，巴尼・格雷厄姆，夏宁邵	2019
64	用于治疗 HBV 感染及相关疾病的多肽及抗体	韩国	袁权，张天英，罗文新，陈毅歆，张军，夏宁邵	2019
65	用于治疗 HBV 感染及相关疾病的多肽及抗体	美国分案	袁权，张天英，罗文新，陈毅歆，张军，夏宁邵	2019

续表

序号	专利名称	授权国别	完成人	年份
66	用于评估机体发生人巨细胞病毒活动性感染风险的方法及相关的试剂盒	美国	葛胜祥,李金洁,黄茜,李廷栋,张军,夏宁邵	2019
67	截短的人乳头瘤病毒 6 型 L1 蛋白	欧洲	李少伟,潘晖榕,刘波,张军,苗季,夏宁邵	2019
68	包含白喉毒素无毒突变体 CRM197 的融合蛋白	印度	李少伟,宋翠灵,杨春燕,顾颖,罗文新,夏宁邵	2019
69	截短的人乳头瘤病毒 18 型 L1 蛋白	印度	李少伟,沈文通,李仲艺,谢明辉,潘晖榕,夏宁邵	2019
70	一种用于展示目的多肽的多肽载体及其用途	澳大利亚	张天英,袁权,郭雪染,魏旻希,康晓圳,张军,夏宁邵	2019
71	截短的人乳头瘤病毒 33 型 L1 蛋白	印度	李少伟,沈文通,李仲艺,谢明辉,潘晖榕,夏宁邵	2019
72	一种可控制液体环流路径的核酸扩增反应管	美国	葛胜祥,张师音,徐飞海,王进,李金洁,张军,夏宁邵	2019
73	一种人乳头瘤病毒 11 型 L1 蛋白的突变体	美国	李少伟,王大宁,柳欣林,李志海,张军,夏宁邵	2019

三、主要科研产品

2011—2019 年,学院累计获得新药证书 2 项,获批临床试验批件 6 项,获得药械证书 118 项,其中 WHO PQ 认证 2 项,欧盟 CE 认证 11 项(表 4-2-5～表 4-2-7)。2020 年,学院研发的新型冠状病毒抗体检测试剂在国内外共获得注册证书/上市许可 27 个，包括：获得中国医疗器械注册证书 1 项、美国 FDA 紧急使用授权（emergency use authorization，EUA）2 项、欧盟 CE 认证 6 项、秘鲁认证 4 项、菲律宾 FDA 认证 3 项、印度卫生部许可 3 项、俄罗斯认证 2 项、澳大利亚治疗用品管理局（Therapeutic Goods Administration，TGA）认证，以及哥伦比亚、智利、厄瓜多尔、洪都拉斯、格鲁吉亚 5 国认证各 1 项。此外，2020 年 8 月 7 日，由厦门大学夏宁邵教授团队、香港大学陈鸿霖教授团队和北京万泰生物药业股份有限公司共同研制鼻喷流感病毒载体新冠肺炎疫苗通过国家药品监督管理局的应急审批，获准开展临床试验。

表 4-2-5　新药证书（2011—2019 年）

序号	产品名称	新药证书/注册批件编号	年份
1	重组戊型肝炎疫苗（大肠埃希菌）［商品名：益可宁（Hecolin）］	国药证字 S20110005	2011
2	双价人乳头瘤病毒疫苗（大肠杆菌）［商品名：馨可宁（Cecolin）］	批件号 2019S00760	2019

表 4-2-6　获批临床试验批件（2012—2019 年）

序号	产品名称	批准文号/注册文号	年份
1	重组人乳头瘤病毒 6/11/16/18/31/33/45/52/58 型九价疫苗（大肠埃希菌）临床试验批件	2017L04931	2017
2	冻干水痘减毒活疫苗（VAV-7D）	2017L04934	2017
3	重组乙型肝炎蛋白注射液（大肠埃希菌）	CXSL1700177 闽	2017
4	氟[^{18}F]阿法肽注射液临床试验批件	2018L03057	2018
5	复合大孔聚多糖可吸收止血材料用于术中辅助止血的安全性和有效性临床试验	闽械临备 20180015 闽械临备 20180047	2018
6	注射用重组人 PD-1 抗体单纯疱疹病毒	CXSL1900078	2019

表 4-2-7 药械证书一览表(2012—2019 年)

序号	产品名称	批准文号（注册证号）	年份
1	丙型肝炎病毒抗体确证试剂盒(重组免疫印迹法)	国食药监械(准)字 2012 第 3400002 号	2012
2	结核分枝杆菌相关 γ-干扰素检测试剂盒(体外释放酶联免疫法)	国食药监械(准)字 2012 第 3400557 号	2012
3	人类免疫缺陷病毒 1+2 型抗体检测试剂盒(重组免疫印迹法)	国食药监械(准)字 2012 第 3400647 号	2012
4	丙型肝炎病毒抗体检测试剂盒(双抗原夹心化学发光法)	国食药监械(准)字 2012 第 3400702 号	2012
5	乙型肝炎病毒表面抗原检测试剂盒(酶联免疫法)	欧盟 CE 认证：41055/101/1/2012/CE	2012
6	丁型肝炎病毒 IgG 抗体检测试剂盒(酶联免疫法)	国食药监械(准)字 2012 第 3400893 号	2012
7	丁型肝炎病毒 IgM 抗体检测试剂盒(酶联免疫法)	国食药监械(准)字 2012 第 3400895 号	2012
8	丙型肝炎病毒抗体检测试剂盒(胶体金法)	国食药监械(准)字 2012 第 3400933 号	2012
9	梅毒螺旋体抗体检测试剂盒(化学发光法)	国食药监械(准)字 2012 第 3400963 号	2012
10	重组戊型肝炎疫苗(大肠埃希菌)(注射剂)	国食药监局药品 GMP 证书编号：CN20120056	2012
11	丙型肝炎病毒抗体检测试剂盒(酶联免疫法)	欧盟 CE 认证：No.40027/101/1/2013/CE	2013
12	丙型肝炎病毒抗体诊断试剂盒(酶联免疫法)	药品注册批件号：2013S0063	2013

续表

序号	产品名称	批准文号（注册证号）	年份
13	戊型肝炎病毒 IgM 抗体检测试剂盒（胶体金法）	国食药监械（准）字 2013 第 3400985 号	2013
14	甲型肝炎病毒 IgM 抗体检测试剂盒（胶体金法）	国食药监械（准）字 2013 第 3401291 号	2013
15	乙型肝炎病毒前 S1 抗原检测试剂盒（酶联免疫法）	国食药监械（准）字 2013 第 3401794 号	2013
16	柯萨奇病毒 A16 型 IgM 抗体检测试剂盒（胶体金法）	国食药监械（准）字 2013 第 3401796 号	2013
17	乙型流感病毒抗原检测试剂盒（免疫渗透法）	国食药监械（准）字 2014 第 3400277 号	2014
18	人类免疫缺陷病毒 1+2 型抗体检测试剂盒（免疫渗透法）	国食药监械（准）字 2014 第 3400278 号	2014
19	人甲型流感病毒 HA 抗原检测试剂盒（酶层析法）	国食药监械（准）字 2014 第 3400584 号	2014
20	甲型/乙型流感病毒抗原检测试剂盒（酶层析法）	国食药监械（准）字 2014 第 3400585 号	2014
21	全自动化学发光免疫分析仪	国食药监械（准）字 2014 第 3401035 号	2014
22	金标免疫层析试纸读数仪	闽械注准 20142400044	2014
23	预激发液	闽厦食药监械（准）字 2014 第 1400006 号	2014
24	浓缩清洗缓冲液	闽厦食药监械（准）字 2014 第 1400007 号	2014

续表

序号	产品名称	批准文号（注册证号）	年份
25	样本稀释液	闽厦食药监械（准）字 2014 第 1400008 号	2014
26	激发液	闽厦食药监械（准）字 2014 第 1400009 号	2014
27	乙型肝炎病毒/丙型肝炎病毒/人类免疫缺陷病毒 1 型核酸联合检测试剂盒(PCR-荧光探针法)	国药准字 S20150004	2015
28	甲胎蛋白定量测定试剂盒(化学发光微粒子免疫检测法)	国械注准 20153400624	2015
29	肌酸激酶同工酶测定试剂盒(化学发光微粒子免疫检测法)	闽械注准 20152400132	2015
30	心肌肌钙蛋白Ⅰ测定试剂盒(化学发光微粒子免疫检测法)	闽械注准 20152400133	2015
31	C-肽测定试剂盒(化学发光微粒子免疫检测法)	闽械注准 20152400135	2015
32	肌红蛋白测定试剂盒(化学发光微粒子免疫检测法)	闽械注准 20152400137	2015
33	铁蛋白测定试剂盒(化学发光微粒子免疫检测法)	闽械注准 20152400139	2015
34	胰岛素测定试剂盒(化学发光微粒子免疫检测法)	闽械注准 20152400141	2015
35	免疫荧光定量检测仪	闽械注准 20152400154	2015
36	糖类抗原 19-9(CA19-9)测定试剂盒(化学发光微粒子免疫检测法)	国械注准 20153401965	2015

续表

序号	产品名称	批准文号（注册证号）	年份
37	癌胚抗原测定试剂盒(化学发光微粒子免疫检测法)	国械注准 20153401962	2015
38	糖类抗原 125(CA125)测定试剂盒(化学发光微粒子免疫检测法)	国械注准 20153401967	2015
39	游离前列腺特异性抗原测定试剂盒(化学发光微粒子免疫检测法)	国械注准 20153401970	2015
40	总前列腺特异性抗原测定试剂盒(化学发光微粒子免疫检测法)	国械注准 20153401966	2015
41	HIV-Ab 诊断试剂(酶联免疫法)	WHO PQ 认证：PQDx 0006-005-00	2016
42	HIV-Ab 快速检测试剂(胶体金法)	WHO PQ 认证：PQDx 0006-005-00	2016
43	甲型肝炎病毒 IgM 抗体检测试剂盒(酶联免疫法)	欧盟 CE 认证：BE-CA02-306-16	2016
44	甲型肝炎病毒 IgM 抗体检测试剂盒(胶体金法)	欧盟 CE 认证：BE-CA02-307-16	2016
45	结核分枝杆菌相关 γ-干扰素检测试剂盒(体外释放酶联免疫法)	欧盟 CE 认证：BE-CA02-310-16	2016
46	梅毒螺旋体抗体诊断试剂盒(胶体金法)	欧盟 CE 认证：BE-CA02-309-16	2016
47	A 群轮状病毒诊断试剂盒(胶体金法)	欧盟 CE 认证：BE-CA02-308-16	2016
48	人类免疫缺陷病毒抗原抗体诊断试剂(酶联免疫法)	欧盟 CE 认证：No.40008/101/1/2016/CE	2016

续表

序号	产品名称	批准文号（注册证号）	年份
49	甲状腺球蛋白抗体检测试剂盒(化学发光微粒子免疫检测法)	闽械注准 20162400013	2016
50	总甲状腺素检测试剂盒(化学发光微粒子免疫检测法)	闽械注准 20162400014	2016
51	游离三碘甲状腺原氨酸检测试剂盒(化学发光微粒子免疫检测法)	闽械注准 20162400015	2016
52	甲状腺球蛋白检测试剂盒(化学发光微粒子免疫检测法)	闽械注准 20162400016	2016
53	总三碘甲状腺原氨酸检测试剂盒(化学发光微粒子免疫检测法)	闽械注准 20162400033	2016
54	甲状腺过氧化物酶抗体检测试剂盒(化学发光微粒子免疫检测法)	闽械注准 20162400034	2016
55	促甲状腺激素检测试剂盒(化学发光微粒子免疫检测法)	闽械注准 20162400035	2016
56	神经元特异性烯醇化酶测定试剂盒(化学发光微粒子免疫检测法)	国械注准 20163400490	2016
57	细胞角蛋白 19 片段(CYFRA21-1)测定试剂盒(化学发光微粒子免疫检测法)	国械注准 20163400491	2016
58	游离甲状腺素检测试剂盒(化学发光微粒子免疫检测法)	闽械注准 20162400038	2016
59	白介素 6 测定试剂盒(化学发光微粒子免疫检测法)	闽械注准 20162400042	2016
60	超敏 C 反应蛋白测定试剂盒(化学发光微粒子免疫检测法)	闽械注准 20162400043	2016

续表

序号	产品名称	批准文号（注册证号）	年份
61	乙型肝炎病毒核心抗体测定试剂盒（化学发光微粒子免疫检测法）	国械注准 20163400689	2016
62	人附睾蛋白 4 测定试剂盒（化学发光微粒子免疫检测法）	国械注准 20163400698	2016
63	糖类抗原 15-3（CA15-3）测定试剂盒（化学发光微粒子免疫检测法）	国械注准 20163400800	2016
64	EB 病毒核抗原（NA1）IgA 抗体测定试剂盒（化学发光微粒子免疫检测法）	国械注准 20163400801	2016
65	EB 病毒衣壳抗原（VCA）IgA 抗体测定试剂盒（化学发光微粒子免疫检测法）	国械注准 20163400802	2016
66	复合前列腺特异性抗原测定试剂盒（化学发光微粒子免疫检测法）	国械注准 20163400803	2016
67	EB 病毒 Zta 蛋白 IgA 抗体测定试剂盒（化学发光微粒子免疫检测法）	国械注准 20163400801	2016
68	β_2-微球蛋白测定试剂盒（化学发光微粒子免疫检测法）	闽械注准 20162400065	2016
69	胃蛋白酶原Ⅰ测定试剂盒（化学发光微粒子免疫检测法）	闽械注准 20162400066	2016
70	N 端脑钠肽前体测定试剂盒（化学发光微粒子免疫检测法）	闽械注准 20162400067	2016
71	胃蛋白酶原Ⅱ测定试剂盒（化学发光微粒子免疫检测法）	闽械注准 20162400069	2016
72	降钙素原测定试剂盒（化学发光微粒子免疫检测法）	闽械注准 20162400070	2016

续表

序号	产品名称	批准文号（注册证号）	年份
73	戊型肝炎病毒 IgM 抗体测定试剂盒（化学发光微粒子免疫检测法）	国械注准 20163401238	2016
74	丙型肝炎病毒抗体测定试剂盒（化学发光微粒子免疫检测法）	国械注准 20163401239	2016
75	乙型肝炎病毒 e 抗原测定试剂盒（化学发光微粒子免疫检测法）	国械注准 20163401240	2016
76	乙型肝炎病毒前 S1 抗原测定试剂盒（化学发光微粒子免疫检测法）	国械注准 20163401241	2016
77	戊型肝炎病毒 IgG 抗体测定试剂盒（化学发光微粒子免疫检测法）	国械注准 20163401242	2016
78	乙型肝炎病毒 e 抗体测定试剂盒（化学发光微粒子免疫检测法）	国械注准 20163401243	2016
79	梅毒螺旋体抗体测定试剂盒（化学发光微粒子免疫检测法）	国械注准 20163401249	2016
80	中性粒细胞明胶酶相关脂质运载蛋白测定试剂盒（化学发光微粒子免疫检测法）	闽械注准 20162400089	2016
81	Ⅲ型前胶原 N 端肽测定试剂盒（化学发光微粒子免疫检测法）	闽械注准 20162400091	2016
82	Ⅳ型胶原测定试剂盒（化学发光微粒子免疫检测法）	闽械注准 20162400093	2016
83	全段甲状旁腺激素测定试剂盒（化学发光微粒子免疫检测法）	闽械注准 20162400095	2016
84	可溶性转铁蛋白受体测定试剂盒（化学发光微粒子免疫检测法）	闽械注准 20162400100	2016

续表

序号	产品名称	批准文号（注册证号）	年份
85	层粘连蛋白测定试剂盒(化学发光微粒子免疫检测法)	闽械注准 20162400101	2016
86	透明质酸测定试剂盒(化学发光微粒子免疫检测法)	闽械注准 20162400102	2016
87	层粘连蛋白测定试剂盒(化学发光微粒子免疫检测法)	闽械注准 20162400101	2016
88	甲型肝炎病毒 IgM 抗体测定试剂盒(化学发光微粒子免疫检测法)	闽械注准 20162401333	2016
89	乙型肝炎病毒表面抗体测定试剂盒(化学发光微粒子免疫检测法)	闽械注准 20162401352	2016
90	人类免疫缺陷病毒抗原抗体测定试剂盒(化学发光微粒子免疫检测法)	闽械注准 20162401355	2016
91	甲型肝炎病毒抗体测定试剂盒(化学发光微粒子免疫检测法)	闽械注准 20162401356	2016
92	鳞状上皮细胞癌抗原测定试剂盒(化学发光微粒子免疫检测法)	闽械注准 20162401360	2016
93	乙型肝炎病毒核心 IgM 抗体测定试剂盒(化学发光微粒子免疫检测法)	闽械注准 20162401361	2016
94	乙型肝炎病毒表面抗体检测试剂盒(胶体金法)	国械注准 20163401346	2016
95	A 群轮状病毒/腺病毒抗原检测试剂盒(胶体金法)	国械注准 20163401347	2016
96	梅毒螺旋体抗体/乙型肝炎病毒表面抗原联合检测试剂盒(胶体金法)	国械注准 20163401348	2016

续表

序号	产品名称	批准文号（注册证号）	年份
97	戊型肝炎病毒抗体检测试剂盒(胶体金法)	国械注准 20163401349	2016
98	结核分枝杆菌相关 γ-干扰素检测试剂盒(体外释放酶联免疫法)	欧盟 CE 认证：BE-CA02-310-16	2017
99	梅毒螺旋体抗体诊断试剂盒(胶体金法)	欧盟 CE 认证：BE-CA02-309-16	2017
100	A 群轮状病毒诊断试剂盒(胶体金法)	欧盟 CE 认证：BE-CA02-308-16	2017
101	乙型肝炎病毒表面抗原检测试剂盒(荧光免疫层析法)	国械注准 20173403029	2017
102	丁型肝炎病毒 IgM 抗体检测试剂盒(化学发光微粒子免疫检测法)	国械注准 20173403038	2017
103	丁型肝炎病毒 IgG 抗体检测试剂盒(化学发光微粒子免疫检测法)	国械注准 20173403039	2017
104	结核分枝杆菌特异性细胞免疫反应检测试剂盒(化学发光法)	国械注准 20173403246	2017
105	结核分枝杆菌特异性细胞免疫反应检测试剂盒(体外释放荧光免疫层析法)	国械注准 20183401001	2018
106	肠道病毒 71 型、柯萨奇病毒 A16 型和肠道病毒通用型核酸检测试剂盒(PCR-荧光探针法)	国械注准 20183400236	2018
107	甲型流感病毒核酸检测试剂盒(ccPCR-纸条法)	国械注准 20183400238	2018

续表

序号	产品名称	批准文号（注册证号）	年份
108	肠道病毒 71 型核酸检测试剂盒（ccPCR-纸条法）	国械注准 20183400237	2018
109	呼吸道合胞病毒抗原检测试剂盒（酶层析法）	国械注准 20183400342	2018
110	肺炎支原体抗原检测试剂盒（酶层析法）	国械注准 20183400348	2018
111	人乳头瘤病毒（HPV）核酸检测及基因分型试剂盒（荧光 PCR 溶解曲线）	国械注准 20183400416	2018
112	癌抗原 CA72-4 测定试剂盒（化学发光微粒子免疫检测法）	国械注准 20183400478	2018
113	糖类抗原 CA50 测定试剂盒（化学发光微粒子免疫检测法）	国械注准 20193400219	2019
114	肿瘤相关抗原 CA242 测定试剂盒（化学发光微粒子免疫检测法）	国械注准 20193400438	2019
115	人类免疫缺陷病毒 1 型尿液抗体检测试剂盒（胶体金法）	国械注准 20193400550	2019
116	人类免疫缺陷病毒 1 型尿液抗体检测试剂盒（荧光免疫层析法）	国械注准 20193400551	2019
117	乙型肝炎病毒 e 抗原测定试剂盒（化学发光微粒子免疫检测法）	国械注准 20193400979	2019
118	乙型肝炎病毒核心抗体测定试剂盒（化学发光微粒子免疫检测法）	国械注准 20193401031	2019

四、代表性转化成果

(一)戊型肝炎疫苗

全球首个戊型肝炎疫苗研制成功。病毒性肝炎是我国的重大传染病,而戊型肝炎病毒是引起急性病毒性肝炎的重要病原体。印度、尼泊尔、我国新疆等地都曾暴发过上万人规模的戊型肝炎疫情。1998 年,立志于解决疾病防控现实问题的夏宁邵教授带领着年轻的团队开始研制戊型肝炎疫苗。经过 4 年的不断失败和摸索,团队突破抗原原核表达、体外重组装和表位再现的关键技术难题,终于研制出可用作疫苗的戊型肝炎重组蛋白二聚体 E2s,赢得了疫苗研制的关键一役,成果转让给厦门万泰沧海公司在厦门实施产业化。2004—2009 年,疫苗相继完成了Ⅰ期、Ⅱ期、Ⅲ期临床试验。2010 年 8 月,国际顶尖医学期刊《柳叶刀》发表了戊型肝炎疫苗Ⅲ期临床试验的结果,在健康人群中戊型肝炎疫苗的保护性达到 100%,充分证明了夏宁邵教授团队研制的戊型肝炎疫苗的安全性和有效性(*Vaccine* 2005;*Lancet* 2010)。2012 年 1 月,国家科技部召开新闻发布会,宣告戊型肝炎疫苗获得新药证书,并于 7 月获得药品生产质量管理规范(Good Manufacturing Practice,GMP)证书(图 4-2-1);同年 10 月 27 日,全球首个戊型肝炎疫苗正式在中国上市,这是世界上第一个能够预防戊型肝炎的疫苗。该成果获得 2012 年中国专利金奖,并入选 2012 年"两院院士评选中国十大科技进展""中国高校十大科技进展""国家自然科学基金优秀成果"和第六届世界疫苗大会(新加坡)"亚洲生物技术创新成就奖"。在疫苗上市后,研究团队进一步通过长期流行病学随访证实了疫苗的长期有效性和安全性(*Hepatology* 2012;*CMI* 2013;*NEJM* 2015)。

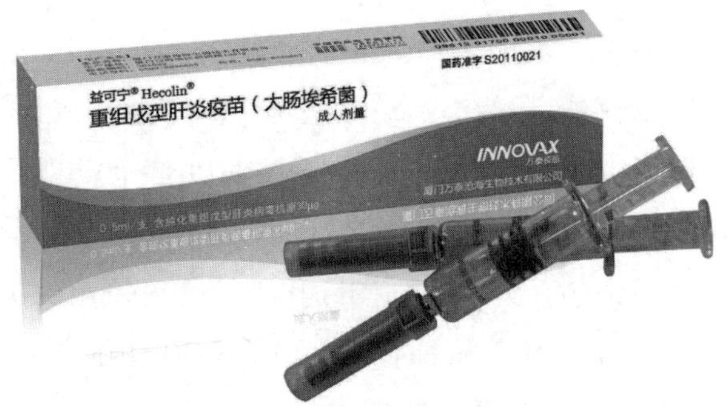

图 4-2-1 戊型肝炎疫苗及相关证书

获得国内外社会各界的广泛关注、历时 14 年、拥有 12 项国内外发明专利、获得 5 亿元研发投入的政产学研紧密协作研制的全球首个戊型肝炎疫苗在中国成功上市。2012 年，中央电视台《新闻联播》《人民日报》等中央媒体，世界卫生组织、美国科学新闻网、盖茨基金会、克林顿基金会等境外媒体，《自然》(*Nature*)、《新英格兰医学杂志》(*NEJM*)、《柳叶刀》(*Lancet*)等顶级学术期刊纷纷给出正面报道和评论，在国内外赢得良好声誉。2016 年，中央电视台 2 套《经济半小时》栏目将戊型肝炎疫苗作为中国自主创新的典型案例进行了 15 分钟的专题报告。

研究团队致力于推动戊型肝炎疫苗走向世界，与海外学者及国际公益组织进行了多次交流，成功促使戊型肝炎疫苗于2013年进入WHO预认证优先目录；协助WHO免疫战略专家组(Strategic Advisory Group of Experts，SAGE)完成了对该疫苗的系统评估。2014年，SAGE戊型肝炎疫苗专项报告中对该疫苗的安全性和有效性予以了积极评价，推动了WHO首个戊型肝炎疫苗立场文件于2015年出台；2016年赢得盖茨基金会资助，对疫苗生产体系的国际规范符合情况进行国际专家组评估。这一系列国际化工作为该疫苗的国际推广奠定了坚实基础。2015年尼泊尔大地震后，团队与20余位海外学者共同在*Lancet*上发表评论，呼吁警惕灾后戊型肝炎疫情的发生并尽快建立中国戊型肝炎疫苗在国际人道救援中的合法应用途径(*Lancet* 2015)，并在*NEJM*上对美国学者的呼吁进行了积极回应(*NEJM* 2015)。2017年、2018年戊型肝炎疫苗先后通过泰国、巴基斯坦的药品生产质量管理规范认证。2017年，在孟加拉国启动了20745名育龄妇女的Ⅳ期临床试验，得到挪威政府约550万美元的专项资助。2018年11月，WHO发布生物制品标准化专家委员会(Expert Committee on Biological Standardization，ECBS)审议通过的《关于重组戊型肝炎疫苗质量、安全性及有效性的审评技术建议》，为通过WHO PQ认证奠定了关键的法规基础。2019年，戊型肝炎疫苗通过巴基斯坦注册。研究团队积极与世界各组织合作，争取早日能够造福于世界上其他戊型肝炎高发地区的民众，尤其是为“一带一路”沿线国家的人群造福，为人类命运共同体贡献中国力量。

戊型肝炎疫苗是首个在美国进行临床试验的中国疫苗。美国国立卫生研究院(National Institutes of Health，NIH)一直关注戊型肝炎疫苗的研发情况。由于戊型肝炎疫苗已经在超过10万成年人的临床试验中证明了其安全性、免疫原性和有效性，NIH希望可以在中国以外的其他地区运用该疫苗来预防和控制戊型肝炎的流行。2016年9月，NIH与厦门万泰正式签署合作协议支持戊型肝炎疫苗在美国开展临床试验。2017年，美方派3位专家到厦门，按照美国标准检查疫苗生产和质量控制体系，最终通过了戊型肝炎疫苗在美国进行临床试验的申报。2019年1月，戊型肝炎疫苗通过了美国FDA的审评，获准在美国开展临床试验，并获美国NIH全额资助，由美国Emory大学疫苗中心实施并已完成入组接种。这是美国FDA第一次对中国疫苗进入美国临床试验“开绿灯”，证明国产疫苗的质量获得了国际认可。

（二）宫颈癌系列疫苗

1.首个国产重组人乳头瘤病毒疫苗获批上市

人乳头瘤病毒（HPV）疫苗俗称宫颈癌疫苗，可用来预防女性宫颈癌和男、女生殖器癌以及生殖器疣。宫颈癌是女性常见恶性肿瘤，发病率仅次于乳腺癌，位居女性生殖系统恶性肿瘤首位。当前，全球已上市的 HPV 疫苗有 3 种，分别是英国葛兰素史克公司生产的针对 HPV16、18 型的双价疫苗，美国默沙东公司生产的针对 HPV6、11、16、18 型的四价疫苗和针对 HPV6、11、16、18、31、33、45、52、58 型的九价疫苗。由学院夏宁邵教授团队和养生堂厦门万泰公司联合研制的双价人乳头瘤病毒疫苗（大肠杆菌）经大规模随机对照试验证实安全有效（*JNCI* 2019），于 2019 年 12 月 31 日获国家药品监督管理局批准上市，商品名为馨可宁©（图 4-2-2），从研发到获批上市历时 18 年，使我国成为继美国、英国之后世界上第三个可实现宫颈癌疫苗自主供应的国家，打破此前国外对该疫苗的垄断。该成果先后被中央电视台《新闻联播》、新华社、中国新闻社等中央媒体进行报道，由人民日报发起的相关话题网络浏览量超过 6 亿人次，被微博热搜置顶报道，并成为当日热搜榜第一名。该疫苗是首个国产双价宫颈癌疫苗（人乳头瘤病毒 HPV 16/18 型），适用于 9～45 岁女性（9～14 岁女性只需要接种 2 针，15～45 岁女性接种 3 针）。该疫苗的研发成功将极大缓解国内外宫颈癌疫苗供应不足的情况。2020 年 5 月 18 日，首个国产宫颈癌疫苗正式在湖北武汉接种。

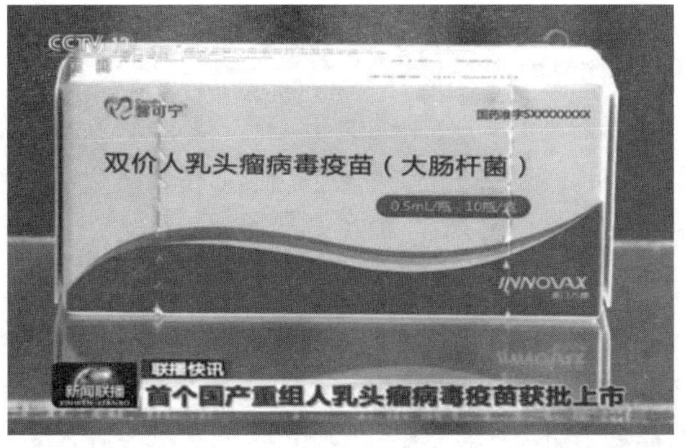

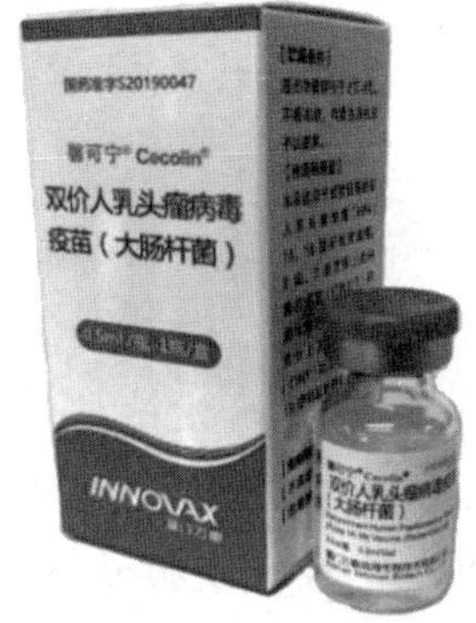

图 4-2-2　双价人乳头瘤病毒疫苗

2.第二代宫颈癌疫苗(九价)获准开展临床试验

第一代疫苗包括 HPV16 型和 18 型两个高危型别，可以预防约 70%的宫颈癌。而第二代疫苗另外增加了 5 个 HPV 高危型别和 2 个可引起尖锐湿疣的 HPV 低危型别，可以预防约 90%的宫颈癌以及约 90%的尖锐湿疣。全球第一个二代宫颈癌疫苗由美国默沙东公司研制，2015 年已经在国外获准上市，2018 获准在国内上市。为尽快打破国外宫颈癌疫苗的垄断局面，夏宁邵教授带领团队加快追赶步伐，在研制第一代宫颈癌疫苗（双价）的同时，全面布局第二代宫颈癌疫苗（九价）的研发，于 2015 年 6 月向国家食品药品监督管理总局提交了临床试验申请。2017 年 11 月，首个国产九价宫颈癌疫苗的临床试验申请已通过审评，这是全球第二个获准开展临床试验的第二代宫颈癌疫苗；2019 年 1 月，启动Ⅰ期临床试验；2019 年 6 月，启动Ⅱ期临床试验；2020 年，启动Ⅲ期临床试验。

3.联手全球疫苗巨头发力研发新一代宫颈癌疫苗

夏宁邵教授在宫颈癌疫苗研发上取得的一系列研究成果，受到国际同行的持续关注，国际疫苗巨头纷纷来寻求合作。经过多方努力，2019 年 9 月，厦门大学与全球疫苗巨头英国葛兰素史克公司（GSK）正式签署全球合作协议，宣布双方将基于厦门大学的创新抗原技术、养生堂厦门万泰的重组疫苗生产平台与 GSK 的佐剂系统联合研发新型 HPV 疫苗。这是中国疫苗行业首次凭借独创技术与国际顶尖疫苗企业紧密合作开发重磅疫苗品种并在全球进行商业化，是中国疫苗科技走向世界舞台中央的一个标志性事件，是中欧疫苗科技强强联合共同推进全球健康的合作典范，届时，在厦门生产的宫颈癌疫苗，将借助 GSK 的全球网络造福全世界。

4.第三代宫颈癌疫苗(二十价)取得关键技术突破

现有的第一代和第二代宫颈癌疫苗，均使用类似于 HPV 天然病毒颗粒的“类病毒颗粒”作为疫苗抗原。类病毒颗粒就是将去除了病毒遗传物质之后的剩余物质重新进行装配，结构上仍具有原病毒特征，但无复制和感染能力。类病毒颗粒能使人产生针对该病毒的免疫应答，从而产生抗体，使人对该病毒的侵蚀具有很好的防御能力。早在 2012 年，夏宁邵教授团队便开始了第三代 HPV 疫苗的研究，研究团队采用新兴的结构疫苗学方法，获得了只需要 7 种类病毒颗粒就能覆盖 20 种 HPV 病毒型别的第三代宫颈癌疫苗，为研制覆盖所有高危型别 HPV 的第三代宫颈癌疫苗奠定了关键技术基础，敲开了第三代宫颈癌疫苗研制的大门。此举在国际上首次实现了一种 HPV 类病毒颗粒具有同时保护 3 种 HPV 病毒型别的功能，有望将第二代疫苗预防 90％宫颈癌的有效性进一步提高到可预防 99％的宫颈癌，使我国在第三代宫颈癌疫苗的国际竞争中跃居领跑位置（*Nat Commun* 2018）。2018 年 12 月 25 日，《科技日报》头版报眼“最新发现与创新”栏目刊发题为“我科学家率先敲开第三代宫颈癌疫苗研制大门”的消息，报道了夏宁邵教授团队在第三代宫颈癌疫苗研制方面的最新成果。人民日报、环球时报等媒体的微信公众号，新华网、环球网、新浪网、光明网等网站转载了相关新闻。

5.推进国产宫颈癌疫苗走向国际

国产双价宫颈癌疫苗鉴于其安全、有效、低成本、高产量等优点，以及联合国采购市场全球疫苗和免疫联盟（Global Alliance for Vaccines and Immunization，GAVI）对宫颈癌疫苗的需求，国产双价宫颈癌疫苗馨可宁©获得世界卫生组织（WHO）和其他国际非政府组织的有力支持和全程一对一指导。2020 年 3 月，国产双价宫颈癌疫苗通过了世界卫生组织 PQ 认证的形式审核，正式进入技术审评阶段。目前，已有印度尼西亚、巴基斯坦、孟加拉等国签订了引进国产宫颈癌疫苗的合作协议。

（三）艾滋病系列诊断试剂

20 世纪 90 年代初，艾滋病在国内的感染率增长很快，对艾滋病诊断产品的需求不断加大，但当时仅有几个小型实验室能够生产生物活性原料，远远不能满足产业需要，大部分企业生产艾滋病诊断试剂盒所需的关键抗原完全依靠进口。夏宁邵教授以此为契机，果断地决定以艾滋病诊断试剂作为突破口。适逢国家出台鼓励产学研合作的政策，夏宁邵教授带领研究团队借此契机与企业建立合作关系，利用基因工程技术在自行设计构建的高效原核表达载体上，表达出高活性、高产量的重组艾滋病病毒抗原，从而结束了我国艾滋病诊断试剂盒抗原原料完全依赖进口的历史。

1999 年，研究团队在此基础上研制出“HIV 第三代抗体诊断试剂盒”，艾滋病病毒检出率和特异度分别达 99.60％和 99.98％，在世界同一领域的研究中达到先进水平，大大加强了我国对艾滋病病毒传播的控制能力。2001 年，该项研究获得国家科技进步二等奖。2008 年,该产品获得欧盟 CE 认证并出口到西欧发达国家;2015 年,获得世界卫生组织(WHO)认证。迄今为止,该产品已在 42 个国家和地区累计应用超过 5 亿人份。2017 年,该 HIV 检测试剂在金砖会议厦门会晤配套的艾滋病防控展览中作为我国艾滋病防控科技代表成果展出。

学院团队研发的全球首个 HIV 尿液自检试剂上市。2019 年 7 月,厦门大学与北京万泰公司合作研发的"人类免疫缺陷病毒 1 型尿液抗体检测试剂盒(胶体金法)"获得医疗器械注册证,成为全球首个获批上市的 HIV 尿液自检试剂。该产品具有简便快捷、准确率高、无创安全的特点,更重要的是可以完全匿名检测,全面保护隐私。该 HIV 尿液自检试剂的操作十分便捷——与早孕试纸相似,只需要在私密环境中收集少量尿液,15 分钟后就能获取检测结果。若尿液自检呈阳性,可到专业医疗机构进行确证检测。这种方法不但简便快捷,而且对未进行抗病毒治疗的感染者,自检的灵敏度和特异性均可达到 99%以上,准确率很高。此前,艾滋病检测需要在专业医疗机构进行,许多人因为"难为情"等原因,不愿意公开进行检测。高危人群进行主动检测的积极性很低,导致约 30% 的感染者没有被发现,从而造成 HIV 在高危人群中继续传播。该试剂的成功上市,顺应了人性化检测的必然趋势,极大地降低了艾滋病检测的门槛,提高了高危人群主动检测的意愿。

(四)戊型肝炎系列诊断试剂

夏宁邵教授团队发现了戊型肝炎病毒的免疫优势表位,借此研制出系列戊型肝炎系列诊断试剂,建立了全球新一代的戊型肝炎血清学诊断"金标准",使戊型肝炎临床诊断的准确性从 70%提高到 95%以上。2015 年 6 月,来自全球排名第一的美国约翰霍普金斯大学公共卫生学院的 A. Labrique 等国际顶尖专家在《美国热带医学与卫生杂志》(*American Journal of Tropical Medicine and Hygiene*)期刊上撰文,讲述新一代"金标准"试剂对全球人群戊型肝炎流行情况研究产生的重要影响。此外,团队首次发现了戊肝第四抗原——分泌型抗原的产生机制,研制出新一代戊肝抗原检测试剂,使得戊肝抗原成为戊肝诊断中的独立指标,于 2018 年被写入欧洲肝病协会戊肝诊断指南。戊型肝炎系列诊断试剂获得 6 项中国 CFDA 注册证及 4 项 CE 认证,推广至美欧等 24 个国家和地区,应用量超过 4000 万人份；获国家技术发明二等奖（2010 年）、中国专利金奖（2012 年）。

（五）乙型肝炎系列诊断试剂

乙肝的治疗仍是临床上的一大难题，医学界一直在寻找与乙肝抗病毒治疗疗效相关的标志物。继 HBV DNA 定量的临床指导价值得到普遍认可之后，HBsAg 定量水平与乙肝治疗应答的相关性也已基本得到确认，对感染指标定量检测的临床意义日益受到关注。夏宁邵教授团队通过大量前期摸索，研制出稳定性强、能够耐受酶标记而保持主要表位活性的乙肝核心抗原，从而得以研制出目前国内外市场上唯一的双抗原夹心法乙肝核心抗体（HBcAb）检测试剂，显著提高了 HBcAb 定量检测的可靠性，使探索 HBcAb 水平的新临床意义成为可能。2017 年 8 月，夏宁邵教授团队与厦门万泰凯瑞公司合作研发的“乙型肝炎病毒核心抗体测定试剂盒（化学发光微粒子免疫检测法）”获批上市。厦门大学在全球首次发现乙肝核心抗体定量水平（qAnti-HBc）能有效指示慢性乙肝患者抗病毒应答能力并高效预测治疗转归（*Gut* 2013；*Gut* 2016），研制的全球首个 *qAnti-HBc* 试剂已获批并用于临床用药指导，目前已被纳入乙肝临床管理国际指南（亚太 2016；加拿大 2018；中国 2019）。此外，学院研究团队还推动了全球首个乙肝病毒快速免疫分型试剂上市。2017 年 1 月，厦门大学与北京万泰公司合作研发的“乙型肝炎病毒表面抗原检测试剂盒（荧光免疫层析法）”获批上市；2018 年 11 月，与厦门优迈科公司合作研发的“干式荧光免疫分析仪”获批上市。该试剂配合仪器使用，可在 20 分钟内完成乙肝病毒快速分型，与乙肝病毒基因测序分型的一致性超过 95%。

（六）新型冠状病毒系列诊断试剂

新型冠状病毒肺炎疫情暴发后，夏宁邵教授团队第一时间投入科研攻关，承担检测试剂和疫苗国家应急攻关项目。团队快速研制的全球首个双抗原夹心法新型冠状病毒总抗体检测试剂等 15 种检测试剂，在国内外共获得注册证书/上市许可 26 个。这是国际上首次研发出的双抗原夹心法新冠病毒总抗体检测试剂，并首个获得中国药监局批准上市和欧盟 CE 认证。总抗体试剂可以同时检测 IgM、IgG、IgA 等各种抗体，灵敏度和特异性均较高，与临床症状、流行病学史结合可以对新冠病毒感染进行有效的辅助诊断。另外，学院团队将方便快捷的胶体金免疫层析检测平台，高灵敏度、高特异性、大通量的 ELISA 检测平台，以及全自动化、高通量、随到随检的化学发光平台有机组合，研制出针对 2019 新型冠状病毒的全系列抗体检测试剂，更好地满足了不同类型检测单位、不同应用场景的需求，最大效能地实现了对感染的全方位检测并支持对应防控措施的及时决策。目前，研发的新冠诊断试剂已在国内外广泛应用。化学发光总抗体试剂已经在四川华西医院、武汉同济医院、西安西京医院、浙江大学附属第一医院、上海海关、广州海关等单位常规应用，并获得广泛认可，为我国疫情防控起到重要作用。产品多次在欧洲国家顶尖权威机构的评价研究中获评第一，在丹麦国立血清研究所、荷兰鹿特丹伊拉斯姆斯医学中心、荷兰拉德布德大学、荷兰国家公共卫生及环境研究院以及荷兰国家采供血机构 Sanquin 研究中心的评价中，一致显示来自中国万泰的总抗体检测试剂具有最大的诊断价值，性能优于美国、加拿大、德国、意大利等国的新冠抗体检测试剂，WHO 优先推荐将其用于世界各国血清流行病学调查，并在临床和人群筛查中大量应用。

（七）全自动管式化学发光免疫分析系统

跨国大公司依靠封闭式的全自动管式化学发光免疫检测系统在免疫诊断产品领域内对国内高端医院的垄断日趋显著，迅速压缩着国内体外诊断产业的生存空间，也造成了临床检测费用的节节攀升。夏宁邵教授团队承担了国家“863 计划”重大项目任务，成功研制出开放式高性能全自动化学发光免疫分析系统，为国内体外诊断产业提供了化学发光免疫检测试剂的通用研发与应用平台。研制的具有自主知识产权的 Caris200 型开放式管式化学发光免疫检测仪，各项性能指标均达到国际主流水平并具有独有的优势；同时，发光底物、反应杯等通用试剂耗材的自主供应为全自动发光仪器的开放提供了保障。研发的大部分产品性能达到或接近国际主流试剂如雅培、罗氏、索林等产品的水平，而且在此平台上开发出肝纤四项、TB-IGRA 等独特产品，提高了国产试剂的创新能力和市场竞争力。品种齐全的高性能配套试剂和独有的优势试剂显著提升了国产产品在市场上与进口产品的竞争能力，同时70％左右的试剂使用了自有生物活性原料，保障了国产化学发光试剂的自主性和成本优势。该开放式平台改变了国内体外诊断产业的行业态势，使得大部分无力研制封闭式设备的厂家能在此平台上开发与销售其试剂，打破了国外厂商由于仪器封闭所带来的市场垄断。

（八）新一代肿瘤免疫治疗药物

恶性肿瘤已严重威胁人类健康和生命，现有的治疗手段远远未能满足临床需求。溶瘤病毒疗法是一种利用具有天然溶瘤活性或基因工程修饰的病毒对肿瘤细胞进行特异性杀伤，释放肿瘤相关抗原激活机体产生抗肿瘤免疫应答的免疫治疗方法。目前，已有以T-VEC为代表的溶瘤病毒药物获批上市。尽管溶瘤病毒疗法在临床治疗和实验研究中展现出一定的肿瘤治疗效果，但其疗效很大程度上受到肿瘤免疫抑制性微环境的限制。为了突破该限制，夏宁邵教授团队深入探究溶瘤病毒治疗过程中肿瘤的微环境免疫特征，提出“溶瘤病毒＋免疫检验点抗体”原位协同增效的治疗策略，成功构建出重组表达PD-1单链抗体的新一代溶瘤病毒，通过溶瘤病毒在肿瘤内靶向递送免疫检验点抗体，使其不仅具有PD-1抗体逆转T细胞耗竭的优点，还能使溶瘤病毒疗法的效用最大化，实现了“双药合一，协同增效”的肿瘤免疫治疗效果。2019年，团队研制的“注射用重组人PD-1抗体单纯疱疹病毒”通过国家药品监督管理局的临床试验审批，目前，已启动Ⅰ期临床试验，有望造福更多的肿瘤患者。

（九）正电子放射性药物

2018年9月，国家药品监督管理局批准了氟[^{18}F]阿法肽注射液的临床试验申请（药物临床试验批件号：2018L03057），成为我国首个获得临床批件的正电子放射性药物一类新药。该药物配合正电子发射断层成像技术（PET），可用于整合素a_vb_3高表达肿瘤的早期诊断并指导肿瘤精准治疗。该放射性标记的药物不仅能够用于多种肿瘤（如骨肉瘤，神经母细胞瘤，胶质母细胞瘤，黑色素瘤，肺癌以及乳腺癌等）的早期影像诊疗，而且能够检测心血管系统疾病和肿瘤的发展情况以及指导药物治疗。与国际同类产品相比，氟[^{18}F]阿法肽具有亲和力高、非靶本底清除快、稳定性好、标记步骤简单等优点。此外，基于该产品的标记技术非常容易实现自动化制备，并且易于转化为其他放射性诊断或治疗核素（如^{64}Cu、^{68}Ga、^{177}Lu 等）标记，具有广阔的临床应用前景。该药物通过联合江苏无锡原子医学研究所、北京师范大学、北京师宏药物研制中心等国内放射性药物研发单位，经过多年努力研制而成。在产品研发过程中，学院先后与江西青龙高科技股份有限公司、江苏施美康药业股份有限公司合作，目前该知识产权已全部转让给江苏施美康药业股份有限公司。

（十）老年健康及养老服务政策研究

随着老龄化进程的快速加剧，其带来的健康和养老问题是当前我国面临的重大公共卫生问题，方亚教授团队长期致力于失能、认知、慢性病、长期照护、医疗与养老服务等老龄化研究，并推动研究成果转化为相关政策，相关研究成果在健康老龄化、卫生政策实践中得到了广泛应用。学院开展的老年人失能研究助力推出首个由政府主导的老年人保险项目“老年人幸福安康险”，且被评为厦门市年度十大影响力事件之一；从 80 余个竞标单位中脱颖而出，承接民政部的养老机构服务质量评价课题，研究成果助推国家养老服务标准的出台；受国家卫生健康委员会委托开展老年人口健康调查指标体系研究，并负责“第六次全国卫生服务调查”老年人模块的问卷设计；撰写的《福建省应对老龄化社会医养结合服务体系研究报告》获得高度评价，并被报送至省委常委参考内刊；所研制的老年健康功能多维评定量表获知识产权。基于学院的研究成果，政府相关部门开展了推进社区老年人日间照料中心建设、开办“乐龄智工坊”等多个为民办实事项目，深受老年人喜欢及好评，获得显著的社会效益。研究成果被《中国老年报》《福建老年报》《海西晨报》等国家与地方主要媒体专题报道，并获全国老龄政策调研优秀成果三等奖、福建省老龄政策调研优秀成果二等奖、福建省医学科技奖二等奖、厦门市科技进步奖三等奖。

（十一）新冠肺炎疫情传播动力学模型

2020 年 1 月，陈田木助理教授研究团队建立了多种传播模式的新冠肺炎传播动力学模型，并受到广泛关注。在疫情早期，学院与国家疾病预防控制中心合作，基于疫情和人口流动大数据，采用数学模型及时研判武汉、湖北及全国新冠肺炎传播能力、疫情趋势，以及不同时间复工复产的疫情趋势；疫情逐步得到控制后，受中央指导组指定，与中国疾病预防控制中心合作评估了武汉综合防控措施效果，总结武汉及我国防控经验，形成评估报告并上报；在疫情期间，根据福建省和厦门市的疫情特点，采用数学模型每日预测疫情发展趋势，将结果每日上报省市有关机构；与吉林省、安徽省、湖南省、深圳市、南宁市、宁波市、恩施州等省市疾病预防控制中心合作，开展了疫情防控措施效果评估工作；协助吉林省疾病预防控制中心分析舒兰市聚集性疫情的传播动力学特征并评估防控措施的效果。相关工作为国家和相关省市的疫情防控与经验总结提供了重要技术支撑。在新型冠状病毒肺炎疫情期间，充分展现了传染病数学建模与预测预警技术平台的优势，为国家和地方的抗疫工作提供了重要科技支撑，真正实现了研究成果的转化，为相关政府部门疫情防控提供了决策依据。

（十二）其他重点推进的转化成果

学院秉承“顶天立地、造福民生”的发展理念，将服务国家重大需求、民生需求和解决“卡脖子”技术问题作为自己的责任担当，努力推动科研成果从“书架”摆到“货架”。除以上转化成果外，学院研究团队正在重点推进转化的还有尖锐湿疣疫苗、新一代水痘减毒活疫苗、乙肝治疗性疫苗/抗体、轮状病毒基因工程疫苗、减毒流感病毒载体新冠疫苗、新冠基因工程蛋白疫苗、HPV-HEV 联合疫苗、呼吸道合胞病毒灭活疫苗、通用流感疫苗等。

第三节 主要研究课题

一、主要国家级项目

建院至今，学院累计获批国家级项目 151 个，其中国家“973 计划”项目课题 3 个、国家“863 计划”课题 5 个、国家重点研发计划课题 4 个、国家重大科技专项课题/任务级 21 个、国家自然科学基金项目 111 个(表 4-3-1)。国家自然科学基金中,包含重大项目 1 个、国家杰出青年科学基金项目 1 个、国家优秀青年科学基金项目 2 个、国家自然科学基金重点项目 1 个、国家自然科学基金联合项目 4 个、重大研究计划培育项目 2 个、国际(地区)合作与交流项目 3 个、面上项目 54 个、青年基金项目 42 个。经费达 100 万元以上的项目有 41 个。值得一提的是,夏宁邵教授主持了国家自然科学基金委员会疫苗领域的首个重大项目,以下是几个代表性项目的简单介绍:

(一)结构指导的免疫原设计及广谱保护机制研究

项目来源:国家自然科学基金重大项目。

直接费用:1781.8 万元。

执行期限:2020.01—2024.12。

项目负责人:夏宁邵教授。

项目简介:本项目立足于研究团队在创新疫苗、新型佐剂、疫苗与机体互作机制方面的研究基础,针对创新疫苗研究中存在的三大共性关键科学问题:免疫原选择与设计的理论依据不足、安全增强型新佐剂和递送系统匮乏、疫苗免疫应答机制不清晰,选取研究团队已获得重要原创突破的多型嵌合单颗粒人乳头瘤病毒疫苗、通用流感疫苗和乙肝治疗性疫苗等代表几种典型创新疫苗方向的模式品种,以免疫原、佐剂、递送、机体因素和免疫记忆形成与维持机制研究为切入点,通过结构疫苗学、免疫学、药学、材料学、化学等多学科交叉,在动物模型和人群队列中系统研究影响疫苗效应的关键因素及其调控,在为创新疫苗研制提供理论基础的同时,引领这些重要疫苗品种的关键技术突破。

(二)开放式全自动管式化学发光免疫检测系统的研制

项目来源:国家“863 计划”项目。

直接费用:4979 万元。

执行期限:2011.01—2015。

项目负责人:张军教授。

项目简介：本项目为国家“863 计划”生物和医药技术领域体外诊断技术产品开发重大课题级项目。国内大型医院购置进口封闭式全自动管式化学发光免疫检测系统，带动了捆绑式进口试剂用量迅猛增长，国产试剂市场份额由 30% 迅速萎缩至不足 10%。面对这一市场困境，本项目目标是研制出两种不同原理的开放式全自动管式发光仪，并获得注册文号；同时，研制出我国临床检验最常用的 90 种化学发光免疫诊断试剂，其中 60～70 种获得注册文号，要求灵敏度、特异性等主要性能接近或达到国际同类水平。

（三）分子影像探针

项目来源：国家自然科学基金杰出青年基金项目。

直接费用：400 万元。

执行期限：2020.01—2024.12。

项目负责人：刘刚教授。

项目简介：本项目为国家自然科学基金杰出青年基金项目。负责人围绕肿瘤精准诊疗的关键科学和技术问题，聚焦于分子影像探针功能设计的系统研究，构建了高灵敏分子影像探针及其成像新方法，深度揭示了探针结构/性能与分子成像的机理，提高了细胞、分子成像示踪监测精确性；创造性应用基因工程及原位生物合成技术制备了多功能生物医用载药体系，建立了基于仿生定向锚定的肿瘤靶向药物递送系统及诊疗一体化新策略，优化靶向药物治疗及实时多模态影像监测。近 5 年来，学院作为通讯/共同通讯作者在《自然·通讯》（*Nat Commun*）、《美国化学会会刊》（*JACS*）、《先进材料》（*Adv Mater*）等影响因子高于 10 的知名学术期刊发表了 22 篇论文；相关研究被《科学》（*Science*）、《自然·材料》（*Nat Mater*）、《高级药物传输综述》（*Adv Drug Deliv Rev*）等期刊正面引用及述评；5 项中国发明专利获得授权（其中 2 项进行企业技术转移，1 项获国家一类新药临床试验批件）；作为副主编/编委参编全国规划教材 3 部、英文专著 7 部；拟开展肿瘤免疫治疗分子影像创新研究，阐明其作用机制并推进临床转化。

（四）多聚化抗原诱导高效体液免疫应答的机制研究

项目来源：国家自然科学基金重点项目。

直接费用：250 万元。

执行期限：2018.01—2022.12。

项目负责人：夏宁邵教授。

项目简介：重组蛋白疫苗在安全性和潜在适应证范围上具有突出优势。已上市的几种重组蛋白疫苗均以多聚化颗粒抗原为主要活性成分。负责人此前在戊型肝炎疫苗研究过程中，亦发现多聚化颗粒抗原的免疫原性较非多聚化抗原高出 2 个数量级以上。多聚化颗粒的形成是决定表位活性片段能否成为合格疫苗抗原的关键，但是对多聚化抗原诱导高效体液免疫应答的细胞和分子机制仍不清楚，从发现关键中和表位到赋予强免疫原性而成为有效疫苗的过程仍停留在经验性探索阶段，缺乏理论指导。该项目拟对这一现象背后的免疫学机理进行深入探索，通过 CyToF、Flow Cytometry、抗体组深度测序等技术对多聚化与非多聚化重组蛋白在刺激抗原递呈、BCR 簇集、TFH 细胞活化、浆细胞的持久应答或产生抗体的质量等方面进行全面、系统、动态的全景式对比解析，鉴别出多聚化抗原引发高效体液免疫应答的关键细胞亚群及效应因子，揭示其作用机制，为新型疫苗设计提供理论依据。

（五）肝癌高特异性近红外纳米成像探针的设计与合成

项目来源：国家重点研发计划。

直接费用：830 万元。

执行期限：2017.07—2022.06。

项目负责人：刘刚教授。

项目简介：本项目为国家重点研发项目纳米专项“基于近红外纳米探针的肝癌分子影像及其手术导航技术研发”课题级项目。本项目主要设计合成对肝癌高特异性，且有高近红外量子产率的系列纳米探针，开展预临床成像实验，包括：结合 GPC-3、ASGP-R 等肝癌靶标进行纳米探针表面功能化设计，优化其表面配体偶联方法，探索其表面展示新技术，提高靶向性，配合多色标记技术和活体显微技术，实现实时原位肝癌单细胞水平成像；制备零维到高维形态结构适于肝脏转运的靶向纳米探针，以多种分析手段表征其理化性质，以预临床实验阐明其生物学功能调控规律；利用模式化制备工艺进行分子设计和结构组装，有效控制发光谱段，提高发光效率，使探针智能响应肿瘤微环境；以 ICG、NIRdye800 等为组装基元绿色合成纳米探针，筛选生物安全性最优的探针开展药物代谢动力学、药物效应动力学和毒理学研究。

（六）研发基于流感减毒载体的新型冠状病毒鼻喷减毒活疫苗

项目来源：国家重点研发计划。

直接费用：3000 万元。

执行期限：2020.02—2021.12。

项目负责人：夏宁邵教授。

项目简介：本项目为国家重点研发项目公共安全风险防控与应急技术装备专项项目。根据国务院应对新型冠状病毒感染肺炎疫情联防联控机制举行的新闻发布会上制定的 5 条技术路线推进疫苗攻关的总体目标，本项目为贯彻联防联控机制的"减毒流感病毒载体疫苗"研制方向，开展基于流感减毒载体的新型冠状病毒鼻喷减毒活疫苗研究；针对新型冠状病毒（COVID-19）的临床症状，开展低毒高效的减毒流感病毒载体疫苗研制，探索接种方式更为便捷的鼻喷减毒流感活疫苗，研究其对感染上呼吸道的新型冠状病毒的临床治疗的安全性和有效性；在支撑减毒流感病毒载体疫苗研究的同时，为灭活疫苗、基因工程重组亚单位疫苗、腺病毒载体疫苗、核酸疫苗等技术研究提供技术佐证，为新型冠状病毒感染肺炎疫情的防控提供技术储备。

（七）重组人乳头瘤病毒 16/18 型双价疫苗的Ⅲ期临床研究和产业化

项目来源：国家科技重大专项。

直接费用：791.1 万元。

执行期限:2018.01—2020.12。

项目负责人:李少伟教授。

项目简介:本项目为国家科技重大专项“重大新药创制”课题级项目。本项目主要完成重组(大肠杆菌)人乳头瘤病毒16/18型双价疫苗的Ⅲ期临床研究,全面获得疫苗的有效性、安全性、免疫原性和免疫持久性数据;完成500L规模商业化生产工艺的建立、转移及验证工作,完成放大前后工艺的可比性研究,并完成三批试生产;获得疫苗的关键质量控制参数、稳定性数据并用于支持疫苗的有效期制定。

(八)乳腺癌分子分型的新型成像方法研究

项目来源:国家“973计划”项目。

直接费用:451万元。

执行期限:2014.01—2018.12。

项目负责人:张现忠教授。

项目简介:本项目为国家“973计划”项目“基于影像实时动态多元分子分型的乳腺癌精准诊疗关键技术研究”课题级项目。项目以“影像实时动态多元分子分型”新理念为中心,进行全方位的多学科综合交叉研究,联合多种成像手段,包括超声、光声、核医学成像手段等,为构建与优化乳腺癌的分子分型平台提供一种更新和更高效的技术。本项目通过自主研发实时光声成像系统,实现光声与超声双模成像的有机融合,通过增设波长可调谐脉冲激光系统,改进多光谱分离算法,实现定性、定量和定位分析一体化;成功构建了靶向乳腺癌受体(ER/PR/HER2/EGFR等)以及三阴性乳腺癌和肿瘤血管的放射性核素标记探针,建立了多核素同步成像方法;解决了乳腺癌影像学诊断与分型和在相同生理状态下同时监测多个受体的难题,突破了传统活检的诸多限制。

(九)在体肿瘤多模诊断

项目来源:国家自然科学基金优秀青年科学基金项目。

直接费用:120万元。

执行期限:2020.01—2022.12。

项目负责人:聂立铭教授。

项目简介:本项目为国家自然科学基金优秀青年基金项目。负责人利用自主研制的多模分子影像探针,从分子、细胞、组织等层面对脑胶质瘤进行多模精准成像,以实现脑肿瘤解剖性、功能性全方位诊治,解决肿瘤"边界精准界定"和"诊疗一体化"两大关键科学问题。负责人已在发展和应用新型多模影像技术于脑肿瘤诊疗方面取得重要突破,以通讯作者/第一作者身份发表了SCI论文30篇(平均每篇影响因子11):①揭示了局域磁场不均匀是T2造影增强的关键因素,完善了MRI造影理论;开拓了水相标记PET探针新方法,突破了传统标记介质的局限性;②改进了光学和声学共聚焦效率、自主研制光声显微镜,攻克了深层组织检测灵敏度低的难题;③从分子、微血管、组织等跨尺度实现了病变边界精准识别和诊疗一体化,解决了肿瘤边界模糊失准的困境。此项工作被《自然·方法》(*Nature Methods*)等高度评价;已获中/美授权专利4项;2016年获美国化学会(American Chemical Society,ACS)青年科学家奖;2017年获福建省杰出青年基金。

表4-3-1 国家级项目一览表

序号	课题名称	项目来源及类别	经费/万元	负责人	立项年份
1	开放式全自动管式化学发光免疫检测系统的研制	科技部-"863计划"项目	4979	张军	2011
2	PP2A-B亚基受控高表达及其核受体调控介导化学物诱导毒性效应的功能研究	国家自然科学基金-面上项目	60	林忠宁	2011
3	基于中和表位结构的高危HPV型交叉疫苗的分子设计	国家自然科学基金-面上项目	60	李少伟	2011

续表

序号	课题名称	项目来源及类别	经费/万元	负责人	立项年份
4	通过单抗治疗实验在系统生物学水平上研究流感病毒毒力变化的内在机制(中美生物医学合作试点项目)	国家自然科学基金-国际(地区)合作与交流项目	30	夏宁邵	2011
5	中和呼吸道合胞病毒感染的分子结构基础(中美生物医学合作试点项目)	国家自然科学基金-国际(地区)合作与交流项目	30	张军	2011
6	腹泻性贝毒暴露下海洋青鳉鱼的蛋白质组学研究	国家自然科学基金-青年科学基金项	28	王娟	2011
7	广谱单抗结合的人免疫缺陷病毒衣壳蛋白的结构与功能研究	国家自然科学基金-面上项目	14	顾颖	2011
8	乙肝抗原及细胞因子新型免疫定量检测试剂的研制	科技部-国家科技重大专项	687.58	葛胜祥	2012
9	重组人乳头瘤病毒16/18型双价疫苗临床研究	科技部-国家科技重大专项	482.62	李少伟	2012
10	国家传染病诊断试剂与疫苗工程技术开发	科技部-政策引导类项目	300	夏宁邵	2012
11	以蛋白质高分辨率结构为基础的分子设计疫苗的合作研究	科技部-国际科技合作	190	张军	2012
12	HBsAg阳性人群的长期转归研究	科技部-国家科技重大专项	178.58	吴婷	2012
13	流感广谱治疗性单抗机制和应用的合作研究	科技部-港澳台科技合作	175	夏宁邵	2012

续表

序号	课题名称	项目来源及类别	经费/万元	负责人	立项年份
14	抗体产业化关键原材料研发及生产平台的建立	科技部-“863 计划”项目	115	陈毅歆	2012
15	HBV 核苷类似物耐药突变检测试剂的评价	科技部-国家科技重大专项	96	王颖彬	2012
16	程序化多功能结肠癌口服药物投递载体的构建及性能研究	国家自然科学基金-面上项目	80	刘刚	2012
17	基于大分子骨架的靶向 SPECT/PET/MRI 多模式分子探针设计新策略	国家自然科学基金-面上项目	80	张现忠	2012
18	人乳头瘤类病毒颗粒表位的鉴定和中和机制研究	国家自然科学基金-面上项目	16	赵勤俭	2012
19	基于脂质筏的新型纳米载药系统的设计、构建和性能研究	国家自然科学基金-青年科学基金项目	23	徐臣杰	2012
20	输入性流感病毒影响社区流感病毒流行变异规律的分子机制研究	国家自然科学基金-青年科学基金项目	23	杨坤宇	2012
21	淋巴结淋巴管新生^{19}F-MRI/光学双模态探针制备和淋巴结淋巴管新生分子成像研究	国家自然科学基金-青年科学基金项目	23	张帆	2012
22	细胞凋亡过程中半胱氨酸蛋白酶级联激活反应的分子成像	国家自然科学基金-青年科学基金项目	23	朱雷	2012
23	乙肝表面抗原清除的新策略新机制研究	科技部-国家科技重大专项	317.9	罗文新	2013

续表

序号	课题名称	项目来源及类别	经费/万元	负责人	立项年份
24	基于酶联免疫层析技术的系列快速检测试剂的研制	科技部-国家科技重大专项	268.49	徐虹	2013
25	重组戊型肝炎疫苗Ⅳ期临床试验	科技部-国家科技重大专项	296.89	赵勤俭	2013
26	缺血半暗带的多模态分子影响学研究	科技部-"973计划"项目	357	陈小元	2013
27	人肠道病毒71型构象性中和表位的确定及其诱导抗病毒免疫保护应答机制研究	国家自然科学基金-面上项目	70	陈毅歆	2013
28	基于结构的人免疫缺陷病毒衣壳组装机理和功能表位的研究	国家自然科学基金-面上项目	70	顾颖	2013
29	三型分泌系统开关蛋白SepD调控效应蛋白输出的分子机制	国家自然科学基金-面上项目	80	王岱	2013
30	特异性靶向肝细胞肝癌标志物GPC3的核酸适配体筛选以及在正电子成像中的研究	国家自然科学基金-面上项目	80	陈小元	2013
31	荧光/光声双模式智能纳米探针检测肿瘤中的基质金属蛋白酶活性研究	国家自然科学基金-面上项目	78	朱雷	2013
32	产前病毒感染对胎儿基因组免疫功能基因甲基化调控的影响	国家自然科学基金-面上项目	70	柯遐义	2013
33	隐匿性乙型肝炎病毒感染分子机制的细胞及动物模型验证研究	国家自然科学基金-面上项目	70	袁权	2013

续表

序号	课题名称	项目来源及类别	经费/万元	负责人	立项年份
34	固定人群10年间戊型肝炎病毒分子进化特征研究	国家自然科学基金-面上项目	60	黄守杰	2013
35	新型高温超导磁共振线圈设计建构及其生物医学应用	国家自然科学基金-青年科学基金项目	23	林胤藏	2013
36	设计合成基于 ^{19}F 磁共振成像检测蛋白酶活性的探针	国家自然科学基金-青年科学基金项目	23	岳旭义	2013
37	肿瘤血管新生的靶向纳米探针制备和肿瘤血管新生的光声成像研究	国家自然科学基金-青年科学基金项目	23	聂立铭	2013
38	小RNA对病原细菌中致病因子的表达调控研究	国家自然科学基金-青年科学基金项目	23	王岱	2013
39	乳腺癌分子分型的新型成像方法研究	科技部-"973计划"项目	451	张现忠	2014
40	基因工程疫苗研发和生产用的大肠杆菌表达系统的基因组功能改造和应用	科技部-"863计划"项目	773	李少伟	2014
41	单克隆抗体中和呼吸道合胞病毒的结构基础	国家自然科学基金-国际(地区)合作与交流项目	180	夏宁邵	2014
42	肿瘤诊疗一体化分子影像探针	国家自然科学基金-优秀青年科学基金项目	100	刘刚	2014
43	微生物致癌因子诱导细胞恶性转化的分子机制研究	科技部-"973计划"项目	93	林忠宁	2014

续表

序号	课题名称	项目来源及类别	经费/万元	负责人	立项年份
44	磁共振成像指导下的 HBV 相关原发性肝癌纳米光热/光动力协同	国家自然科学基金-面上项目	73	张帆	2014
45	针对心室重构关键靶点的新型核素探针构建与显像研究	国家自然科学基金-面上项目	73	张现忠	2014
46	巨细胞病毒抗体阳性孕妇母婴传播高危群体的鉴别新方法研究	国家自然科学基金-面上项目	72	张军	2014
47	人乳头瘤类病毒颗粒不同中和表位的特性与结构基础研究	国家自然科学基金-面上项目	72	赵勤俭	2014
48	靶向蛋白磷酸酶 2A 信号调控是 AFB1 和 HBx 蛋白协同诱导肝毒性的一条新通路	国家自然科学基金-面上项目	70	林忠宁	2014
49	喹诺酮药物杀菌的两条分子途径研究	国家自然科学基金-面上项目	67	赵西林	2014
50	基因治疗药物靶向递送关键技术及成药性研究	科技部-“863 计划”项目	25.68	朱雷	2014
51	新型光诊疗剂的制备及其在肿瘤多模式成像和治疗中的应用研究	国家自然科学基金-青年科学基金项目	23	黄鹏	2014
52	柯萨奇病毒 A16 实心/空心颗粒抗原性差异的结构基础	国家自然科学基金-青年科学基金项目	23	郑清炳	2014
53	抗呼吸道合胞病毒高中和活性抗体的保护机制研究	国家自然科学基金-青年科学基金项目	23	郑子峥	2014

续表

序号	课题名称	项目来源及类别	经费/万元	负责人	立项年份
54	基于二维标记的呼吸道病原体多重均相检测体系的研究	国家自然科学基金-青年科学基金项目	23	廖逸群	2014
55	多环芳烃通过 NO 介导的亚硝基化影响海马神经发育的机制研究	国家自然科学基金-青年科学基金项目	23	何承勇	2014
56	基于分子时钟与随机游走模型的 H7N9 病毒进化及时空传播模式研究	国家自然科学基金-青年科学基金项目	23	袁满琼	2014
57	基于医疗支出 SD 建模的老年医疗保障制度优化研究	国家自然科学基金-青年科学基金项目	20	曾雁冰	2014
58	重组尖锐湿疣疫苗Ⅰ～Ⅲ期临床试验	科技部-国家科技重大专项	441.85	夏宁邵	2015
59	重组（大肠杆菌）人乳头瘤病毒 6/11 型双价疫苗临床前研究	科技部-国家科技重大专项	125	李少伟	2015
60	活体多尺度结构成像系统与功能识别关键技术研究	科技部-“863 计划”项目	68	聂立铭	2015
61	基于相似序列高分辨熔解曲线分析的流产物染色体数目异常快速诊断新技术的研究	国家自然科学基金-面上项目	60	周裕林	2015
62	基于 89Zr 标记氧化铁纳米颗粒的 PET/MRI 双模式成像造影剂的开发及其在体示踪树突细胞的研究	国家自然科学基金-面上项目	58	孙晓莲	2015

续表

序号	课题名称	项目来源及类别	经费/万元	负责人	立项年份
63	多尺度光学光声功能成像在肿瘤早期诊断及化疗疗效监控中的应用研究	国家自然科学基金-面上项目	57	聂立铭	2015
64	基于面板数据的老年人 MCI 影响因素及其社区干预策略优化研究	国家自然科学基金-面上项目	55	方亚	2015
65	HBx BH3 结构域在 HBV 复制和肝癌转化中的作用及机制研究	国家自然科学基金-面上项目	50	黄承浩	2015
66	戊型肝炎病毒中和抗体间协同作用的单向增强机制研究	国家自然科学基金-面上项目	50	俞海	2015
67	PP2A 介导抑癌蛋白转录非依赖性通路对外源物诱导线粒体质量控制的调控	国家自然科学基金-面上项目	50	林育纯	2015
68	我国病毒性肝炎防治"十三五"发展战略研究	科技部-国家科技重大专项	21.48	夏宁邵	2015
69	基于 CuAu 纳米棒-Fe_3O_4 核壳结构的纳米颗粒的合成及其在成像指导下的光热治疗	国家自然科学基金-青年科学基金项目	20	孙晓莲	2015
70	调控巨噬细胞功能提高纳米粒子肿瘤靶向性	国家自然科学基金-青年科学基金项目	18	刘婷	2015
71	轮状病毒 VP8 与 VP5 抗原区相互作用及解离机制的研究	国家自然科学基金-青年科学基金项目	18	李廷栋	2015

续表

序号	课题名称	项目来源及类别	经费/万元	负责人	立项年份
72	基于颗粒表面桥式扩增的核酸多重检测技术研究	国家自然科学基金-青年科学基金项目	18	张师音	2015
73	基于二氢吡啶结构的一氧化氮分子探针的制备及其 PET 显像研究	国家自然科学基金-青年科学基金项目	18	李子婧	2015
74	登革热、黄热、基孔肯亚热和寨卡病毒多重鉴别诊断试剂	科技部-改革发展专项	130	葛胜祥	2016
75	耐铬菌株中还原酶介导环境铬(Ⅵ)降解及其诱导小鼠肝细胞功能的机制研究	国家自然科学基金-面上项目	70	赵苒	2016
76	大龄妇女高危型人乳头瘤病毒感染特征及影响因素的前瞻性研究	国家自然科学基金-面上项目	65	吴婷	2016
77	人巨细胞病毒自然感染过程中体液免疫应答机制研究	国家自然科学基金-面上项目	60	罗文新	2016
78	植物源多糖及寡糖引发平衡的 Th1/Th2 类免疫反应机制研究	国家自然科学基金-面上项目	60	赵勤俭	2016
79	新型抗体对慢性乙型肝炎病毒感染的治疗作用与机制研究	国家自然科学基金-面上项目	57	袁权	2016
80	慢性乙肝患者 PBMC 体外培养刺激后 ISGs 表达水平及其变化程度在干扰素治疗效果预测中的临床意义研究	国家自然科学基金-面上项目	57	葛胜祥	2016

续表

序号	课题名称	项目来源及类别	经费/万元	负责人	立项年份
81	结构生物学指导的 HBV 治疗性抗体人源化及其关键技术研究	国家自然科学基金-青年科学基金项目	20	夏琳	2016
82	基于纳米组装结构高性能磁共振造影剂的研究及其肝癌诊断应用	国家自然科学基金-青年科学基金项目	18	周子健	2016
83	白色念珠菌天冬氨酸蛋白酶突变与免疫逃避间关系和机理的研究	国家自然科学基金-青年科学基金项目	18	罗珊珊	2016
84	自然人群 HPV6/11 感染经性传播动力学研究	国家自然科学基金-青年科学基金项目	18	苏迎盈	2016
85	基于动态组合化学的高选择性叶酸受体 ^{18}F 显像剂的筛选与合成	国家自然科学基金-青年科学基金项目	17	李鹏飞	2016
86	人补体调节蛋白 CD59 在水痘—带状疱疹病毒免疫逃逸中的作用研究	国家自然科学基金-青年科学基金项目	17	王玮	2016
87	基于纵向数据因果推断的 AD 发病风险因素及其模拟干预策略优化研究	国家自然科学基金-青年科学基金项目	17	周舙	2016
88	UV-B 光控活性光敏剂的设计与光动力治疗性能研究	国家自然科学基金-青年科学基金项目	17	王骁勇	2016
89	肝癌高特异性近红外纳米成像探针的设计与合成	科技部-国家重点研发计划	830	刘刚	2017

续表

序号	课题名称	项目来源及类别	经费/万元	负责人	立项年份
90	多聚化抗原诱导高效体液免疫应答的机制研究	国家自然科学基金-重点项目	250	夏宁邵	2017
91	基于细胞膜纳米囊泡的肝癌疫苗递送系统的设计、构建及性能研究	国家自然科学基金-促进海峡两岸科技联合基金项目	204	刘刚	2017
92	野外病原体核酸一体化快速检测系统的研制	国防科技创新特区专项	160	夏宁邵	2017
93	环氧合酶2蛋白质稳态调控线粒体偶联的内质网功能介导肝毒性的机制研究	国家自然科学基金-面上项目	65	林忠宁	2017
94	平滑肌细胞LTbR信号通路的血管免疫调控作用研究	国家自然科学基金-面上项目	60	胡德胜	2017
95	放射性荧光金纳米簇在深层肿瘤多模态成像和X射线诱导的光动力学治疗中的应用研究	国家自然科学基金-面上项目	55	陈洪敏	2017
96	基于结构的人乳头瘤病毒型别交叉疫苗的分子设计和免疫机制研究	国家自然科学基金-促进海峡两岸科技合联合基金项目	204	李少伟	2017
97	巨细胞病毒MIE基因的体内组织特异性剪接机制研究	国家自然科学基金-青年科学基金	20	侯汪衡	2017
98	中和抗体对不同类型HEV的保护机制	国家自然科学基金-青年科学基金	20	唐自闽	2017

续表

序号	课题名称	项目来源及类别	经费/万元	负责人	立项年份
99	人乳头瘤病毒16、31、33和58型别交叉中和表位的特征和初步定位	国家自然科学基金-青年科学基金	20	王大宁	2017
100	慢性乙肝病人基线血清HBV感染力与治疗应答的相关性及其病毒学机制研究	国家自然科学基金-青年科学基金	20	张天英	2017
101	基于多波段光分辨光声显微镜技术的肿瘤血管生成的结构与功能成像研究	国家自然科学基金-青年科学基金	20	赵庆亮	2017
102	肠道菌群的无创原位实时成像研究	国家自然科学基金-生命学科应急管理项目	15	王岱	2017
103	传染病防控相关产品的验证推广研究	科技部-国家科技重大专项	1450.67	郑子峥	2018
104	基于Anti-HBV抗体的乙肝表面抗原清除新策略研究	科技部-国家科技重大专项	413.78	罗文新	2018
105	慢性乙肝治疗相关新型免疫检测试剂的研究	科技部-国家科技重大专项	329.98	葛胜祥	2018
106	HIV核酸现场快速诊断系统的研制	科技部-国家科技重大专项	320.87	张师音	2018
107	戊型肝炎疫苗的质量控制研究、疫苗标准品研究	科技部-国家科技重大专项	215.14	吴婷	2018

续表

序号	课题名称	项目来源及类别	经费/万元	负责人	立项年份
108	基于 MeltPleX 技术的志贺菌和致泻性大 肠杆菌血清型分子鉴定系统	科技部-国家科技重大专项	212.98	廖逸群	2018
109	新型中和抗体活性测试及优化	科技部-国家科技重大专项	172.4	黄承浩	2018
110	活动性结核与结核分枝杆菌潜伏感染鉴别诊断试剂的研制	科技部-国家科技重大专项	72.8	李廷栋	2018
111	跨尺度光声分子成像分型诊断脑胶质瘤及其高分辨率可视化	国家自然科学基金-重大研究计划培育项目	70	聂立铭	2018
112	高效持久清除乙肝病毒的新型抗体研究	国家自然科学基金-面上项目	60	罗文新	2018
113	线粒体膜心磷脂与 GPX4 蛋白互作介导铁死亡依赖性肝毒性的调控机制研究	国家自然科学基金-面上项目	57	林育纯	2018
114	戊型肝炎病毒分泌型衣壳蛋白的结构与功能探究	国家自然科学基金-面上项目	57	郑子峥	2018
115	基于 EvansBlue 的肿瘤诊疗一体化策略	国家自然科学基金-面上项目	57	陈小元	2018
116	表位嵌合型类病毒颗粒疫苗对慢性 HBV 感染的治疗作用与机制	国家自然科学基金-面上项目	57	袁权	2018
117	PMFBP1 基因突变导致无头精子症的分子机制研究	国家自然科学基金-面上项目	56	沙艳伟	2018

续表

序号	课题名称	项目来源及类别	经费/万元	负责人	立项年份
118	基于SD建模的老年人健康需求、医疗服务利用与医疗保障联动优化研究	国家自然科学基金-面上项目	48	曾雁冰	2018
119	《国家生物技术发展战略纲要》编制研究	科技部-科技基础性工作专项	30	夏宁邵	2018
120	利用Bionano单分子光学图谱技术对复杂染色体重排伴少精子症病例进行断裂点定位及致病机制研究	国家自然科学基金-青年科学基金	25	梅利斌	2018
121	柯萨奇病毒A10优势中和抗体的表位结构与作用机制研究	国家自然科学基金-青年科学基金	21	徐龙发	2018
122	重组人乳头瘤病毒16/18型双价疫苗的Ⅲ期临床研究和产业化	科技部-国家科技重大专项	791.1	李少伟	2018
123	DNA病毒等重要或新发非烈性病毒药效学研究	科技部-国家科技重大专项	659.82	程通	2018
124	水痘带状疱疹病毒的衣壳结构与衣壳蛋白相互作用机制研究	国家自然科学基金-面上项目	56	程通	2018
125	带核酸提取的一体化对流CPCR微流控核酸诊断方法研究	国家自然科学基金-面上项目(合作单位)	14.25	张师音	2018
126	结构指导的免疫原设计及广谱保护机制研究	国家自然科学基金-重大项目	1781.8	夏宁邵	2019

续表

序号	课题名称	项目来源及类别	经费/万元	负责人	立项年份
127	分子影像探针	国家自然科学基金-杰出青年基金项目	400	刘刚	2019
128	在体肿瘤多模诊断	国家自然科学基金-优秀青年科学基金项目	120	聂立铭	2019
129	基于生物正交反应的肿瘤预定位靶向与信号放大诊疗一体化放射性药物设计策略	国家自然科学基金-联合项目	267	张现忠	2019
130	乙肝病毒核心抗体水平作为疾病转归预测新靶标的病毒宿主互作机制与临床转化研究	国家自然科学基金-促进海峡两岸科技合作联合基金	227	袁权	2019
131	实现乙肝治愈的治疗新靶标研究-靶向 HBV cccDNA 药物高通量筛选体系的构建	科技部-国家科技重大专项	200	袁权	2019
132	肿瘤免疫微环境 STING 靶向放射性分子探针构建与显像研究	国家自然科学基金-重大研究计划培育项目	80	张现忠	2019
133	基于核黄素结构的放射性分子探针构建与小动物 SPECT/PET 显像研究	国家自然科学基金-面上项目	66	张现忠	2019
134	基于细胞穿膜肽的生物大分子高效入胞递送系统的研究及其初步应用	国家自然科学基金-面上项目	58	葛胜祥	2019

续表

序号	课题名称	项目来源及类别	经费/万元	负责人	立项年份
135	抗体阳性孕妇中巨细胞病毒垂直传播及相关不良临床结局危险因素研究	国家自然科学基金-面上项目	55	张军	2019
136	老年人轻度认知功能障碍发病风险多层级预测模型构建及优化研究	国家自然科学基金-面上项目	55	方亚	2019
137	NLRP3 去磷酸化激活外源物诱导枯否细胞焦亡及其肝脏区域免疫代谢调控机制研究	国家自然科学基金-面上项目	55	林忠宁	2019
138	环境信号通过 MicA 转录后调控三型分泌系统表达的分子机制	国家自然科学基金-面上项目	55	王岱	2019
139	基于有机磷氟受体的快速一步水相^{18}F 标记方法及其应用于肿瘤 PET 成像研究	国家自然科学基金-面上项目	55	李子婧	2019
140	轮状病毒 VP4 蛋白交叉中和表位特征及其中和机制研究	国家自然科学基金-面上项目	55	李廷栋	2019
141	高效清除 HBV 的新型抗体研究	国家自然科学基金-青年科学基金项目	25	游敏	2019
142	基于氟膦类多肽探针一步法[^{18}F]标记系统的构建及其在肿瘤早期诊断中的应用	国家自然科学基金-青年科学基金项目	24	庄荣强	2019

续表

序号	课题名称	项目来源及类别	经费/万元	负责人	立项年份
143	靶向 Vimentin/SSTR 双靶点诊疗一体化探针用于特发性肺纤维化的早期诊疗	国家自然科学基金-青年科学基金项目	22	张德良	2019
144	可降解自组装纳米载药体系在角膜血管新生协同诊疗中的应用研究	国家自然科学基金-青年科学基金项目	20	楚成超	2019
145	小分子化合物 CD437 增强体外 HBV 感染的分子机制研究及其应用	国家自然科学基金-青年科学基金项目	20	张雅丽	2019
146	基于多靶向及多模态策略的高危动脉粥样硬化斑块检测研究	国家自然科学基金-青年科学基金项目	20	郭志德	2019
147	我国老年人口异质化健康状况动态变化过程及其医疗服务利用研究	国家社会科学基金-青年项目	20	叶玲珑	2019
148	靶向肿瘤微环境的非小细胞肺癌个体化放疗探索	国家自然科学基金-面上项目	11.4	刘婷	2019
149	研发基于流感减毒载体的新型冠状病毒鼻喷减毒活疫苗	科技部-国家重点研发计划	1000	夏宁邵	2020
150	新型冠状病毒(2019-nCoV)抗体快速检测试剂盒的研制	科技部-国家重点研发计划	30	张军	2020
151	具有创新知识产权的新型乙肝试剂的临床意义研究	科技部-国家科技重大专项	98.8	葛胜祥	2020

二、省部市级项目

2011—2019 年，学院累计获批立项省部市级项目 98 个，其中，重大、重点、人才项目等项目 23 个(表 4-3-2)。

表 4-3-2　省部级重大、重点、人才项目

序号	课题名称	项目来源	经费/万元	负责人	立项年份
1	重组人乳头瘤病毒 16/18 型双价疫苗临床研究	厦门市科技计划项目	241.3	李少伟	2012
2	肿瘤诊断系列高活性免疫原料的研制	福建省科技重大专项	110	陈毅歆	2012
3	新型荧光定量侧向流纸条自动化检测仪的研制	福建省科技重大专项	30	邱宪波	2012
4	病毒药物靶标研究和成药性评估关键技术平台	厦门市科技计划项目	1000	夏宁邵	2013
5	厦门地区手足口病病原谱监测及基因进化趋势研究	福建省自然科学基金-杰出青年基金	25	葛胜祥	2013
6	生物药物靶标筛选和成药性评估关键技术平台	厦门市发改委	1800	夏宁邵	2014
7	福建省创新疫苗成药性技术重大研发平台	福建省科技创新平台建设计划项目	500	夏宁邵	2014
8	疫苗免疫靶点及其作用机制研究平台	厦门市科技计划项目	500	夏宁邵	2014
9	尖锐湿疣疫苗临床试验及产业化工艺优化项目	福建省发改委	200	夏宁邵	2014

续表

序号	课题名称	项目来源	经费/万元	负责人	立项年份
10	乙型肝炎病毒(HBV)耐药突变诊断试剂盒的研制	福建省重大项目	40	廖逸群	2014
11	乙肝基因型荧光快速免疫分型试剂和仪器研发	福建省重点项目	15	闵小平	2014
12	HEV/HPV 多价联合疫苗研究与产品开发	福建省科技重大专项	500	张军	2015
13	疫苗免疫靶点及其作用机制研究平台	其他市级科技项目	500	夏宁邵	2015
14	抗体对慢性病毒性感染的治疗作用及机制研究	福建省自然科学基金-杰出青年基金	25	袁权	2015
15	重大生物药创制及体外诊断试剂与仪器专项——新型诊断试剂开发	厦门市科技重大专项	480	张军	2017
16	戊型肝炎病毒中和作用和抗体间协同作用的机制及结构基础	福建省自然科学基金-杰出青年滚动项目	40	李少伟	2017
17	分子影像学在监测肿瘤微环境中的应用研究	福建省自然科学基金-杰出青年基金项目	25	聂立铭	2018
18	海洋聚多糖止血及创面修复材料的关键共性技术研发及产业化	福建省海洋渔业科技项目	150	许零	2019

续表

序号	课题名称	项目来源	经费/万元	负责人	立项年份
19	基于细胞穿膜肽的高效蛋白质胞内递送系统的研究及其在CRISPR/Cas9基因编辑方法中的应用	福建省自然科学基金-重点项目	40	葛胜祥	2019
20	中枢神经系统炎症分子影像研究	福建省自然科学基金-杰出青年基金	25	李子婧	2019
21	重大传染病防治药物	厦门市知识产权局高价值专利	300	罗文新	2019
22	结构疫苗学前沿技术创新单元	中国医学科学院	500	夏宁邵	2020
23	新型冠状病毒候选疫苗及质量控制方法研究	福建省科技重大专项	350	陈毅歆	2020

三、横向项目

2011—2019年，学院累计立项横向项目143个，其中，经费达百万以上的项目有41个（表4-3-3）。

表4-3-3 横向项目(经费百万以上)

序号	项目名称	委托企业	经费/万元	负责人	立项年份
1	戊型肝炎疫苗Ⅲ期临床试验	北京万泰生物药业股份有限公司	700	夏宁邵	2011

续表

序号	项目名称	委托企业	经费/万元	负责人	立项年份
2	CMV 抗原合成肽库及其他相关试剂研究	美国默沙东公司	298	夏宁邵	2012
3	正电子心肌灌注显像剂申报临床研究	北京通和兴业科技有限公司	200	张现忠	2012
4	通用型流感疫苗-鉴定针对季节性流感病毒的交叉中和性单克隆抗体的合作研究计划	法国赛诺菲巴斯德公司	625	夏宁邵	2013
5	一种放射性标记的多肽配合物及其制备方法和应用	专利转让费	100	张现忠	2013
6	重组人乳头瘤病毒 16/18 型双价疫苗(大肠杆菌)Ⅲ期临床试验第五次和第六次访视工作	北京万泰生物药业股份有限公司	800	夏宁邵	2014
7	中国怀孕妇女及其新生儿巨细胞病毒感染队列研究	默沙东研发(中国)有限公司	124	张军	2014
8	巨细胞病毒 IgG 抗体和 β_2-微球蛋白(液体)标准物质研制	北京康彻思坦生物技术有限公司	500	夏宁邵	2015
9	通用新流感疫苗研究	法国赛诺菲巴斯德	322	夏宁邵	2015
10	体外诊断新靶标的研究开发	北京万泰生物药业股份有限公司	950	夏宁邵	2016
11	重组(大肠杆菌)人乳头瘤病毒 6/11 型双价疫苗Ⅱ期临床研究	厦门万泰沧海生物技术有限公司	800	夏宁邵	2016
12	溶瘤病毒毒株的遗传改造与性能测试	北京万泰生物药业股份有限公司	650	夏宁邵	2016

续表

序号	项目名称	委托企业	经费/万元	负责人	立项年份
13	生化 POCT 快速检验技术研究	北京万泰德瑞诊断技术有限公司	450	夏宁邵	2016
14	肿瘤标志物相关管式化学发光定量测定试剂的研制	厦门万泰凯瑞生物技术有限公司	400	夏宁邵	2016
15	反向遗传学改造水痘病毒的细胞和动物测试	北京万泰生物药业股份有限公司	400	夏宁邵	2016
16	血筛 4 项免疫检测试剂质控物质的研制	北京康彻思坦生物技术有限公司	350	夏宁邵	2016
17	诊断试剂技术服务	北京万泰生物药业股份有限公司	1200	夏宁邵	2017
18	黄龙病菌新防治方法的高效筛选与评价技术平台研究	农夫山泉股份有限公司	950	夏宁邵	2017
19	呼吸道合胞病毒疫苗株的筛选与性能测试	北京万泰生物药业股份有限公司	950	夏宁邵	2017
20	重组人乳头瘤病毒 16/18 型双价疫苗(大肠杆菌)Ⅲ期临床试验——V10-V11 访视	厦门万泰沧海生物技术有限公司	800	夏宁邵	2017
21	激素相关管式化学发光定量测定试剂的研制	厦门万泰凯瑞生物技术有限公司	400	夏宁邵	2017
22	皮肤衰老机制研究及抗衰老功效评价体系建立	养生堂(上海)化妆品研发有限公司	250	夏宁邵	2017
23	评估消除乙型肝炎(HBV)感染中的共价闭合环状 DNA(cccDNA)的潜在治疗靶点的前景	美国默沙东公司	168	夏宁邵	2017

续表

序号	项目名称	委托企业	经费/万元	负责人	立项年份
24	[^{18}F]BFPET 注射液药学及其药理毒理研究	北京先通国际医药科技股份有限公司	113	张现忠	2017
25	溶瘤病毒靶向改造研究平台和高通量筛选体系建立技术	养生堂有限公司	700	夏宁邵	2018
26	黄龙病菌新型防治方法的筛选与评价研究	农夫山泉股份有限公司	550	夏宁邵	2018
27	重组人乳头瘤病毒 16/18 型双价疫苗(大肠杆菌)工艺表征及可比性研究	厦门万泰沧海生物技术有限公司	500	夏宁邵	2018
28	5 种生化诊断试剂的研究	北京万泰德瑞诊断技术有限公司	500	夏宁邵	2018
29	9 种检测用质控品的研制	北京康彻思坦生物技术有限公司	350	夏宁邵	2018
30	10 种生化试剂盒研制	北京万泰德瑞诊断技术有限公司	300	夏宁邵	2018
31	11 种检测用质控品的研制	北京康彻思坦生物技术有限公司	300	王颖彬	2018
32	结核系列诊断试剂的研制	北京万泰生物药业股份有限公司	200	夏宁邵	2018
33	优生优育相关管式化学发光定量测定试剂的研制	厦门万泰凯瑞生物技术有限公司	160	夏宁邵	2018
34	[^{18}F]氟心酮注射液药学研究	北京先通国际医药科技股份有限公司	122	张现忠	2018

续表

序号	项目名称	委托企业	经费/万元	负责人	立项年份
35	二代乙肝治疗性抗体分子改造和成药性评估	养生堂有限公司	800	夏宁邵	2019
36	黄龙病菌新型防治方法系统评价研究	农夫山泉股份有限公司	700	夏宁邵	2019
37	核酸系列诊断试剂的研制	北京万泰生物药业股份有限公司	460	夏宁邵	2019
38	新型溶瘤病毒的溶瘤性能评价和初步安全性评价研究	浙江养生堂生物科技有限公司	300	夏宁邵	2019
39	10种生化试剂盒研制	北京万泰德瑞诊断技术有限公司	300	夏宁邵	2019
40	免疫检测相关质控品的研制	北京康彻思坦生物技术有限公司	300	夏宁邵	2019
41	皮肤抗皱功效评价体系建立及抗皱机制研究	养生堂(安吉)化妆品研发有限公司	200	夏宁邵	2019

大事记

2010 年

[1]10 月 19 日，学校发布《关于成立厦门大学公共卫生学院的通知》(厦大人〔2010〕120 号)，决定成立厦门大学公共卫生学院。

[2]12 月 7 日，学校党委发布《关于成立中国共产党厦门大学药学院委员会等机构的通知》(厦大委综〔2010〕47 号)，决定成立中国共产党厦门大学公共卫生学院委员会。

[3]12 月 29 日，学校发文任命夏宁邵教授为厦门大学公共卫生学院院长。

2011 年

[4]2 月 12 日，基于“863 计划”项目“重组戊肝疫苗Ⅲ期临床试验”的执行情况，国家传染病诊断试剂与疫苗工程技术研究中心荣获 2011 年度“十一五”国家科技计划优秀执行团队奖。

[5]5 月 4 日，国家传染病诊断试剂与疫苗工程技术研究中心荣获第八届“福建省青年五四奖章集体标兵”称号。

[6]5 月 19 日，学校发文任命滕伯刚同志为中国共产党厦门大学公共卫生学院委员会书记，刘俊杰同志为中国共产党厦门大学公共卫生学院委员会副书记，张军同志为厦门大学公共卫生学院副院长。

[7]5 月 20 日，学校宣布公共卫生学院领导班子成员，夏宁邵教授任院长，滕伯刚教授任党委书记，张军教授任副院长，刘俊杰同志任党委副书记，标志厦门大学公共卫生学院正式成立并开始运转。

[8]6 月 21 日，夏宁邵教授团队在国际权威学术期刊 *PNAS* 上发表研究论文——“Structural Basis for the Neutralization and Genotype Specificity of

Hepatitis E Virus”。

[9]9 月 2 日,学院第一个教学科研合作基地在江苏东台疾病预防控制中心揭牌成立,基地由厦门大学公共卫生学院与江苏东台疾病预防控制中心合作共建。

[10]9 月 10—11 日,厦门大学 2011 级本科迎新工作在漳州校区进行,学院迎来正式成立后第一批 43 位本科新生,并于 9 月 12 日召开 2011 级新生开学典礼。

[11]10 月 11 日,学院召开教职工大会选举产生学院工会第一届委员会委员、主席,王颖彬、李红卫、杜海莲、赵苒、茹晓燕 5 位同志当选第一届委员会委员,李红卫同志当选工会主席。

[12]12 月 15 日,第十二届中国青年科技奖颁奖大会在人民大会堂隆重举行,表彰 100 名优秀青年科技工作者,张军教授光荣入选。

2012 年

[13]1 月 11 日,科技部在北京召开“戊型肝炎疫苗获得新药证书”新闻发布会,学院研制的“重组戊型肝炎疫苗”获国家一类新药证书和生产文号,成为全球首支获批上市的戊肝疫苗。

[14]3 月 19 日,夏宁邵教授被科技部聘为“十二五”国家“863 计划”生物和医药技术领域医药生物技术主题专家组专家。

[15]4 月 12 日,学校发布《关于成立分子影像暨转化医学研究中心的通知》(厦大人〔2012〕41 号),依托我院组建厦门大学分子影像暨转化医学研究中心。

[16]4 月 23 日,美国德克萨斯大学健康科学中心(休斯敦)教授、德克萨斯药物研究中心主任安志强博士应邀访问学院,并做题为“抗体药物三十年:回顾与展望”的南强学术讲座。

[17]6 月 30 日,学院首届“师风学风表彰暨养生堂奖教奖学金颁奖大会”隆重举行。养生堂集团公司捐资 43.5 万元,在学院设立养生堂系列奖教奖学金。

[18]8 月下旬,夏宁邵教授入选 2011 年度福建省高校领军人才资助人选。

[19]9 月,由养生堂有限公司捐资 1000 万元人民币建设的国家工程中心大楼、由曾宪梓先生捐资 500 万港元建设的学院大楼陆续建成投用,两栋楼分别命

名为“椭圆楼”“曾宪梓楼”，学院从思明校区整体搬迁到翔安校区。

[20]10 月 27 日，学院研制、厦门万泰沧海生物技术有限公司实现产业转化的世界上第一支戊型肝炎疫苗“益可宁”在厦门正式上市。

[21]11 月 6 日，夏宁邵教授团队在国际权威学术期刊 *PNAS* 上发表研究论文——“Hepatitis B Virus X Protein Targets Bcl-2 Proteins to Increase Intracellular Calcium，Required for Virus Replication and Cell Death Induction”。

[22]11 月 14 日，厦门市委副书记、市长刘可清在校长朱崇实的陪同下到学院调研，听取院长夏宁邵关于戊型肝炎疫苗产业化的专题汇报。

[23]11 月 30 日，第十四届中国专利奖颁奖仪式在北京举行。由学院研制、厦门大学和北京万泰生物药业股份有限公司作为专利权人申报的“戊型肝炎病毒单克隆抗体及其用途”发明专利荣获金奖。

[24]12 月 10 日，清华大学党委书记胡和平在校党委书记杨振斌的陪同下，到学院调研。

[25]12 月 15 日，学院获福建省教育厅批准建设“卫生技术评估福建省高校重点实验室”。

[26]12 月 18 日，学院研制的重组戊型肝炎疫苗项目入选教育部组织评选的 2012 年度“中国高等学校十大科技进展”。

[27]12 月 28 日，学院研制的全球首个戊型肝炎疫苗获准上市入选科技日报社主办的“2012 年国内国际十大科技新闻”。

2013 年

[28]1 月 11 日，学院研制成功的全球首个戊型肝炎疫苗与“神舟九号”飞天、“蛟龙”潜海等共同入围由中国科学院院士和中国工程院院士投票评选的“2012 年中国十大科技进展新闻”。

[29]4 月 3 日，国家传染病诊断试剂与疫苗工程技术研究中心和赛诺菲巴斯德正式签署合作协议，携手致力于通用型流感疫苗的早期研发及相关免疫学研究。

[30]4 月 13 日，美国著名免疫学家、遗传学家、2011 年诺贝尔生理学或医学奖获得者布鲁斯·博伊特勒(Bruce A. Beutler)教授一行访问学院。

[31]4 月 14 日,学校发文任命林忠宁同志为厦门大学公共卫生学院副院长。

[32]4 月 22 日,学院实验教学中心成立。

[33]4 月 28 日,学院和厦门市疾病预防控制中心共建的"厦门大学预防医学专业实践教学基地"获学校批准成立。

[34]4 月 28 日,张军教授入选科技部 2012 年中青年科技创新领军人才,以夏宁邵教授为带头人的疫苗与体外诊断创新团队入选科技部重点领域创新团队。

[35]5 月 9 日,福建省委常委、省委教育工委书记陈桦一行到学院调研。

[36]5 月 17 日,学院申报的医学检验技术专业(专业代码 101001)通过教育部批准设立,并列入我校 2013 年本科招生计划。

[37]5 月 31 日,夏宁邵教授团队与美国国家过敏症和传染病研究所(the National Institute of Allergy and Infectious Diseases,NIAID)合作研究,在国际顶级期刊 *Science* 发表研究论文——"Structure-Based Design of a Fusion Glycoprotein Vaccine for Respiratory Syncytial Virus"。

[38]6 月 8 日,中国人民政治协商会议全国委员会教科文卫体委员会副主任、科技部副部长陈小娅一行到学院调研,陈小娅副部长高度肯定学院科研创新工作,鼓励学院以省部共建形式积极申报国家重点实验室,进一步完善创新平台建设。

[39]7 月 22 日,学院获批目录外二级学科"生物制品学"博士点,于 2015 年开始招生。

[40]8 月 5 日,应党中央、国务院邀请,夏宁邵教授作为教育部推荐的 7 位专家之一,与来自全国多个领域和科研生产一线的 60 位专家齐聚北戴河休假。受习近平同志委托,刘云山同志到北戴河看望参加暑期休假活动的专家。

[41]8 月 13 日,夏宁邵教授入选国家"万人计划"第一批科技创新领军人才。

[42]8 月 23 日,刘刚副教授入选福建省教育厅 2013 年度"福建省高等学校新世纪优秀人才支持计划"。

[43]9 月 16 日,全国疫苗产业技术创新战略联盟在北京成立,国家传染病

诊断试剂与疫苗工程技术研究中心受邀成为联盟创会理事单位中的唯一高校成员。

[44]9 月 30 日，学院实验医学系获学校批复成立。

[45]10 月 12 日，学院获福建省教育厅批准建设医药生物制品协同创新中心。

[46]10 月 30 日—11 月 1 日，由中国生物物理学会分子影像学专业委员会、厦门大学与中美核医学及分子影像学会联合主办的第二届国际分子影像高峰论坛在学院举行。

[47]11 月 1 日，夏宁邵教授团队与美国国家过敏症和传染病研究所(NIAID)合作研究，在国际顶级期刊 *Science* 上发表了研究论文——“Structure of RSV Fusion Glycoprotein Trimer Bound to a Prefusion-Specific Neutralizing Antibody”。

[48]11 月 29 日，刘刚副教授入选教育部 2013 年“新世纪优秀人才支持计划”。

[49]12 月 8 日，由学院联合主办的第四届厦门冬季学术会议——“生物影像学”(Multi-Scale Imaging for Biology)在厦门大学翔安校区举行。

[50]12 月 19 日，学院与美国国立卫生研究院国家过敏症和传染病研究所疫苗研究中心合作的“结构生物学指导疫苗设计”入选 *Science* 杂志评选的“2013 年全球十大科学突破”。

[51]12 月 22 日，中华医学会党委书记、国务院医改专家咨询委员会委员饶克勤教授来访，并做题为“健康转型与公共卫生政策选择——对我国公共卫生发展的几点认识”的南强学术讲座。

[52]12 月 24 日，科技部印发《科技部、福建省人民政府、厦门市人民政府关于批准建设省部共建分子疫苗学和分子诊断学国家重点实验室的通知》，以省部共建形式，依托学院建设分子疫苗学和分子诊断学国家重点实验室。

[53]12 月 24 日，德克萨斯大学(休斯敦健康科学中心)副校长、公共卫生学院院长内斯(Ness)教授一行应邀访问学院，并做题为“Innovation: The Power That Advances Health and Prosperity”(创新：促进健康和繁荣的力量)的南强学术讲座。

2014 年

[54]1 月 6 日，教育部办公厅公布教育部“创新团队发展计划”支持名单，学院“传染病诊断与疫苗研究”团队获得滚动支持。

[55]1 月 6 日，张现忠教授、葛胜祥副教授荣获第十二届福建省青年科技奖。

[56]2 月 10 日，夏宁邵教授荣获 2013 年度福建省科学技术重大贡献奖。

[57]2 月 26 日，张军教授入选国家“万人计划”科技创新领军人才。

[58]2 月 28 日，公共卫生学院党员大会选举产生学院第一届党的委员会，选举方亚、刘俊杰、杨机像、张军、张永兴、林忠宁、滕伯刚为党委委员，滕伯刚为书记，刘俊杰为副书记。

[59]3 月 21 日，张军教授入选福建省百千万人才工程。

[60]4 月 1 日，甲型肝炎发现者、美国药品监督管理局(FDA)生物制品评价和研究中心(CBER)肝炎病毒实验室原主任斯蒂芬・弗瑞斯特(Stephen M. Feinstone)博士应邀访问学院，并做题为“Hepatitis A: From Discovery to Control”(甲型肝炎:从发现到控制)的南强学术讲座。

[61]4 月 4 日，国家卫生和计划生育委员会发布《关于艾滋病和病毒性肝炎等重大传染病防治科技重大专项责任专家组的通知》，夏宁邵教授受聘为传染病防治国家科技重大专项病毒性肝炎领域责任专家组组长。

[62]4 月 29 日，美国流行病学会前任主席、世界卫生组织顾问委员、美国约翰・霍普金斯大学布隆博格公共卫生学院康拉德・纳尔逊(Kenrad E. Nelson)教授应邀访问学院，并做题为“The Complex Epidemiology and Clinical Manifestations of Hepatitis E Virus Infections ;a Global Emerging Pathogen”(戊型肝炎病毒感染的复杂流行病学和临床表现:一种全球性新兴病原体)的南强学术讲座。

[63]4 月 29 日，学校发文宣布刘俊杰同志任中国共产党厦门大学化学化工学院委员会委员、副书记，免去其中国共产党厦门大学公共卫生学院委员会副书记、委员职务；黄兆君同志任中国共产党厦门大学公共卫生学院委员会委员、副书记。

[64]5 月 4 日，分子影像暨转化医学研究中心获第十一届“福建青年五四奖

章集体”荣誉称号，学院团委获“厦门大学五四红旗团委”称号。

[65]5 月 29 日，学院获批设立公共卫生硕士（MPH）专业学位授权点。

[66]6 月 4 日，美国德克萨斯大学传染病研究中心 Lu-Yu Hwang 教授应邀访问学院，并做题为“From Hepatitis B Virus（HBV）to Hepatitis C virus（HCV）and Human Immunodeficiency Virus（HIV）：Success and Challenge”[从乙型肝炎病毒（HBV）到丙型肝炎病毒（HCV）和人类免疫缺陷病毒（HIV）：成功和挑战]的南强学术讲座。

[67]6 月 9 日，葛胜祥副教授入选 2014 年度“福建省高等学校新世纪优秀人才支持计划”。

[68]7 月 19 日，全国“体外诊断产业技术创新战略联盟”理事会暨体外诊断产业调研会在学院召开，全国体外诊断产业 37 个联盟成员单位 40 位成员参会。

[69]8 月 27 日，福建省科技厅委托学院在福州承办第四次“鼓岭科学会议”，会议主题为“发展生物医药前沿技术，服务海峡西岸区域建设”。

[70]9 月 7 日，受科技部委托，国家传染病诊断试剂与疫苗工程技术研究中心召开病毒性肝炎“十三五”研究方向专家研讨会。

[71]9 月 24 日，李少伟教授获 2014 年中国药学会—赛诺菲青年生物药物奖。

[72]10 月 1 日，学校发布《关于滕伯刚同志任职的通知》（厦大委组〔2014〕139 号），任命滕伯刚同志为厦门大学校长助理。

[73]10 月 16—17 日，美国流行病学会前任主席、世界卫生组织顾问委员、美国约翰·霍普金斯大学布隆博格公共卫生学院 Kenrad E. Nelson 教授来访。

[74]10 月 27 日，夏宁邵教授、张军教授入选福建省第一批“双百计划”科技创新领军人才。

[75]10 月 31 日，厦门市科技局召开厦门生物医药产业技术创新战略联盟成立大会，学院当选为理事长单位，夏宁邵教授当选为理事长。

[76]11 月 15 日，由中华医学会、艾滋病和病毒性肝炎等重大传染病防治科技重大专项实施管理办公室联合主办的“病毒性肝炎防治研究发展战略海峡两岸专家研讨会”在学院召开。

[77]12 月 27 日，葛胜祥副教授主持的“手足口病系列免疫诊断试剂的研究

与应用”获 2014 年度厦门市科技进步二等奖。

2015 年

[78]1 月 22 日，厦门市科学技术局批准依托学院建设“厦门市分子影像工程技术研究中心”。

[79]2 月 9 日，学院与北京市朝阳区疾病预防控制中心举行共建教学科研合作基地签字揭牌仪式。

[80]2 月 17 日，葛胜祥副教授主持的项目“手足口病系列免疫诊断试剂的研究与应用”获 2014 年度福建省科学技术进步奖一等奖。

[81]3 月 5 日，国际顶尖医学期刊 *New England Journal of Medicine* 刊发夏宁邵教授团队研究成果《戊型肝炎疫苗的长期保护效果》(“Long-Term Efficacy of a Hepatitis E Vaccine”)，实现我校研究团队在该杂志发表学术论文的突破。

[82]3 月 20 日，夏宁邵教授团队在国际权威学术期刊 *Cell Research* 发表研究论文——“Structural Basis for the Neutralization of Hepatitis E Virus by a Cross-Genotype Antibody”。

[83]4 月，养生堂有限公司捐资 1000 万元用于支持学院人才培养和科学研究。

[84]4 月 15 日，江苏省临床免疫研究所所长、苏州大学医学生物技术研究所所长、省部共建干细胞与医用生物材料重点实验室主任张学光教授来访，并做题为“共刺激分子基础研究及转化应用”的南强学术讲座。

[85]4 月 22 日，*Nature* 出版集团学术刊物 *Emerging Microbes & Infections* 在线发表夏宁邵教授团队与香港大学合作研制成果——《一种可有效检测中东呼吸综合征冠状病毒(MERS-CoV)的免疫诊断试剂》。

[86]4 月 23 日，第十一届全国人大副委员长、“重大新药创制”科技重大专项技术总师、中国药学会理事长、中国工程院院士桑国卫率重大专项专家组一行到学院调研，并与厦门生物医药领域内人才代表座谈。

[87]6 月 12 日，学院与柳州市疾病预防控制中心举行共建教学科研合作基地签字揭牌仪式。

［88］6 月 18 日，中央电视台财经频道(CCTV-2)《经济半小时》栏目播放“聚焦医疗行业创新进行时：疫苗如何做到中国创造”专题节目，报道了我院历时 14 年的产学研合作成功“创造”全球首个戊肝疫苗的过程。

［89］7 月 13 日，学校发文任命杨机像同志为中国共产党厦门大学公共卫生学院委员会委员、副书记。

［90］9 月 19 日，由学院和合作企业北京万泰生物药业股份有限公司、厦门万泰沧海生物技术有限公司的骨干技术人员组成的“原核表达类病毒颗粒疫苗研究团队”获得求是杰出科技成就集体奖。

［91］9 月 28—29 日，世界卫生组织总部基本药物与健康产品部技术标准与法规处生物制品标准化项目负责人伊凡娜·科内泽维奇(Ivana Knezevic)博士、技术官员高凯博士来访。

［92］10 月 9 日，公共卫生与预防医学实验教学中心获批 2015 年福建省实验教学示范中心建设项目。

［93］10 月 26 日，刘刚教授团队和夏宁邵教授团队联合在国际权威学术期刊 *PNAS* 发表研究论文——“Virus-Mimetic Nanovesicles as a Versatile Antigen-Delivery System”。

［94］10 月 28 日，学校发文任命张琥同志为中国共产党厦门大学公共卫生学院委员会委员、书记；免去滕伯刚同志兼任的中国共产党厦门大学公共卫生学院委员会书记职务。

［95］10 月 28 日，学校发文聘任赵勤俭教授为厦门大学公共卫生学院副院长。

［96］10 月 30 日—11 月 1 日，由中国生物物理学会分子影像学专业委员会、中美核医学及分子影像学会共同主办的分子影像高峰论坛(IMIS 2015)在学院举行。

［97］11 月 3 日，国务院学位委员会公共卫生与预防医学学科评议组对学院公共卫生与预防医学硕士学位授权点进行实地考察。

［98］12 月 17 日，世界 500 强药企法国赛诺菲巴斯德公司与国家传染病诊断试剂与疫苗工程技术研究中心正式续签为期 18 个月的研究合同，在 2013 年初次合作基础上进一步深化通用流感疫苗的合作研究。

2016 年

[99]1 月 12 日，学院与浙江省疾病预防控制中心举行共建教学科研合作基地签字揭牌仪式。

[100]1 月 20 日，刘刚教授作为共同通讯作者在国际权威学术期刊 *Nature Communications* 在线发表了研究论文——"In Vivo Covalent Cross-Linking of Photon-Converted Rare-Earth Nanostructures for Tumor Localization and Theranostics"。

[101]1 月底，全球著名的科学文献出版社爱思唯尔(Elsevier)发布 2015 年中国高被引学者榜单，夏宁邵教授继 2014 年后再次荣登医学学科榜单。

[102]2 月 18 日，我院青春健康教育基地获得"中国计生协青春健康教育示范基地"授牌。

[103]4 月 19—22 日，世界卫生组织"单克隆抗体生物类似药物评价指南研讨会和工作组会议"在学院举行。

[104]6 月 2 日，刘刚教授入选福建省科技创新领军人才。

[105]6 月 12 日，刘刚教授入选第二批福建省特殊支持人才"双百计划"。

[106]6 月 23 日，学院教工第二党支部荣获"福建省高校先进基层党组织"称号。

[107]6 月，世界卫生组织(WHO)发布免疫战略咨询专家组"疫苗十年"(Decade of Vaccines，DoV)工作组专家成员名单，赵勤俭教授榜上有名。

[108]7 月 13 日，加州大学洛杉矶分校微生物学、免疫学和分子遗传系教授，加州纳米系统研究所纳米电子成像中心主任周正洪教授来访，并做题为"In situ structures of dsRNA viral genome and its transcriptional enzymes"(dsRNA 病毒基因组及其转录酶的原位结构)的南强学术讲座。

[109]8 月 17 日，袁权副教授作为共同第一作者在国际权威学术期刊 *Science Translational Medicine* 上发表研究论文——"Pharmacological Targeting of Kinases MST1 and MST2 Augments Tissue Repair and Regeneration"。

[110]8 月 30 日，实验医学系获人民卫生出版社立项选题"全国高等学校医学检验技术专业《临床检验医学》及《临床检验医学案例分析》两本教材建设项

目”,郑铁生教授担任主编。

[111]9月6日,医学检验技术专业获“福建省2016年高等学校创新创业教育改革试点专业”立项。

[112]10月12日,加州理工学院汪立宏教授来访,并做题为“Redefining the Spatiotemporal Limits of Optical Imaging: Photoacoustic Tomography, Wavefront Engineering, and Compressed Ultrafast Photography”(重新定义光学成像的时空限制:光声层析成像、波前工程和压缩超快摄影)的南强学术讲座。

[113]10月14—17日,由人民卫生出版社主办的全国高等学校医学检验技术专业《临床检验医学》及其配套教材编写会议在学院举行。

[114]10月17日,学院牵头承担的“863计划”项目“开放式全自动管式化学发光免疫检测系统的研制”课题顺利通过验收。

[115]10月25日,全国人民代表大会常务委员会原副委员长陈至立一行莅临国家传染病诊断试剂与疫苗工程技术研究中心调研。

[116]11月13日,中共中央政治局原常委、全国政协原主席贾庆林莅临国家传染病诊断试剂与疫苗工程技术研究中心视察,并与专家学者代表座谈交流。

[117]11月13日,世界卫生组织(WHO)Ivana Knezevic教授来访,并做题为“Overview of WHO standards and their use in biologics and vaccine development”(概述世界卫生组织标准及其在生物制品和疫苗开发中的应用)的南强学术讲座。

[118]11月15日,由世界卫生组织(WHO)总部主办的第二届关于重组HPV疫苗规程国际研讨会在学院举行。

[119]11月18日,聂立铭副教授入选2016年福建省直中直单位引进高层次人才。

[120]12月,学院与北京大学附属航天医院、中山大学附属第三医院、广州中医药大学附属广东省中医院、浙江大学医学院附属第一医院、厦门大学附属东方医院、第二军医大学附属第三医院、北京大学附属肿瘤医院、浙江大学医学院附属第二医院等共建校外实践教学基地。

2017 年

[121]1 月 9 日，刘刚教授参与的项目“基于磁共振成像的多模态分子影像与功能影像的研究与应用”荣获 2016 年度国家科技进步二等奖。

[122]2 月 27 日，Elsevier 发布“2016 年中国高被引学者（Most Cited Chinese Researchers）榜单”，夏宁邵教授继 2014 年、2015 年后连续第三次入围该榜单。

[123]3 月 16 日，福建省科技厅批准依托学院建设“福建省分子影像诊疗工程技术研究中心”。

[124]3 月 28 日，科技部副部长徐南平院士莅临学院调研。

[125]3 月，国家传染病诊断试剂与疫苗工程技术研究中心病毒防治技术研究组荣获 “福建省 2016 年度青年突击队”称号。

[126]4 月 14—16 日，由夏宁邵教授、郑铁生教授联合主编的人民卫生出版社《体外诊断产业技术》教材编写会议在学院举行。

[127]5 月，副校长邬大光率团访问世界卫生组织（WHO）总部，推动学院与 WHO 科研合作并派遣学生赴 WHO 总部实习，取得积极进展。

[128]5 月 18 日，聂立铭副教授研究团队在知名学术期刊 *Nature Communications* 发表研究论文——“Artificial Local Magnetic Field Inhomogeneity Enhances T2 Relaxivity”。

[129]5 月 27 日，夏宁邵教授荣获首届“全国创新争先奖状”。

[130]9 月 1 日，刘刚教授等的研究成果“影像探针功能化设计与细胞/分子标记示踪”荣获 2016 年度福建省自然科学奖三等奖。

[131]9 月 11 日，夏宁邵教授团队在知名期刊 *Nature Communications* 在线发表研究论文——“Atomic Structures of Coxsackievirus A6 and Its Complex with a Neutralizing Antibody”。

[132]10 月 18 日，夏宁邵教授团队在国际权威期刊 *Science Translational Medicine* 在线发表研究论文——“A Multimechanistic Antibody Targeting Receptor-Binding Sites Potently Cross-Protects against Influenza B Viruses”。

[133]11 月 3—5 日，分子影像学厦门国际论坛（IMIS 2017）在学院举行。

[134]11 月 4 日，学院在厦门大学第 18 届教职工运动会中获得团体总分第

四名的好成绩，并获体育道德风尚奖。

[135]11 月 11—12 日，教育部高等院校医学技术类教学指导委员会“医学检验技术专业协同创新教育研讨会”在学院举行。

[136]11 月 13 日，国家食品药品监督管理总局公布我国首个国产九价宫颈癌疫苗临床试验申请通过审批。该疫苗由学院和养生堂有限公司旗下的厦门万泰沧海生物技术有限公司、北京万泰生物药业股份有限公司联合研制，是全球第二个获准开展临床试验的第二代宫颈癌疫苗。

[137]11 月 21 日，国家食品药品监督管理总局副局长孙咸泽一行莅临学院调研。

[138]11 月 30 日，夏宁邵教授作为共同通讯作者在知名期刊 *Nature Communications* 在线发表研究论文——“Structural Basis of Respiratory Syncytial Virus Subtype-Dependent Neutralization by an Antibody Targeting the Fusion Glycoprotein”。

[139]12 月 9 日，第十一届药明康德生命化学研究奖颁奖典礼举行，夏宁邵教授被授予首次设立的科技成果转化奖。

[140]12 月 9 日，*Nature Biotechnology* 公布 2016 年度全球转化研究人员前二十榜单，首次出现两位中国大陆地区学者，分别是夏宁邵教授和李少伟教授，分列第七和第十二位。

[141]12 月 13 日，中国科学院院士、香港科技大学唐本忠院士来访并做题为“AIEgens for Theranostics”(聚集诱导发光材料对于诊断治疗学)的南强学术讲座。

[142]12 月 18 日，夏宁邵教授团队牵头完成的“流感系列免疫诊断试剂的研发与应用”项目获 2017 年度厦门市科技进步二等奖。

2018 年

[143]1 月 1 日，由《医学科学报》、《中国科学报》、科学网、《科学新闻》杂志主办的“2017 中国十大医学进展/新闻人物评选活动”结果揭晓，夏宁邵教授入选“2017 中国十大医学新闻人物”。

[144]1 月 13 日，由中国医药生物技术协会和中国医药生物技术杂志社共

同主办的"2017 年中国医药生物技术十大进展评选"揭晓，学院的"首个国产九价宫颈癌疫苗获准开展临床试验"项目入选 2017 年中国医药生物技术十大进展。

[145]1 月 19 日，夏宁邵教授连续第 4 年入选 Elsevier 中国高被引学者榜单。

[146]3 月 5 日，我院 2015 级硕士研究生陈佳到日内瓦世界卫生组织总部开始为期 3 个月的实习。

[147]4 月 18 日，夏宁邵教授团队与俄亥俄州立大学研究团队合作在 *PNAS* 上在线发表研究论文——"Origin, Antigenicity and Function of a Secreted Form of ORF2 in Hepatitis E Virus Infection"。

[148]5 月 3 日，学院教工第一党支部工作案例《"健康社区行"——践行"两学一做"，助力"健康中国"》荣获教育部工作案例精品作品，为全省唯一获此荣誉的作品。

[149]5 月 25 日，公共卫生学院党员大会选举产生学院新一届党的委员会，方亚、杨机像、张军、张琥、张宇斌、林忠宁、黄兆君为党委委员，张琥为书记，黄兆君、杨机像为副书记。

[150]6 月 11 日，威斯康星麦迪逊大学宫绍琴教授来访，并做题为"Unimolecular Nanoparticles for Targeted Drug Delivery"(用于靶向给药的单分子纳米粒子)的南强学术讲座。

[151]8 月 10—12 日，亚洲分子影像联合会 2018(FASMI 2018)在学院举行。

[152]9 月 5 日，夏宁邵教授和郑铁生教授主编的《体外诊断产业技术》教材由人民卫生出版社正式出版。

[153]9 月 13 日，国家药品监督管理局批准了我院研究团队氟[^{18}F]阿法肽注射液的临床试验申请，成为第一个正式进入临床试验的放射性药物，也是我国首个获得一类新药临床批件的正电子放射性药物。

[154]9 月 20 日，夏宁邵教授团队在知名学术期刊 *Science Advances* 上发表研究论文——"Discovery and Structural Characterization of a Therapeutic Antibody Against Coxsackievirus A10"。

[155]10 月 15 日，学院“核芯生物”团队获第四届中国“互联网+”大学生创新创业大赛总决赛金奖。

[156]10 月 15 日，中共中央政治局委员、国务院副总理孙春兰在出席第四届中国“互联网+”大学生创新创业大赛期间，看望慰问了我校科研人员。在学校“双一流”建设成果展前，夏宁邵教授向孙春兰介绍了有关研究成果。

[157]10 月 17 日，李少伟教授荣获福建省科学技术协会第十届紫金科技创新奖。

[158]10 月 24 日，国家传染病诊断试剂与疫苗工程技术研究中心主导的项目“流感广谱表位的发现及流感抗原免疫诊断试剂的研制与应用”荣获 2017 年福建省科技进步二等奖。

[159]11 月 2—4 日，第十届中日韩放射性药物科学学术会议（CJKSRS 2018）在学院举行。

[160]11 月 5 日，夏宁邵教授团队在知名学术期刊 *Nature Microbiology* 在线发表研究论文——“Atomic Structures of Enterovirus D68 in Complex with Two Monoclonal Antibodies Define Distinct Mechanisms of Viral Neutralization”。

[161]11 月 9 日，世界卫生组织（WHO）官方网站发布了世界卫生组织生物制品标准化专家委员会（Expert Committee on Biological Standardization, ECBS）审议通过的《关于重组戊肝疫苗质量、安全性及有效性的审评技术建议》，该建议将于 2019 年纳入《世界卫生组织技术报告丛书》。

[162]11 月 20 日，方亚教授团队的项目“厦门市老年健康状况与养老医院调查及流行病学研究”荣获 2018 年福建医学科技奖二等奖。

[163] 11 月 23 日，中国共产党福建省委常委、省纪律检查委员会书记、省监察委员会主任刘学新一行到学院调研。

[164]12 月 14—16 日，由中国毒理学会免疫毒理专业委员会主办的中国毒理学会免疫毒理专业委员会 2018 年学术会议在我校召开。

[165] 12 月 18 日，夏宁邵教授团队在知名学术期刊 *Nature Communications* 在线发表研究论文——“Rational Design of a Triple-Type Human Papillomavirus Vaccine by Compromising Viral-Type Specificity”。

[166]12 月 25 日,《科技日报》头版报眼“最新发现与创新”栏目刊发题为“我科学家率先敲开第三代宫颈癌疫苗研制大门”的消息,报道我院在第三代宫颈癌疫苗研制方面的最新成果。

2019 年

[167]1 月 7 日,厦门市知识产权局公布高价值专利组合培育计划评选结果,夏宁邵教授团队入围。

[168]1 月 13 日,全国人大常委会委员、外事委员会副主任林建华到学院调研。

[169]1 月 17 日,Elsevier 正式发布 2018 年中国高被引学者(Most Cited Chinese Researchers)榜单,夏宁邵教授连续第 5 年上榜。

[170]1 月 21 日,学院参与的 3 个项目“厦门市老年健康状况与养老意愿调查及流行病学研究”“厦门市手足口病病原体分子流行病学研究”“智慧健康‘云卫监’综合监管大数据平台”获厦门市科技进步奖三等奖。

[171]3 月 1 日,李子婧副教授在知名学术期刊 *Nature Communications* 发表研究论文——“Rapid One-Step 18F-Radiolabeling of Biomolecules in Aqueous Media by Organophosphine Fluoride Acceptors”。

[172]3 月 11 日,学院党委入选福建省首批党建工作标杆院系。

[173]3 月 13 日,范春教授负责的“公共卫生学”在线开放课程、郑铁生教授负责的“临床检验医学虚拟仿真案例分析”获批教育部 2018 年第二批产学合作协同育人项目。

[174]3 月 15 日,学院研制的戊肝疫苗获准在美国开展临床试验,并获得美方的全额资助,成为第一个获批在美国进行临床试验的中国疫苗。

[175]3 月 18 日,中国药科大学涂家生教授来访,并做题为“中国药用辅料标准的现况及未来”的南强学术讲座。

[176]4 月 1 日,中国共产党福建省委常委、厦门市委书记胡昌升,市委副书记、市长庄稼汉一行到学院调研。

[177]4 月 3 日,丹麦哥本哈根大学尼尔斯·斯卡贝克(Niels E. Skakkebaek)教授来访,并做题为“Male reproductive Disorders and the Possible

Role of Environmental Chemicals"(环境化学物质对男性生殖障碍的可能作用)的南强学术讲座。

[178]4 月,养生堂有限公司捐资 1000 万元支持学院人才培养和科学研究。

[179]5 月 14 日,赵西林教授在知名学术期刊 *PNSA* 发表研究论文——*Post-Stress Bacterial Cell Death Mediated by Reactive Oxygen Species*。

[180]6 月 13 日,天津药物研究院院长汤立达教授来访,并做题为"基于完整成药性的药物创新管理与实践"的南强学术讲座。

[181]7 月,学院教工第一党支部获 "厦门市先进党组织"荣誉称号。

[182]7 月 19 日,夏宁邵教授团队在国际权威学术期刊 *Nature Communications* 在线发表研究论文——"Structural and Functional Analyses of Hepatitis B Virus X Protein Bh3-Like Domain and Bcl-xL Interaction"。

[183]7 月 30 日,学院与养生堂有限公司旗下的北京万泰生物药业股份有限公司合作研发的"人类免疫缺陷病毒 1 型尿液抗体检测试剂盒(胶体金法)"获得国家药品监督管理局颁发的三类医疗器械注册证。

[184]8 月 2 日,德国马普所皮尔·费舍尔(Peer Fischer)教授来访,并做题为"Nanotechnology for Medicine:from Sensors to Nanorobots"(医学纳米技术:从传感器到纳米机器人)的南强学术讲座。

[185]8 月 27 日,葛胜祥教授获评 2016—2019 年度"厦门市优秀教师"称号。

[186]9 月 5 日,国家传染病诊断试剂与疫苗工程技术研究中心荣获"全国教育系统先进集体"荣誉称号。

[187]9 月 6 日,校长张荣在布鲁塞尔与养生堂集团总裁钟睒睒先生签订了《厦门大学与养生堂万泰关于 HPV 疫苗项目与第三方合作开发的协议》,并见证了厦门万泰(Innovax)代表养生堂集团和厦门大学与全球疫苗巨头葛兰素史克(GSK)签署新一代宫颈癌疫苗(HPV 疫苗)全球合作协议。

[188]9 月 9 日,德国环境健康研究中心、慕尼黑工业大学卡尔沃纳·施拉姆(Karl-Werner Schramm)教授来访,并做题为"Exposomics Towards Molecular Placental Exposome"的南强学术讲座。

[189]9 月 11 日,教育部批准依托我院医用生物制品协同创新中心建设省

部共建协同创新中心。

[190]9 月，在庆祝中华人民共和国成立 70 周年之际，我院夏宁邵教授、张军教授、葛胜祥教授获颁“庆祝中华人民共和国成立 70 周年”纪念章。

[191]10 月 18—20 日，分子影像学厦门国际论坛(IMIS 2019)在学院举行。

[192]10 月 21 日，福建省委常委周联清一行到学院调研。

[193]10 月 25—27 日，由中国毒理学会呼吸毒理专业委员会、中华预防医学会卫生毒理分会主办的“2019 全国呼吸毒理与卫生毒理学术研讨会”顺利召开。

[194]11 月 1—2 日，学院在厦门大学第 19 届教职工运动会获得团体总分第四名的好成绩，并获得道德风尚奖。

[195]11 月 7 日，美国德克萨斯大学休斯敦健康科学中心教授、德克萨斯治疗性药物研究中心主任安志强教授来访，并做题为“The Economics of Drug Discovery in the 21st Century”(21 世纪药物发现的经济学)的南强学术讲座。

[196]11 月 19 日，科睿唯安(Clarivate)发布 2019 年度“高被引科学家”名单，刘刚教授上榜。

[197]11 月 20 日，刘刚教授申报的“分子影像探针”项目获批立项 2019 年国家杰出青年科学基金项目。

[198]11 月 25 日，李少伟教授入选“厦门市第十批拔尖人才”。

[199]12 月 9 日，夏宁邵教授团队在国际权威学术期刊 *PNAS* 在线发表研究论文——“Viral Neutralization by Antibody-Imposed Physical Disruption”。

[200]12 月 31 日，国家药品监督管理局发布消息，由我校和养生堂有限公司旗下厦门万泰沧海生物技术有限公司、北京万泰生物药业股份有限公司联合研制的首个国产宫颈癌疫苗获国家药品监督管理局批准上市。

[201]12 月 31 日，根据国家基金委网站公布消息，夏宁邵教授主持的“影响疫苗效应的关键因素及其调控”获批自然科学基金重大项目。

2020 年

[202]1 月，教育部办公厅公布 2019 年度国家级和省部级一流本科专业建设点名单，我院医学检验技术入围国家级一流本科专业建设点。

[203]1 月中下旬，新型冠状病毒肺炎疫情蔓延，全院师生发挥专业优势，迅速投入疫情防控。国家传染病诊断试剂与疫苗工程技术研究中心师生提前结束寒假开展相关科研攻关；学院流行病学研究团队参与建立的“蝙蝠—宿主—海鲜市场—人”传播动力学模型对新型冠状病毒的传播能力进行计算，对疫情发展进行预测，并于 1 月 19 日在 Biorxiv 预印网站上向全球公布。

[204]2 月 5 日，夏宁邵教授团队在国际权威学术期刊 *Cell Host & Microbe* 在线发表研究论文——“Identification of Antibodies with Non-Overlapping Neutralization Sites That Target Coxsackievirus A16”。

[205]2 月 14 日，学院联合深圳市第三人民医院、养生堂旗下北京万泰生物药业股份有限公司共同研发的新冠病毒抗体检测试剂盒（双抗原夹心酶联免疫法）经临床验证，显示出良好的敏感性和特异性。

[206]2 月 19 日，第 4 期《环球》杂志刊登学院 2018 级硕士研究生毕兆峰的科普作品《人类如何确保跑赢传染病?》。

[207]3 月 23 日，学院联合浙江养生堂生物科技有限公司、养生堂有限公司协同攻关，研制出新一代肿瘤免疫治疗药物——“注射用重组人 PD-1 抗体单纯疱疹病毒”，并通过国家药品监督管理局的临床试验审批，启动 Ⅰ 期临床试验。

[208]3 月 30 日，国务院学位委员会公布 2019 年学位授权自主审核单位增列的学位授权点名单，批准厦门大学自主审核增列公共卫生与预防医学一级学科博士学位授权点，列入厦门大学 2021 年研究生招生与培养专业目录对外招生。

[209]4 月 6 日，在厦门大学建校九十九周年庆祝大会上，学院夏宁邵教授获颁厦门大学最高荣誉“南强杰出贡献奖”。

[210]4 月 21 日，学院研制的国产双价人乳头瘤病毒疫苗，获国家药品监督管理局的生物制品批签发证明，标志着我国正式成为继美国、英国之后世界上第三个实现宫颈癌疫苗自主供应的国家。

[211]4 月 28 日，《科技日报》第三版以“敲开二十价疫苗研制‘大门’——首个国产宫颈癌疫苗上市背后的故事”为题，其公众号以“首个国产宫颈癌疫苗上市，二十价疫苗研制也有眉目了!”为题，同步推出厦门大学和养生堂万泰生物药业股份有限公司研制的首个国产宫颈癌疫苗背后故事的报道。

[212]4 月 28 日，《北京日报》《新京报》分别刊出了《丹麦国立血清研究所：中国万泰检测试剂性能最优》《中国万泰检测试剂经丹麦国立血清研究所检测性能优异》两篇报道。报道中所指的“中国万泰检测试剂”是由国家传染病诊断试剂与疫苗工程技术研究中心与养生堂旗下北京万泰生物药业股份有限公司共同研发的新冠病毒抗体检测试剂盒，在丹麦国立血清研究所组织的新冠病毒抗体检测试剂评价中获得最优评价。

[213]4 月 29 日，荷兰鹿特丹伊拉斯姆斯医学中心、荷兰拉德布德大学、荷兰国家公共卫生及环境研究院系统评价了来自中国、德国、美国、意大利的新冠抗体检测试剂，其中，国家传染病诊断试剂与疫苗工程技术研究中心与北京万泰生物药业股份有限公司联合研制的总抗体试剂(酶联免疫法)检测性能最优。

[214]5 月 6 日，2020 年中国细胞生物学学会-CST 卓越创新转化奖评选结果揭晓，学院夏宁邵教授获第二届中国细胞生物学学会-CST 卓越创新转化奖，以奖励他长期致力于病毒研究及其疫苗技术体系、成果转化等方面的研究成果。

[215]5 月 7 日，学术出版业巨头 Elsevier 正式发布了 2019 年中国高被引学者榜单，学院夏宁邵教授再次入选(医学领域)，这也是夏宁邵教授自该榜单正式发布以来连续第 6 年入选。

[216]5 月 26 日，世界卫生组织(WHO)官网发布新冠血清流行病学调查方案，指出为实现流调目标，优先检测总抗体或 IgG，其中性能最优的检测试剂盒是国家传染病诊断试剂与疫苗工程技术研究中心与北京万泰生物药业股份有限公司联合研制的总抗体检测试剂(酶联免疫法)和 Euroimmun(德国欧蒙)IgG 检测试剂(酶联免疫法)。

[217]5 月 30 日，第四届全国科技工作者日暨第二届全国创新争先奖表彰奖励大会在京隆重召开，学院张军教授荣获第二届全国创新争先奖状。

[218]6 月 5 日，学院夏宁邵教授团队在国际权威学术期刊 *Nature Communications* 在线发表研究论文——“Rational Design of a Multi-Valent Human Papillomavirus Vaccine by Capsomere-Hybrid Co-Assembly of Virus-Like Particles”。

[219]7 月 3 日，《新华每日电讯》刊发深度通讯《17 年磨一“苗”：国产宫颈癌疫苗研发之路》，报道学院夏宁邵教授团队和养生堂集团子公司厦门万泰沧海生

物技术有限公司联合研发的国产疫苗获批上市背后的故事。

[220]7 月 31 日，学校发文任命庄曦同志为中国共产党厦门大学公共卫生学院委员会委员、副书记，免去黄兆君同志的中国共产党厦门大学公共卫生学院委员会副书记、委员职务。

[221]7 月 27 日，福建省副省长林宝金一行，在厦门市副市长国桂荣、我校校长张荣等陪同下到学院调研。

[222]7 月底，厦门大学、厦门万泰沧海生物技术有限公司将合作研发的新型轮状病毒疫苗专利技术的全球商业化开发权利授予国际知名疫苗企业法国赛诺菲巴斯德，同时保留面向中国市场开发轮状病毒疫苗的权利。赛诺菲巴斯德为此向厦门大学和厦门万泰支付累计 6800 万美元的里程碑付款以及商业化后一定比例的销售提成。

[223]8 月 7 日，学院夏宁邵教授团队与斯克利普斯研究所朱江副教授团队合作，在国际权威学术期刊 *Nature Communications* 发表研究论文——“Quantitative Evaluation of Protective Antibody Response Induced by Hepatitis E Vaccine in Humans”。

[224]8 月 27 日，由厦门大学、香港大学、北京万泰生物药业股份有限公司共同研制的鼻喷流感病毒载体新冠肺炎疫苗通过国家药品监督管理局的应急审批，获准开展临床试验。

[225]9 月 2 日，学校发布消息，国家传染病诊断试剂与疫苗工程技术研究中心李少伟教授光荣入选 2020 年国家百千万人才工程，并被授予“有突出贡献中青年专家”荣誉称号。

[226]9 月 4 日，由厦门大学、厦门万泰沧海生物技术有限公司、北京万泰生物药业股份有限公司共同研制的重组人乳头瘤病毒九价疫苗（大肠埃希菌）Ⅲ期临床试验在江苏省盐城市阜宁县正式启动。

[227]9 月 7 日，学院夏宁邵教授团队在权威学术期刊 *Nature Microbiology* 发表研究论文——“Near-Atomic Cryo-Electron Microscopy Structures of Varicella-Zoster Virus Capsids”。

[228]9 月 7 日，中共厦门市委、厦门市人民政府印发《中共厦门市委、厦门市人民政府关于表彰 2019 年度厦门市杰出人才和人才工作先进集体、先进个人

的决定》，院长夏宁邵教授荣膺厦门市杰出人才，学院获评人才工作先进集体。

[229]9 月 8 日，全国抗击新冠肺炎疫情表彰大会在北京人民大会堂隆重举行。厦门大学国家传染病诊断试剂与疫苗工程技术研究中心被表彰为全国抗击新冠肺炎疫情先进集体，葛胜祥教授作为获奖代表上台接受颁奖。

[230]9 月 8 日，福建省委常委周联清在校党委书记张彦、副书记赖虹凯陪同下，到学院亲切看望慰问院长夏宁邵教授和研究团队。

[231]9 月 10 日，厦门市委常委、市委宣传部部长李辉跃，厦门市委教育工委书记、市教育局局长郭献文在校党委副书记赖虹凯的陪同下，到学院亲切看望慰问院长夏宁邵教授和研究团队。

[232]9 月 11—14 日，由教育部高等院校公共卫生与预防医学类专业教学指导委员会、中华预防医学会公共卫生教育分会、中国高等教育学会预防医学教育研究会主办，厦门大学公共卫生学院承办的全国公共卫生学院院长/系主任联席会议、教育部高等院校公共卫生与预防医学类专业教学指导委员会第三届第三次会议、中华预防医学会公共卫生教育分会第四届第七次全体会议、中国高等教育学会预防医学教育研究会第二届第十一次全体会议在厦门举行。

[233]9 月 24 日，中国医学科学院 2020 年度开放型医学科技创新体系建设工作会在北京召开，院长夏宁邵教授领衔的“结构疫苗学前沿技术创新单元”成功入选中国医学科学院创新单元。

[234]9 月 27 日，福建省委副书记、省长王宁来校调研座谈，亲切看望慰问我院师生。福建省委副书记、厦门市委书记胡昌升，厦门大学党委书记张彦、校长张荣出席调研座谈会。

（截至 2020 年 9 月 30 日）

后　记

岁月如歌，十年风雨兼程；沧海桑田，十年春华秋实。2021 年，公共卫生学院在喜迎厦门大学百年华诞盛典之时，自己也迎来了建院十周年。近十年来，敢于担当、勇于拼搏的厦大公卫人，历经艰苦创业，一步一个脚印，努力推动学院各项事业快速发展，为厦门大学百年华诞和建院十周年献上厚重的礼物——承担国家新型冠状病毒肺炎疫情应急攻关任务，新冠疫苗获批进入临床试验，研发 15 种试剂累计在中国、美国、俄罗斯、澳大利亚、印度、欧盟各国、WHO 等 12 个国家和机构获得了 27 项注册证，供应了全球 70 多个国家和地区，在欧洲多个国家研究机构中获评最优并获世界卫生组织点名推荐，为全球抗疫贡献厦大智慧；标志性创新成果不断涌现，研发上市被公认为全球金标准的戊肝诊断试剂和全球唯一的戊肝疫苗、全球首个艾滋病病毒尿液抗体自检试剂、国产第一支宫颈癌疫苗；内部治理"四梁八柱"渐趋完善，探索课题组运行管理模式，初步形成以"两系两中心"支撑教学、"2＋5＋8"（2 个国家级科技平台、5 个省部级科技平台、8 个课题组）为主支撑科研的基本格局；人才培养体系日益完备，公共卫生与预防医学一级学科博士点获批设立，医学检验技术专业入围全国一流本科专业建设点；文化建设不断深入，政治生态风清气正，全院上下做正事，讲正气，"和谐、博爱、务实、创新"的学院文化深入人心。

公共卫生学院自成立以来，坚持"顶天立地"的办学理念，深怀感恩之心，吸引了一大批优秀的学生来公共卫生学院学习，也吸引了一批优秀的教师来公共卫生学院工作，从而使政府、企业及社会各界愿意支持学院发展。截至 2020 年 9 月，学院已累计 20 余次获得总额近 5500 万元的社会捐赠，有力推动了学院各项事业的发展，主要包括：养生堂集团先后 9 次捐赠 4343.5 万元，用于支持学校建设与发展，包括学院大楼建设、实验室改造、人才培养和科学研究、奖教奖学金和文化建设、毕业戒指等项目，已累计奖励教职工集体 3 个、教职工 258 名、学生集体98个、学生969名；广州市迈飞医学科技有限公司捐赠500万元，用于厦门大学分子影像暨转化医学研究中心的相关建设，支持学院分子影像学科发展；比尔及梅琳达·盖茨基金会捐赠60万美元，用于支持学院开展诊断试剂以及疫苗开发所需的新型冠状病毒抗原表位鉴定以及新型冠状病毒肺炎流行病学预测模型及风险评估；广州万孚生物技术股份有限公司捐赠60万元，设立"万孚生物"奖教奖学金，奖励学院优秀师生，已累计奖励教职工45名、学生集体39个、学生111名；浙江安诺优达生物科技有限公司捐赠45万元，设立"安诺优达生物"奖教奖学金，奖励学院优秀师生，已累计奖励教职工17名、学生46人；四川美特生物技术有限公司捐赠30万元，设立"美特生物"奖教奖学金，支持学生创新创业活动，奖励优秀教职工，已累计奖励教职工31名、学生集体10个、学生1名；西宝生物科技（上海）股份有限公司捐赠30万元，设立"西宝生物"奖教奖学金，奖励学院的优秀师生，已累计奖励教职工32名、学生95名。此外，还有多家爱心企业与多位爱心人士捐赠，受篇幅限制，无法一一列出。学院师生对他们的爱心善举永远铭记于心、感恩前行！

在接到学校的院史撰写任务后，我们颇感为难。源于几个方面的顾虑。第一是我们的办学时间短。公共卫生学院正式成立于2011年，至今不到10年，是厦门大学大家庭中年纪最轻、资历最浅的成员之一，还说不上有什么历史，更无法与许多"老大哥"学院相提并论。第二是深感责任重大。近10年来，全院上下艰苦创业、风雨同舟、携手并进，许多感人细节历历在目、如数家珍，我们作为这段创业史的参与者，要如实将这段历史保存下来留给后人，感到责任重大。第三是担心能力不足。我们作为理工医学科，做实验、下现场是我们的专业，这些年全院上下一心搞学科建设，大家都是历史的参与者、见证者，对学院的事业发展充满感情，这对撰写这段历史提出了更高的要求，我们担心自己写院史的专业能力不足，影响编写质量，辜负大家的期待。

但是，不能因为"为难"而不做，即便写不好这段历史，哪怕是写成一份资料汇编，也算是给后人留下了一些记录，给了历史一个交代。出于这样的考虑，我们启动了这项工作，成立了编委会和编写工作组，并在学校领导和部门负责同志的悉心指导，以及全院相关单位老师的共同努力下，如期地完成了这项艰巨的任务。特别要说明的是，我们的"为难"依然存在，再加上时间紧、任务重，我们清醒地认识到最终正式出版的这本书与历史编纂要求可能还有差距，与全院师生和广大校友的期待可能还有距离，书中难免有许多不尽如人意的地方，比如有的地方存在重复表述，有的地方存在不少遗漏，甚至存在表述不够严谨、准确等问题，仍需进一步修订完善，敬请广大读者评述赐正。

编者

2020 年 9 月于厦门大学翔安校区